大学生活及职业生涯发展指导

主　编　雷振德　游　涛
副主编　王　雄　向　晖　郑　非
　　　　袁文凤　朱　明

中国出版集团
世界图书出版公司
广州·上海·西安·北京

图书在版编目（CIP）数据

大学生活及职业生涯发展指导／雷振德，游涛主编. —广州：
世界图书出版广东有限公司，2014.7
ISBN 978-7-5100-8330-3

Ⅰ.①大… Ⅱ.①雷… ②游… Ⅲ.①高等职业教育—学生生活
②高等职业教育—毕业生—职业选择 Ⅳ.①G715 ②G717.38

中国版本图书馆 CIP 数据核字（2014）第 168289 号

大学生活及职业生涯发展指导

策划编辑	梅祥胜
责任编辑	汪再祥
封面设计	高艳秋
出版发行	世界图书出版广东有限公司
地　　址	广州市新港西路大江冲 25 号
电　　话	020-84459702
印　　刷	武汉三新大洋数字出版技术有限公司
规　　格	787mm×1092mm　1/16
印　　张	18.25
字　　数	380 千
版　　次	2014 年 7 月第 1 版　2014 年 7 月第 1 次印刷
ISBN	978-7-5100-8330-3/G・1695
定　　价	32.60 元

目　录

第四篇 自主创业

第一篇　走进大学

让我们一起努力，认识大学，让自己有个成功的开始，养成获胜的习惯，为自己的完满生活做出最大的努力。

大学是充满智慧与灵性的沃土，是精神的家园，是成长的"加油站"，是人生拼搏的另一个"战场"。大学与中学又有很多不同，要认真去了解，细细去品味，积极去适应，努力去创造。

大学生的主要任务是学会学习，学会做事，学会做人，学会规划自己的发展道路。不少大学生对中学老师这样的话还记忆犹新："再坚持努力一下，考上大学你们就轻松了。"老师的话成了"黑色六月"中的精神支柱和奋力拼搏的动力。你今天之所以能够坐在大学的教室里，多少也可能是受这句话激励的结果。可是，进入大学后，学习生活真的就变得轻松自如了吗？如果去问问你的大学老师，得到的答案肯定是相反的。如果你再去问那些真正懂得大学生活和学习的学长，他们的回答更会让你意外。他们会非常真切地告诉你，如果想在大学真正学到一些知识，不但丝毫不能放松，而且只会比中学更忙更累，只是忙得更有目标，累得更有价值。

或许你不禁要问：何为大学？真实的大学生活又是怎样的？那么就让我们先来了解一下大学吧。

第一章　认识大学

【教学目标】

1. 熟悉校园环境，了解学校的学习资源、生活资源。
2. 了解大学学习的任务、特点和基本方法。
3. 了解学校的基本管理制度。
4. 引导适应大学的生活和学习，制定大学学习目标，激发对未来的憧憬和信心。

【实践任务】

1. "破冰"活动：记下辅导员的姓名和联系方式，并主动与他联系；记住全班同学的姓名；与班委、团支部的成员有一次正面的接触。
2. 绘出学院布局简图，标注教学楼、实训楼、机房、食堂、图书馆、运动场及自己所在宿舍等设施。
3. 制定自学计划和生活对策表（包括存在的问题、解决问题的部门及其联系方式等）。
4. 登陆校园网，查找所在系部的有关介绍。
5. 以班级为单位，做一期以"走进大学"为主题的板报，学校组织评比表彰。
6. 结合专业，写一篇以"我的大学梦"为主题的作文。

第一节　大学学习生活环境

一、熟悉大学校园

大学校园是一本打开的书，不同的人有不同的读法。大学校园之所以可读，当然是因为她具有魅力，充满朝气。虽然大学之"大"不仅仅指高楼大厦，但今天的大学却离不开高楼大厦。更何况，大学校园的高楼大厦往往都是一道道亮丽的风景，蕴含着深厚的文化底蕴。同学们到了一个新的环境中，需要在较短时间内尽快地熟悉整个校园。

大学校园及周边地区是大学生活中最重要的场所，对校园环境的熟悉和充分了解，决定大学新生能否在这个环境中自如的生活、学习。熟悉大学校园及周边地区环境要本着"提前准备、不急不躁、勤问多看、先急后缓、先内后外、逐步认识"的原则，循序渐进，逐渐熟悉大学校园及周边地区环境，那样你就可以很"潇洒"地在异乡求学了。

初到学校，很多人对着陌生的校园，陌生的人群，心中那种无助的感觉加重了许多，思乡情绪更加强烈。尽快熟悉校园中的山山水水，是摆脱无助感最直接的方式。

熟悉大学校园，有以下方法和途径。

（一）仔细阅读校园平面图

大部分学校都有校园平面布局图，这将对刚跨进大学校门的新生有很大的帮助。入校报到后，结合校园平面布局图，可以很快对校园有大致的了解。例如，学校教学楼、图书馆、商店、开水房、校医院在什么地方，浴室什么时候开放，食堂在什么时候开饭，如何取款刷卡，甚至学校有几个门、大门的位置与朝向等，都能够在短时间内了解清楚。这样，在办理各种手续、解决各种问题的时候就会比别人更顺利，更节省时间。

（二）多向师兄师姐们请教

直接向高年级的师兄师姐们请教是熟悉校园环境的一个最快捷的方法。作为新生，这样的捷径是不容错过的。一般来说，高年级的同学都很愿意把他们的经验传授给新生，以帮助他们尽快适应校园生活，尽量少走弯路。另外，向自己的同乡请教也是不错的选择，毕竟同乡之间的交流更显亲近一些。当然，如果有当地同学直接介绍和做向导，那将是最佳方法。"路在口中"，有些同学非常拘谨，不好意思开口向路人打听具体的路线，只是自己闷头找，这样往往比较浪费时间和精力。其实只要你有礼貌地主动询问，一般人们都会热心帮助的。

（三）参加学校里的活动

参加社会活动对尽快适应周围的环境大有益处。因为在这些活动中，你会有很多机会熟悉学校地形，也可以接触到许多高年级的同学，在与他们的交流中，你将有很多收获。

（四）担任一定的社会工作

在班级或学院（系）、学校中担任学生干部也有助于尽快适应校园生活。作为班干部，与老师、同学接触的机会多，掌握的信息就多，锻炼的机会也多，能力提升很快，自信心也就逐渐建立起来了，生活得到了充实，也就能更快地适应大学生活。

二、大学的学习场所

当同学们收到期盼已久的大学录取通知书时，便意味着人生中非常重要和精彩的一段旅程即将开始。在大学里，大家都希望能够展现自己精彩的一面，不断充实自己，并向更高的目标冲刺。这就需要大家尽快适应大学生活，熟悉大学校园的各种学习场所。

（一）教学楼和教室

对于一个平均占地面积上千亩、拥有众多院（系）及基础设施和上万名学生的大学来说，大学新生入校后尽快熟悉学习场所是至关重要的。教学楼，顾名思义就是老师授课、学生学习的场所。教学楼里设置了多种类型的教室，有的还设有院系办公室、实验室、教师休息室、茶水间等，多媒体教室还配置了专用设备。

大学教室的安排与中学截然不同。中学是按班级在固定教室授课的。学生基本上从进入学校开始，由班主任带领进入自己班级的教室，以后的几年就是在固定班级、教室和座位上度过。学校很少调整教室，也极少出现学生上课走错教室的现象。

大学与中学的一个很大不同，就是学生众多，课程复杂，教室需要交叉使用，而教室有限，无法安排、也没有必要设置固定教室和固定座位，这也充分显示了大学学习的自由。绝大部分大学教室是公用的，一个教室可以供不同专业的学生在各个不同时段上课时使用。

大学的很多课程都使用多媒体教室进行授课，多媒体讲台可放置教学终端、广播终端、中控装置、视频展示台、电脑主机、显示器、UPS 不间断电源、键盘、鼠标、功放、话筒等教学设备，老师用电子教案讲课。

（二）实训（验）室

实训（验）室一般根据学校的长期建设规划、学校特色及院系长期发展计划建设。一般来说，实训（验）室的位置都会集中在便于教师和学生开展工作的位置，大部分实训（验）室都会设在实训楼里。

公共实训（验）室，是指承担两个学科以上的课程实训（验）任务的实训（验）室，例如供学生查阅信息的机房、练习听力的语音室都可称为公共实训（验）室。公共实训（验）室一般都在学生聚集的地方，方便大多数学生的学习，如计算机房、语音室等公共设施就会分布在图书馆及附近地带。有一些经常使用的公共实训（验）室，有可能会设在各个院系的办公楼里。各专业根据专业培养人才岗位实践能力的需求，建设相应的专业实训（验）室。新生进入学校后不仅要熟悉这些极重要的资源的方位，更重要的是要熟悉其管理规定，以便正确、充分地利用它。

（三）图书馆

大学的授课容量很大，老师在课堂上不可能在短短的两三个小时内，把书本上的所有知识和有关知识都传授给大家。所以同学们如果想对课堂上的知识有更深入、更全面的了解，可以自己在课后阅读教材，其中最好的方法就是去图书馆查阅一些书籍和期刊文献。即便不是为了查阅资料，图书馆也是一个上自习的好去处。

大学图书馆都由两部分组成：一部分是硬件资源，包括各种图书、阅览室及其他各种硬件设施；另一部分是软件资源，即数字图书馆。馆藏资源一般都相当丰富，服务比较完善，重点是拥有涉及本学校各学科的书籍资料及基础学科与其他外延知识的书籍，学校各院（系）的资料室也根据其专业设置，拥有丰富的研究性文献资源，以确保教职工等研究人员和学生对文献的需求。越来越多的图书馆的文献载体类型由单一的印刷型向电子型、数字型、网络型扩展，图书馆在服务观念上充分体现以读者为中心，以最大限度满足读者信息需要为宗旨，努力为读者提供方便、快捷、优质的服务，并立足学校、面向社会，不断开拓新的服务项目。

大学图书馆的藏书一般都有几十万册以上，上至天文下至地理，既有科学又有人文。每个大学的图书馆对于馆内的图书都有很清楚的分类，而且每个阅览室都有工作人员对图书进行整理，搜索极其方便。读者不仅可以在馆内查找图书，还可以利用互联网进行资料检索。

图书馆的服务项目总的来说有八种类型，分别是图书的外借、阅览与损失赔偿，电子文献阅览，咨询服务，科技查新，引文检索，定期服务，文献传递，复印服务。图书馆会根据学校各项相关规定对以上各种服务制定规章制度。大学新生入学注册的时候，学校会举办一个关于如何使用图书馆的讲座，或者给每位新生发放一本图书馆使用指南。

三、大学生的生活服务

（一）住宿

大学生活中有一半以上甚至更多的时间，同学们是在学生宿舍中度过的。同学们在这里朝夕相处，共同生活；这里也是学习研讨、谋划未来的第二课堂。小小的宿舍蕴涵了同学们丰富的喜、怒、哀、乐，它是大学生独立生活的开始，也是大学生活中一道美丽的风景线。

改革开放以前，大多数高校学生差异不大，需求相似，大学生宿舍的常用模式是走廊式，国外称之为"兵营式"，一般每间 14—16 平方米，4 人一间，每层设有公共卫生间和盥洗室。按照当时国家的规定，生均宿舍建筑面积 6.5 平方米。近几年来，又出现一些宿舍新模式，如短廊式，一条短廊服务几间寝室，共用盥洗厕浴；旅馆式，就像一般宾馆，每个房间有单独的卫生间和盥洗室；单元式，功能合理明确，动静分开，减少互相干扰。现在，一般学生公寓生均建筑面积都达到 10 平方米，住宿环境大大改观。

宿舍模式都有其各自的特点，但总的来说，它们一般都没有华丽的外表，内部装修也秉承朴素大方的原则，以满足大学生在校生活的基本需要。也正因为如此，宿舍才成为大学生培养深厚友谊的温馨港湾。

大学生公寓的室内设施以"简洁、实用、安全"为原则，一般包括储物柜、书桌、书柜和床铺等，有条件的宿舍配备有空调、电话、网络等。大学生公寓外的基本配套设施包括食堂、超市、银行代办处、邮局、报刊亭、洗衣房、浴室、理发室和运动场馆等。入学后，同学们应尽快熟悉宿舍周围环境，并充分利用这些设施以方便自己的生活。

（二）餐饮

民以食为天，对于大学生而言，餐饮是校园生活的重要内容。大学生处于身体发育的重要阶段，而艰苦的学习需要有良好的体魄作为前提和基础。如何合理、卫生、安全地就餐，是学校、父母，也是同学们自己应予以关注的重要问题。

大学食堂作为新型高校后勤保障体系的重要组成部分，始终坚持全心全意为教学、科研和师生生活服务的宗旨，维护每一位消费者的根本利益，坚持"立足校内服务，开拓社会市场"的方针，以"服务讲品位、饮食讲品质、餐厅讲品牌"为追求目标，以优质高效的服务，为师生生活提供强有力的后勤保障。它特殊的地理位置、服务对象以及经营策略使之不同于社会经营的盈利性餐厅和酒店，具有一定的公益性和福利性。

为满足不同消费群体的需求，目前各高校学生食堂在经营形式上可分为大众型餐厅、特色型餐厅和民族型餐厅等。同学们可以根据自身的经济状况、饮食习惯、营养要求等，选择适合自己的餐厅。

（1）大众型餐厅。这是同学们平时光顾最多的餐厅。这类餐厅通常设有大灶菜肴窗口、快餐窗口以及种类丰富的主食窗口，有的学校还设有自选式快餐窗口，供应一日三餐。供应时间也比较固定，采用早、中、晚在规定时间集中供应的方式。

（2）特色型餐厅。这类食堂通常是规模不大的独立餐厅，或者是在大众型餐厅中开辟的特色服务窗口。此类餐厅一般供应精品菜肴、特色菜肴、特色食品、应时火锅等，而且营业时间比较长，但菜肴的价格比普通餐厅略高一些。

（3）民族型餐厅。为了满足少数民族学生的饮食习惯和风俗要求，许多高校都为少数民族同学专门开设了各类民族餐厅，如清真餐厅等。这类食堂供应的饭菜具有民族特色，供应时间一般与大众型餐厅一致。

大学食堂的付费方式——校园"一卡通"系统，是信息技术在学校建设中的一种具体应用。目前，全国绝大多数高校学生食堂都已采用"校园一卡通"系统。所谓校园"一卡通"，就是在学校范围内，凡有现金、票证或需要识别身份的场合，均可以通过刷卡来完成。这种管理模式代替传统的做法，在校内集学生证、工作证、身份证、借书证、医疗证、会员证、餐卡、钱包、存折等于一卡，实现"一卡在手，走遍校园"、"一卡通用，一卡多用"的目的，它为同学们的学习和生活带来了极大的方便，也使学校的各项管理工作变得高效和便捷。

（三）医疗

为了方便同学们在患病时能得到及时、基本的治疗，各高校都设有校医务室，有的甚至还有自己的附属医院、医疗所等。这些医疗机构基本能解决常见的普通疾病。

入学的时候，学校会给每人发一个病历本，如果大家有什么大病小痛，都可以持病历本去校医务室或医院看病。在校医院看病的费用相对较低，通常学校提供医疗保险服务，医疗费用可在医疗补贴中扣除。

学校医院（医务所）按照有关规定，在新生入学、毕业生离校前给学生做体检。如检查发现身体有疾病需要回家休养的，则按照规定办理休学手续回家休养。按照国家规定，学校医院（医务所）还要给全体学生注射疫苗，如肝炎、麻疹疫苗等，同学应积极参与、主动配合医生的工作。

在校期间，学生如果发生意外伤害，保险公司将按照规定予以赔偿；如果发生了急性疾病或校医务室无法治疗的大病，需按照规定到其他医院治疗的，学校医保办（或相关机构）可以按照学校有关规定报销相应的治疗费用。

在寒暑假或因实习离校生病的学生，可以在当地县级以上人民医院就医，回校后凭医疗发票到学校医保办（或相应机构）报销。由于各校的具体报销规定不同，这里不具体罗列，同学们可以咨询学校医院医保办（或相应机构）。

四、大学的管理机构

了解大学的机构设置和职能很有必要。在大学里，一方面强调培养学生自我管理的能力，需要大学生自己动手与这些部门打交道，处理学习生活中遇到的各种问题，例如：学生证遗失找哪个部门办理？宿舍灯不亮找哪个部门修理？个人财产丢失找哪个部门处理？申报大学生贷款找哪个部门办理？另一方面，大学生要从中学时代"三点一线"的学习、生活模式中走出来，利用学校提供的这些机构，很好地培养自己各方面的素质与能力。对学校管理机构的职能有比较清楚的了解，有助于大学生与这些管理机构打交道。下面介绍几个与大学生关系比较密切的学校管理机构及其职能。

（一）院系办公室

一般学校的院系教务办公室对学生有两种职能：一是教学管理，二是学籍管理。凡是与教学和学籍相关的事，比如学生每学期报到注册，每个专业每学期的课程安排，学生考试及成绩登记和成绩单发放，学生的考勤、转学、休学等，都是院系教务办公室管理的内容。

（二）教学管理部门

学校教学管理部门主要包括教务处、学生工作部（团委）、招生就业办公室等，主要负责全校日常教学管理工作；学生学籍异动（转专业、留级、退学、休学）；指导开展大学生心理咨询工作；组织开展各项奖学金和荣誉称号的评比；学生违纪处分的审核；学生困难补助、生源地贷款等资助工作；学生医保及商业保险的管理工作；负责团员发证，团员档案的管理和团费的收缴、管理及合理使用；做好发展团员和推荐优秀团员入党等工作；组织团员青年大力开展校园文化活动、社会实践活动、社会公益活动、勤工助学活动、青年志愿者活动、就业创业活动等；负责指导院学生会、学生社团的工作，引导学生组织开展自我教育、自我管理、自我服务活动；定期举办入党积极分子学习交流活动；毕业证办理，毕业生就业指导工作，毕业生档案管理工作等。

（三）教学服务部门

学校教学服务部门主要包括保卫部、后勤服务中心等。保卫部门是维护校园良好秩序的重要部门。能否很好地接受保卫部门的管理，反映出大学生的法治意识。校园保卫部门的职能：一是对进出校园的人员、车辆进行管理；二是加强学生宿舍的"防火防盗"工作，保护学生财物及人身安全；三是对校园文明秩序进行监督，防止不文明行为甚至是非法行为在校园发生；四是接受校园各种治安问题报案，并立案侦查。大学生要配合好保卫部门的管理，要自觉遵守相应的管理措施，同时以主人翁的姿态参与校园治安管理。后勤服务中心主要负责学校水电供应和维护、桌椅板凳维修、食堂管理等工作。

第二节　大学学习

一、大学学习的要求、特点和方法

（一）大学学习的要求

1. 要有紧迫的时间观念

改革开放之后，深圳曾流行过"时间就是金钱"这样一句口号，这主要是就经济领域而言的。其实无论在哪个领域，时间都是十分宝贵的。对军事家来说，时间就是胜利；对科学家来说，时间就是成果；而对在校大学生来说，时间就是知识。所以，大学新生自入校伊始，就要有"时不我待"的紧迫感，尽快调整好自己的心态，适应新的环境，集中精力投入到紧张的学习生活中去。

另外，新同学年轻，精力旺盛，记忆力强、理解力也不断增强，又没有家庭负担或其他琐事缠身，正是人一生中最佳的学习时期。而且，大学里有精通专业知识的教师、先进完善的仪器设施、大量的图书资料和快速畅通的信息渠道，这些都为大学生提供了优越的学习条件。如果不能抓紧时间努力学习，而是轻松散漫、无所事事，把宝贵的时间白白地浪费掉，是非常可惜的。"少壮不努力，老大徒伤悲"，不要等到将来再后悔。

2. 勤奋是成才的前提

"天才是百分之一的天赋加百分之九十九的勤奋。"爱迪生的这句名言，大家一定都很熟悉。它之所以成为名言，是因为它揭示了一个真理，就是世界上一切杰出的人物，他们的才能都不是先天就具备的，而是靠自己的勤奋努力和不懈追求取得的。

大学生在三年时间里，要学习几十门课程，要把自己造就成德才兼备的优秀人才。如果没有勤奋努力、不懈追求的精神，是难以完成如此繁重的任务的。要想成为优秀人才，那只不过是一个难圆的美梦而已。一个人要想成才，必须勤奋学习，付出艰苦努力，除此别无他途。所以说，勤奋是成才的前提。

首先是勤练。人们学习知识的最终目的是为了提高解决实际问题的能力。知识是能力的基础，但不等于能力，还必须通过实践这个环节来进行转化。高职学生在校期间主要是学习理论知识，更应主动地、有目的地参加实践活动，才能逐步提高自己的专业实践能力，不断磨练自己的意志与毅力，同时提升个人就业力。

其次是要勤读。读书与听课是大学生获取知识最重要的途径。由于种种原因，大学新生入学时，一般都存在知识面较窄的问题，而这将给大学的学习带来极为不利的影响，因而大学生在校期间，要抓紧时间多读书，不仅要读与所学专业相关的书籍，也应读那些与所学专业关系不大的书籍。只有这样，才能使自己的基础更扎实，知识面更广博。而这又有利于自己思路的开阔，思维的活跃，解决问题的信心与能力的不断增强，从而又为学习新的知识奠定坚实基础。如此循环往复，才会在成才道路上不断成长与成熟。

再次要勤问。"学"和"问"是两种不同而又相辅相成的获取知识的途径。人们在学习过程中，总会遇上各种疑难问题，在经过认真思考仍无法解答时，最好的办法就是请教别人。因为任何个人的经验总是有限的，思维能力也是有限的，不依靠他人的知识、经验和能力来弥补自己的不足，学习过程将无法进行。有些同学习惯于学而不问，一个人冥思苦想，其实是在浪费时间，最终将阻碍自己的学习向深入广阔的方向发展。

从"学"和"问"的关系来说，"学"是基础，是先决条件，一点一滴的知识，必须通过认真学习、独立思考，才能真正成为自己的东西。"问"也必须先思后问，"问"来之后也要认真思考，消化吸收，成为自己的知识。这样的问，才是有作用的问。那种不思而问，得到正确答案后又不去深入理解、消化的学习方法，只会使人变得懒惰和浅薄，是不可取的。

最后，要勤于思考。在学习过程中，学习者积极主动地思考问题，是起决定作用的因素。"学而不思则罔"，如果只学习而不思考，就会越学越糊涂。只有勤于思考，才能充分地理解和牢固地掌握知识。如果书读了不少，对书中介绍的知识、道理却不甚了了，或者感觉上似乎已经懂了，时间稍长，便忘得干干净净。究其原因，都是因为没有真正地深入理解书的内容，没有通过反复的，多层次、多角度的思考去消化和吸收书中的精华。

3. 刻苦就是战胜"自我"

"学海无涯苦作舟"，古今中外，凡是要认真学习、立志成才的人，没有不吃苦的。战国时期的苏秦"头悬梁、锥刺股"，刻苦攻读，最终成了著名的纵横家。他伤害自己身体的做法固然不可取，但他的吃苦精神，却是值得我们学习的。

所谓的"苦"，说到底，是人的一种心理感受。人是有惰性的，总是本能地追求一种丰富多彩、悠闲舒适的物质和精神享受，一旦这种欲望受到压抑，便觉得"苦"，压抑得越厉害，就越觉得"苦"。大学生在校学习期间，生活条件可能不如在家时好，饭菜也可能不合口味，同时需要大量的时间与精力用于实践、阅读、记忆与思考，这就必然挤占休息和娱乐时间；学习那些自己不感兴趣却又不得不学的某些知识时，会产生焦虑、烦燥等情绪。凡此种种都会有"苦"的感觉。因此"刻苦"就是要用精神的力量去压制追求享受的欲望，在遇到困难与挫折时咬紧牙关、坚持到底。这其实是在和人自身的惰性以及本能的需求做斗争。

要在这场斗争中取得胜利，最关键的是要有坚强的意志和坚韧的毅力。人最难战胜的就是人自身，难就难在追求舒适与物质享受作为一种本能的欲望，随时都存在，随时都在起作用，而且被压抑的时间越长，它就越强烈。要压制这种欲望，必须有坚强的意志和坚韧不拔的毅力，否则就会在这种欲望面前打败仗。同时，学习中遇到困难、挫折时，人们容易产生厌倦、沮丧等情绪，这将导致人在困难和挫折面前退缩甚至放弃。这时，尤其需要坚强的意志和坚韧的毅力去克服消极因素，强化自己学习攻关的信心与决心。

（二）大学学习的特点

大学阶段的学习，与中小学阶段的学习一样，都具有人类学习的一般特点。同时，大学阶段的学习，还具有自身所独有的特点。与中小学阶段的学习相比较，大学学习的主要特点如下。

1. 学习任务、学习内容和学习方法的不同

大学阶段的学习与中小学阶段的学习相比较，中小学阶段进行的是普通基础教育，而高等职业教育则既是高等教育又是职业教育。大学阶段的学习是一种与某一专业直接挂钩的、层次更高的、需要进一步发挥积极主动精神和创造精神的学习。它在学习任务、学习内容和学习方法上与中小学阶段的学习相比都发生了较大的变化。具体讲，表现为以下几点。

（1）学习任务不同。中小学阶段的主要任务是向学生传授科学文化基础知识，为他们的升学或就业做准备；高等职业教育则是以培养高端技能型专门人才为目标，使学生在中学学习普通文化科学知识的基础上，进一步学习和掌握专业知识和专门技能，把他们培养成各部门各行业所需要的高级专门人才。这种专业的目的性，更具体地体现了社会对某一专业的需求，体现了大学学习与社会需要的密切联系。

（2）学习内容不同。中小学阶段的学习是基础性、多科性、全面性、非专业性的，大学阶段的学习专业性很强，它围绕某一专业开设各种课程，教学内容较专、较深，且与实际应用联系得更加密切。

（3）学习方法不同。在中小学阶段，一切教学活动基本上都是由教师安排的，学生基本上是由教师"领着走"，而大学则不是这样。它更加注重培养学生独立学习的能力，要求学生学会独立思考、独立学习、独立研究。对学生的学习过程也不像中小学管得那么具体细致，大学生可以针对公共基础课、专业课、拓展课、社会实践课、顶岗实习、毕业课程或毕业设计等选择不同的学习方法。

2. 学习性质、学习层次和学习要求的不同

大学生的学习与中小学生的学习的不同还表现在，学习性质和学习要求不同，即大学阶段的学习是在一段较为集中的时间里，在教师的专门指导下进行的一种分专业、有教学目的和有计划、有系统、有组织的学习。它以学习书本知识为主，同时又要掌握一定的实践能力。具体讲有以下特点。

（1）专业性。大学阶段的学习主要是要求学生掌握所学专业的理论知识和基本技能，"教"与"学"的活动都是围绕着某一具体专业进行和展开的。大学的学习与中小学的学习都是学习和继承人类积累起来的知识与经验，但大学学习的是专业文化知识和技能。这种专业性的特点决定了大学的"教"与"学"的全过程，从编制教学计划、制定大纲、设置课程、安排学时、编写教材、选择内容，到组织教学的形式、方法和手段等，都要围绕某一专业而展开。大学所开设的专业课和选修课，也要紧紧围绕着高端技能型专业人才的培养目标来进行。

（2）独立性。大学的学习要求大学生独立地学习知识、掌握专业理论和技能，要求培养大学生具有独立学习和专业实践的能力。大学学习的独立性贯穿于大学的"教"与"学"的每个阶段和环节。如前所述，中学学习基本上都是由教师安排，学生基本上是由教师"领着走"，因而是在教师全面而直接指导下的学习。大学生在学业上已开始走向自立，教师在学习过程中的主导作用只起着指点性的"引导"，而不是全面直接的指导。"师傅领进门，修行在个人"这句古语，在大学表现得更加明显。无论是大学的理论课教学，还是实践课教学，都要求大学生要有独立学习的能力。大学这种独立性的学习特点，要求大学生尽快适应大学的学习生活，努力培养自己独立学习、独立分析思考、独立工作和独立探索的能力。大学学习的这种独立性的特点是以大学生的人生观、世界观逐步形成，大学生在生理机能、思维能力和心理特征上已日趋成熟，思想上和行为上都日益具有明显的独立性为生理和心理基础的。大学生一般是 20 岁左右的青年，在他们身上已出现了成人的某些特征。他们生理机能的发育日益成熟，这使得他们的记忆能力、分析能力、辩证逻辑思维能力等智力能力和诸心理要素也日益走向成熟，再加上大学生与社会的接触比中学生更深入、更广泛、更密切，这些都有力地促进了大学生独立思考和独立学习能力的发展和养成，从而推动着他们进一步走向成熟。

（3）互补性。大学阶段的学习，不仅具有专业性和独立性的特点，而且还具有较高层次的互补性的特点。这种互补表现为大学生之间的互补、大学师生之间的互补、同一专业之间的互补、不同专业之间的互补等。这种互补不同于中小学学习的互补，它是一种文化知识层次较高、具有较强专业性的互补。大学一般具有较浓厚的互相交流、民主讨论的学术氛围。大学生应积极参与进去，加强专业沟通和交流，进而锻炼和提高自己敢于发表独立见解、阐明个人看法的能力，在互补和互相交流之中增进交往，不断提高自己的知识文化水平。

（4）实践性。大学阶段的学习，要求学生不仅要掌握所学专业的理论知识，而且还要善于把所学的知识运用到具体实践中去，以具有基本的实践能力和应用技能。因此，大学的教学，既有理论课又有各种形式的实习课，其目的就是为了提高大学生的基本实践能力和应用技能。高等职业教育的实践课要根据学生将来就业岗位能力需求来设计，与生产实际紧密结合，着眼于解决实际问题，才能适应社会对大学生的要求。

（5）创造性。创造性是大学学习的主要特点之一。大学的学习不仅仅是对已有的专业理论知识和应用技能的学习，同时，还要在此基础上从事探索活动，发展创造能力，培养创新精神。大学生自身的智力条件和大学的教育条件为大学学习的创造性奠定了必要的基础。此外，人类正在迎接知识经济时代的到来，我国正在建立"国家创新体系"，"创新是一个民族的灵魂"，国家之间经济实力的竞争实质上是科技进步的竞争。这些都说明，社会的需要要求大学生必须具有创新能力，从而使他们在走上社会后能成为一支新生的创新力量。这就决定了大学的教学不仅要讲授已定型的理论，还必须要把专业的前沿动态引入教学。大学教师基本上是双重身份，他们既是本专业的教学工作者，又是本行业的能工巧匠，同时，还要积极参加教科研工作，把自己的研究成果等介绍给学生，使学生能够站在专业发展的前沿，激发学生的创造热情和冲动。在大学学习期间，大学生就要做好准备，努力培养自己的创新精神，做到既继承前人又有所突破，不断提高自己的探索和创造能力，以适应我国经济建设发展对大学生的要求。

（6）多样性。大学阶段的学习与中学相比进一步多样化。首先是所学内容多样化：大学不仅开设基础理论课，还开设专业基础课、专业课、实习课、选修课等课程。其次是学习形式也进一步多样化：有课堂教学、网上教学、多媒体教学、投影教学、录像教学、讨论式教学、自学等教学形式。这种多样化的教学方式和活动，有助于开阔和激活思维、加强记忆、提高学习效果，进而有助于大学生掌握所学的知识。

对于大学阶段学习的这些特点，新入学的大学生应充分了解和掌握，只有这样，才能因势利导，调整自己的心态，尽快由中学生的心态转为大学生的心态，进入大学生的角色，适应大学的学习生活，圆满完成大学阶段的学习任务，在大学毕业时，向社会、父母交出一份满意的答卷。

（三）大学学习的基本方法

学业的成败不仅在于勤奋和刻苦，还在于是否善于学习。科学的方法是通向成功的桥梁，只有运用科学的学习方法，才能更好地发挥天赋的智慧和才能，才能事半功倍。因此有人说，大学学习，与其说是学知识的，倒不如说是学方法的。可见，掌握科学的学习方法对大学生来说是很重要的。大学学习的特点决定了大学学习方法与中学有很大的不同。大学学习方法有很多，常用的、科学有效的学习方法有以下几种。

1．四环式学习法

这种学习方法是指通过由面到点、由表面到实质的综合概括，把握学习内容之间的联系，在较短时间内掌握全部材料内容的一种方法，包括精读材料、编写提纲、尝试背诵、有效强化四个环节。第一环节是精读材料，抓住重点，就是对所学的内容进行认真分析、综合，把握其要点、重点和难点及材料间的必然联系。第二环节是编写提纲，要求在理解所学内容的基础上，细致地进行筛选、概括、组织，然后根据所学材料的性质，用自己的语言提纲挈领地编写提纲，列出每一问题的要点。第三环节是对学习材料进行迁移内化，即是对所编提纲以及知识、材料间的内在联系，进行背诵、记忆、分析、推理。第四环节是浓缩提纲，强化记忆，即是用最简短的语言，抓住材料的实质和核心内容，把提纲压缩成简纲，以强化记忆加深印象。

2．循环学习法

学习成效与记忆能力密切相关。科学研究结果表明，学习中人的遗忘具有先快后慢的规律，如果及时复习，就可达到牢固记忆的目的。事实上，在学习过程中，记忆能力再强的人也难以做到对所学的教学内容一次性记忆下来。因此，循环法就是要求大学生在每节课后，在新的信息传入大脑后，在印象还没有逐渐消去以前，对所学的内容及材料及时整理，在不同的时间内多次采取学习—复习—再复习的方法，以达到记忆的目的，巩固学习效果。

3．SQ3R 学习法

这是美国衣阿华大学首创的学习方法，其中 S 代表浏览（Survey），Q 代表提问（Question），3R 分别代表阅读（Read）、背诵（Recite）和复习（Review）。浏览是指在学习一本书之初，先大致地浏览一遍，着重看书的序言、内容提要、目录、正文中的大小标题、图表、照片以及注释、参考文献和索引等附加部分，目的是对全书有一个总的直觉印象，以及哪些内容值得注意等。提问是指在浏览确定要读一本书之后，先进行粗读并提出问题，主要是在阅读大小标题、黑体字和其他重要标示的基础上提出一些问题来，以便在后面的精读阶段更有目的。对提出的问题自己先试着回答，有利于培养、提高思考问题和解决问题的能力，也可以提高学习和记忆的效果。阅读是指带着问题深入地精读。对书中比较重要的内容，要逐段逐句地读，有时甚至要反复读；对其中的重要概念、图、表、专门术语乃至注释等，要透彻理解其意义；对书中的核心内容和中心论点还应做笔记、写心得，并配以圈点、划线、眉批等。背诵是指在理解了一本书的精神实质后，合上书本，把有关章节的主要内容简明扼要地复述出来，把书中的重要法则、原理、公式、定理等熟练地背诵出来。通过背诵，可以加深理解、增强记忆。对记得较为模糊或尚未透彻理解的，要整理出来，以便补课。复习是根据在复述、背诵的过程中所出现的问题和熟练程度进行复习，以便全面准确地记住书的主要内容。对其中需要长期记住的材料，还要反复复习，以求牢固掌握。

4．框架式学习法

这种方法指将有关知识通过有条理的分析，归纳成一个个"框架"，以便理解和记忆。例如在学习某一学科或阅读某一本书时，往往会根据学科或书本的知识和内容及其内部之间的联系，建立一个知识"框架'，这样不但便于理解和记忆内容，而且也便于每学一点新的知识，就能自觉地把它投到这个"框架"里去。不断向这个框架增加新的"信息"，并经常在头脑中呈现这个"框架"的内容，整理"信息"，调整"信息"的位置，这样就会取得更好的学习效果。

5．设问推敲法

这种方法是指在学习过程中，经常会遇到各种问题，对遇到的问题，要养成问"为什么"的习惯。如果是前人问过的，但还没有解决，自己要敢于再问；如果是前人没有问过的，自己要敢于去问，不要怕错，错了就改。根据遇到的问题，迈出了"问"这个第一步，才能根据"问"，发挥自己的主观能动性，主动查找资料，寻求解决问题的新方案，这对培养自己的创造思维能力是很有好处的。常见的设问推敲法有五种提问形式：比较法、反问法、逻辑法、变化法、极端法。

6．螺旋式学习法

这种方法就是用一系列的循环知识单元来代替平铺直叙的知识积累和阐述，每一循环都比前一个循环更高一层,更进一步。这种学习方法以学习者所感兴趣或想研究的内容为目标,起点可以是某个基本概念、某个公式、某个实验现象,围绕着中心内容,掌握与中心内容有直接关联的基本知识,并了解那些有联系、但并不直接的有关知识。经过一个阶段的学习,使基本概念得到掌握,公式得到理解和运用,实验现象得到分析,疑难问题得到解释,设想得到丰富和完善,同时还了解了与所学内容有关的知识领域。在这一循环的学习中,又会遇到新的概念、新的问题,再以此为新的起点,进一步循环,进一步学习,进一步开阔视野。

7. 理论与实践相结合的方法

大学学习是学生将高度抽象的专业理论知识运用于实践的活动。理论来源于实践,又必须回到实践中接受检验,学习的过程也是人的认识过程,它必然要符合人的认识规律。脱离实践的理论,是无法生存的理论,也是无法去掌握的理论。大学生所学的理论,是前人或他人在实践中升华了的东西,这种理论要在实践中才能检验它的真理性。因此,要通过参加课程设计、实习、实验、调查、毕业设计等实践活动,将课堂教学理论运用于实践,在实践中培养自己的动手能力、操作能力、运用知识解决问题的能力、创新能力等,要树立在实践中学习的观念。

以上介绍的几种学习方法,都是他人经验的总结。借鉴他人经验,可以少走弯路,提高学习效率。但是,由于个人习惯、思维方式、个人性格、气质、意志品德等具体条件不同,学习方法也应该因人而异,因此,选择哪种学习方法,要结合自身的特点来选择,对别人的经验要创造性地加以吸收。

二、自学能力的培养

(一)自学能力的培养方法

大学生的自学能力,是指能够独立学习求知的能力。其特点是独立自主,主要靠个人的自觉性、自主性、自律性来实现目标,在没有外在强制力下,在无老师的直接具体指导下,不仅可以独立有效地读大量的书,而且能够独立地收集处理各种复杂信息,不断增长和更新自己知识的能力。加强自学能力的培养极其重要,作为获取新知识最基本最重要的能力,学会和掌握它,可以终生受益。像在校大学生这样,有老师直接教诲,有同学热情帮助,有专门时间系统学习的机会在一生中是不多的,更多的只能是在工作岗位上独立地学习。在这样的条件下,困难是可想可知的,既要做好本职工作,又要顾及家庭,真正能自主掌握的自学时间是有限的。然而,一个人如果不经常学习,就会跟不上时代的步伐,因此提高自学能力就显得更加重要,更加迫切。在大学阶段如能养成自学习惯,培养自学能力,掌握自学本领,将来在工作岗位上就能充分发挥自学作用,不断更新自己的知识,尽快地掌握新的科学技术,以适应社会需求。

如何加强自学能力的培养，关键要抓住以下几个基本方面。

1. 学会选择自学目标

选择自学目标是关系到自学成败的基础，目标过高或过低都将失去激励的作用。正确的做法，一是扬长避短。成功者在起步时都是既自信又自知的，知己所长所短。选择目标时，要据己所长定目标。己之所长包括自己的兴趣爱好、性格和才能类型等。二是发展专业，在专业的广度深度上做文章。大学生所学的专业，基本上都是在填高考志愿时参考班主任、任课教师、亲朋好友的意见，自己下的决心，一般都与实际相符，与志趣爱好相关，应在这一方向上加以强化。经过正规系统的专业训练，自己今后的发展主要还是靠所学的专业老本。如想扩大自己的知识面和活动范围，大多都以本专业为核心去学习相关专业，打"擦边球"容易上手和进入角色。三是适应需要。市场经济发展急需一些新的专业、行业人才，如果自己有这方面潜质，形势（含单位的需要）又有这样的要求，就可以向此目标前进，自学成才。当然，这需要付出比学习现在的专业、比正规的全日制学习更大的代价。

2. 学会制定自学计划

自学计划没有外在的强制压力，全由自己自主制定，要实在、实用、实际。好的计划有助于目标的实现，这样的自学计划要有阶段性要求，可分为长、中、短期几个阶段。要有可操作性，具体目标明确，可以自我查验核对；要切实可行，包括经济上的保证、时间上的保证等；要有灵活性，留有余地，把困难想得多些，如遇其他麻烦也有对付办法。

3. 学会自主自律，处理好工作与学习的关系

自学时间靠"挤"，要讲求效率，善于化整为零，把学习任务分解为各个小部分在各个分散时间完成。善于化整为零，利用零"碎"的课余时间来完成某一重大学习任务，三五分钟莫小看，饭前饭后不放过，早晚时辰胜黄金，双休假日把握好。

4. 学会掌握自学的方法与技能

一是学会使用各种有关的工具书；二是学会利用图书馆，那里有丰富的最新的资料，最好自己能定购对自学有帮助的一些报刊杂志；三是学会虚心向别人学习，争取机会去请教名师，争取机会与周围的同学讨论，争取机会参加一些有关的培训班、学术报告会等以补自学之不足；四是善于总结，不断进步，这是自己教育自己的好形式，也是提高自学能力的有效途径。

（二）做好课堂笔记

课堂笔记是构建知识结构的预制件和原材料，也是课堂学习的备忘录。即使有教科书，也不能代替课堂笔记，因为大学里有经验的教师的讲授，往往突破教材的体系和内容，常常传授一些个人治学的成果、体验和方法，即使讲成熟的理论，也会讲出书上没有提及的理论产生的背景等；同时，还会提出一些尚待研究的问题及研究的方法，这些都是极为宝贵的。做好课堂笔记，是提高听课效率的重要方法，它不但能积累资料，同时也有助于课后的理解、记忆、考试复习。

一般来说，做好课堂笔记要注意以下几点。

1. 留下思考的痕迹

一般在记笔记时要留下 2/3 或 3/4 的空白部分以方便课后整理或阅读笔记时使用。

2. 记老师的板书

课堂上老师的板书是以提纲、图、表的形式展现一节课的主要内容的，反映了知识之间的逻辑联系。为便于理解和掌握，应当完整地记录下来。

3. 记录老师的思路

思路一般反映教师分析问题、推导结论的思考路线。课堂上记下教师的思路，可以启发思维，提高分析问题与解决问题的能力。老师讲课的思路一般用语言或者板书表现出来，要有意识地加以注意并记录下来。

4. 记录重点和难点

课堂上时间有限，老师的讲授速度也是非常快的。在课堂上不可能把老师的课堂讲授内容全部记录下来，因此，应该有选择地注意摘录老师所讲的重要理论、观点和内容；老师某些精彩的或有特点的语言和观点，要善于使用自己的语言、简洁的文体来记录。对一些一时难以记下的东西，要摘记老师讲课的要点和记录关键词，然后在课后补齐。

5. 有选择地摘录典型事例、补充内容和自己的疑难问题或不同见解

一般有代表性的、很能说明问题的事例，应记录下来，以便以后复习理解。补充内容一般是老师为了更好地说明问题而在课堂上增加的内容，如作者的生平和写作材料等，由于这些内容课本上没有，但对理解教材内容有重要意义，所以也要有选择地记录。此外，在听课或课堂自学时，对有疑惑的地方，也要在笔记上作下记录，以便请教老师和同学。

6. 整理课堂笔记

教师讲授完之后要注意整理课堂笔记，在重要部分作上记号。在笔记纸上留下的空白部分，用最简明扼要的词语概括笔记的内容，亦可采用在对应位置上作标记的办法来揭示笔记的详细内容。

7. 做笔记摘要

做笔记摘要，指把当天的笔记内容归入各个分门别类的笔记摘要中去，这样，不仅有益于理解和掌握，也利于日后查找和复习使用。

（三）资料收集与知识积累

古今中外，有学问、有成就的人，总是注意资料的收集和知识的积累。资料是形成观点的基础，又是表达观点的支柱。只有注重积累才会有广博的知识，思想也才能真正活跃起来。资料的收集与知识积累的方法有多种多样，对大学生来说常见的有以下几种。

1．大脑记忆

对那些重要的又常用的信息，如外语单词、科学公式、定理等必须靠大脑来熟记。平时无记忆，脑子空空是谈不上知识的积累的。

2．做读书笔记

俗话说"好记性不如烂笔头"，坚持做读书笔记，不仅可以加强记忆，加深理解，巩固学习成果，而且对于今后个人的发展大有裨益。做读书笔记的方式有摘录式和评注式两大类。

（1）摘录式笔记。这又可分为四种：一是索引式笔记，只记书刊名称、论文题目以及出处，以备日后查找；二是引语式笔记，摘录文献和著作中一些重要的原文，这是原著中的精髓，供以后引用；三是抄录式笔记，它比引语更详细，可摘要与专业关系密切的章节、段落，作为备用的原始资料；四是摘录式笔记，即简明扼要地摘录原著要点。

（2）评注类笔记。这是比摘录式笔记更高层次的笔记，其中有心得和批注以及读后产生的新思想、新观点、新方法等，可分为以下九种。一是提纲式笔记，即将一本书或一篇文章的基本内容提纲挈领地记录下来，可有助于思维的训练。二是提要式笔记，要求综合全书写出要点，而前者是先逐段写出要点而后综合。三是论题式笔记，要求对书里提出的问题作概括性地解答。四是批注式笔记，即直接在书上做记号和批注，方法简便易行，便于复习、应用。五是补充式笔记，在读完全文全书感到其有不足时，参考其他论著加以补充。六是批驳式笔记，即是对原著的论述、观点、方法、结论、公式有不同的见解或认为有谬误时，写出批驳文字。七是质疑式笔记，对书中没有读懂的难点、疑点，记录下来，待以后解决。八是札记式笔记，它是读书时摘记的要点和心得，以便将学习的内容经过整理，达到融会贯通。九是综述式笔记，在记了同一问题的几部著作或几篇文献的笔记后，抓住重点和要领，全面掌握材料，综述各论著的观点和见解，说明问题的现状和发展趋势，其中要有自己的看法和分析，这更有利于综合能力和表达能力的培养。

3．做资料卡片

在阅读课外书、期刊、报纸中发现的一些重要资料要摘录或剪辑下来，填在卡片上。做资料卡片要注意以下几点。

一是指向。积累资料应该做到方向明确，重点突出，"战线"不可拉得太长。二是优选。要善于沙里淘金，将那些闪光的思想、观点和方法熔于一炉，去粗取精，去伪存真。三要统筹。要统筹兼顾，考虑好纵横两个方面："纵"即是积累那些有利于把自己的学习和研究引向深入的资料；"横"就是在积累专门学科知识的同时，搜集那些与自己学习领域密切关联的其他学科的资料，这样有利于培养综合能力和预见性。四要及时。一见到有用的资料要立即做成卡片，否则零星散见的资料就会稍纵即逝。五要准确。资料一定要准确，尽量与原文核对，避免失实。六要全面。当收集某一个专题资料时，应注意资料的完整性，不同的观点、评价都应摘取。七要求新。不仅要重视大部头著作，也要留心各种周期短的期刊、报纸，尽量获取最新信息。八要系统。资料应按内容分类汇编，归入一定的系统，并且沟通每条资料的相互关系，做到主次分明，有条不紊，便于查阅。

此外，收集资料还有编索引、有序排列藏书等形式，但不管哪种形式，即使收集了很多资料但并不就是知识，积累也不等于发现和创造。面对收集来的大批资料和信息，还必须进行分析和综合，写下自己思考的心得和体会，这样才能增长知识和有所发现。因此，在收集和积累资料的过程中，必须要讲究个人的发现和创造，要善于旁征博引、引申阐发、去粗取精地辩证考究。如果只注意积累，那么积累得再多也不过是在别人身后爬行而已。

（四）网络学习

21 世纪是一个信息社会，Internet 和信息高速公路的飞速发展，极大地改变了人们的思维方式和行为方式。过去人们获取知识的途径主要是通过传统图书馆、报刊、广播、电视等。随着计算机与通信技术的高速发展，通过互联网获得信息和知识正在成为人们普遍采用的手段和重要途径。它可以为我们提供诸如电子咨询、电子学校、电子图书馆、电子邮件、长途电话、电子商务、电子转账等服务。人们可以在互联网上迅速而方便地与远方的朋友交换信息；可以把远在千里之外的一台计算机上的资料瞬间拷贝到自己的计算机上；可以在网上直接访问和搜索各个领域的专家，针对感兴趣的问题与他们展开讨论。人们可以在网上漫游，访问搜索各种类型的信息库、图书馆甚至实训（验）室，还可以在网上建立自己的主页（home-page），定期发布自己的信息，真正做到"秀才不出门，尽知天下事"，而且还可以做其他许多事。

1. 网络课程（精品课程）

学生可以从网络上选择想学习的课程，在这里学生不必受传统课堂空间、时间的限制，可以随时点播学习课程进行自主学习，当碰到疑问时，可以给老师留言或远程交流，并获得教师的解答。许多高校都有精品课程网站，网站主要包括课程的教学内容、教学课件、讲课视频、实践教学、测试练习、在线答疑等内容。

2. 电子图书馆

电子出版物，包括图书、杂志、报纸和音像制品等构成电子图书馆的内容。与传统图书馆藏书不同的是，电子图书馆的众多图书不再孤立散布在世界各地的图书馆中，而是永久性地存储在硬盘、软盘、光盘之中，或流动在全球信息网络中，成为全球人类共享的信息财富。你可以直接从网络上进行资料传递与查询，并将感兴趣的内容下载到自己的计算机中。亚洲最大的北京图书馆已实现了初步数字化，可供读者上网查询书目。CNKI（China National Knowledge Infrastructure）是中国知识基础设施工程，其中中国学术期刊网是目前国内最大的学术期刊网站。

3. 电子邮件

Internet 的出现大大提高了人们的通讯效率，瞬间传遍世界的电子邮件 E-mail 开始替代传统书信。一个人可以在任何时间、任何地点就任何内容与所有对象同时进行交流。电子邮件的最诱人之处在于它传递信息迅速、使用简便并且高效，通常从地球的一边传递电子邮件到地球的另一边只需数分钟，你只要在自己使用的计算机系统账号下设立一个电子信箱，或从网络上申请一个免费邮箱，便可以收发电子邮件。利用电子邮件还可参加各种专题兴趣小组，寻求兴趣相同的人讨论共同关心的问题。另外也可以利用电子邮件通信方式，举行电子会议和进行信息查询。

4. 网络信息服务

网络信息服务，也称因特网网上信息服务，指的是在网络环境下信息机构和行业利用计算机、通讯和网络等现代技术从事信息采集、处理、存贮、传递和提供利用等一切活动，其目的是为了给用户提供所需的网络信息数据、产品和快捷的服务，让人们从繁重的体力劳动中解放出来，享受网络带来的省事、省心、省力。网络信息服务是 Internet 独具特色和最富吸引力的功能。目前，在互联网上已开发了许多信息查询工具（搜索引擎），它收集了网上各种资源的网站地址，根据各种规律进行分类，为用户提供搜索服务。

值得注意的是，随着网民的不断增多和网络的不断普及，网民的心理承受能力也不断受到挑战，网络病也随之而至。据《光明日报》报道，复旦大学一名男生因上网成瘾出现生理和心理方面的异常，这名大学三年级的男生从二年级下半学期开始，经常从早上 8 点进入机房，直到晚上 9 点机房关门才离开。因为过度上网，该生面容憔悴，情绪低落，并常伴有莫名其妙的言行。据该校医生介绍说，这种症状属于网络性心理障碍，多发于青年男性。患者由于过分沉溺于网络游戏、聊天或浏览网页而出现情绪低落、生物钟紊乱、思维迟钝、自我评价降低和能力下降等症状，严重的甚至有自杀意念和行为。心理专家指出，由于缺乏社会沟通和人际交流，有的学生将网络世界当做现实生活，自我封闭在网络中。如上述学生一样，从心理学的角度分析，这属于抑郁性神经症。随着上网的人数越来越多，处于这种焦虑、自闭状态的人也越来越多。大学生应当积极参加社会活动，逐步摆脱对网络的依赖，回到现实中来。

面对网络垃圾、网络色情、网络暴力的冲击，世界各国政府都在积极制定有关政策和法规来惩治网络上的不良现象，同时技术部门也在不断完善网络的功能，并安装了各种防火墙、过滤网、跟踪仪等设备。但是，这些垃圾、色情、暴力的东西往往防不胜防，今天你封了这个站点，明天它可能又以另外的形式出现在网上。美国参议员爱德华·肯尼迪强调："我们现在正在考虑参议院的一项提案，在发展互联网的电子通信的同时，对色情内容要有所控制，我们同时也应该对恐怖主义的信息有所控制。"网络对青少年的危害主要有以下几点。

（1）造成意志毅力的消磨和自控能力的下降。过度使用网络，使青少年对网络产生了强烈的依赖心理。特别是网络游戏中的冒险刺激、网络交友中的轻松自如、网络不健康内容中的新鲜诱惑等，使青少年逐渐产生"网络成瘾症"，而对自己的主体生活——学习失去兴趣，缺乏毅力，自控能力下降，学业荒废。

（2）"网络性格"的形成和身体素质的下降。网络性格最大的特征是"孤独、紧张、恐惧、冷漠和非社会化"。对互联网虚拟世界的依恋、人机对话和以计算机为中介的交流，容易使人的性格脱离现实社会而产生异化，同时青少年又处于生长发育的旺盛期，长时间呆在电脑前的辐射和高度紧张，会损害各种人体机能，导致身体素质下降。

（3）对周围人的不信任和紧张的人际关系。在网络这个虚拟世界里，人人都以虚假的身份出现，尽管很多时候你可以大胆地表达自己的真实想法或无所顾忌地说你想说的话，但在虚假的身份之下，网络人际关系很少有真实可言，时时充斥着不信任感，人际关系紧张。特别是对于"性格内向"的青少年而言，网络为其提供了展示自我的平台，但也使他们在"网下"变得更加内向和自我闭锁。

（4）价值观念的模糊和道德观念的淡化。青少年时期，正是一个人人生观和价值观的形成期，其好奇心强、自制力弱，极易受到异化思想的冲击。网络既是一个信息的宝库，也是一个信息的垃圾场，各种信息混杂，包罗万象：新奇、叛逆而又有趣味性，特别是西方发达国家的宣传论调、文化思想，极易使青少年的人生观、价值观产生倾斜，模糊不清。网络虚拟世界里人际关系的随心所欲，无须承担责任和免遭惩罚的特点，养成了青少年以自我中心的习惯，特别是网上暴力、色情、欺诈等，使得迷恋网络的青少年道德素质下降、道德观念淡化。

（5）网络安全隐患和网络犯罪现象。网络引发了青少年的安全焦虑。由于青少年生理和心理发育均不成熟，识别是非能力差，自我保护意识不强，极易造成网上隐私失密、网上恐吓、网上欺诈等现象，一旦遇到，往往惶恐不安，无所适从。网络交流的随意性和隐蔽性，又常常使青少年成为受害者。由于青少年极强的好奇心和模仿性，使得很多网络受害者又成为侵略者，网络犯罪不断上升。

随着互联网在中国的发展，许多大学生迷恋网络，我们也会遇到越来越多的这种现象，如何教育我们的青年大学生们在上网时自动摒弃这些网络垃圾，是学校每一个教师的责任。对高校大学生而言，为免受网络的不良影响，应该注意以下几点。

（1）认真学习学校开设的思想政治理论课。思想是行动的先导，只有有了正确的思想，才能有正确的行动方向。

（2）正确认识"性"。大学生在生理上已经属于成年人，要正视自身的生理冲动，主动和理智地了解这种冲动，揭开"性"的神秘感。正视网络黄毒，才可能真正不受黄毒的影响。

（3）不要沉迷于网络。网络把世界连成一体，网络把知识传播给每一个人，网络从其本身来讲是有益的。但是，我们有些大学生沉迷于网络之中，或者整天聊天，或者整天打电脑游戏，或者寻求一些黄色、有刺激性的图片、作品，这时，上网就变益为害了。把自己从网络中拯救出来，参加一些户外活动，与朋友聊聊天，让太阳重新晒到我们身上来，生活不是更美好吗？

（4）在网络上开展一些有意义的竞赛活动。比如，网页设计大赛、局域网设计大赛、网络生存等，把个人对网络的热爱通过比赛展示给大家。

（5）如果沉迷于网络之中难以自控，以至于影响学习、生活和与同学的关系，可借助教师、朋友、同学的帮助解脱出来，向他们讲述你的苦闷、你的烦恼，让外界的力量帮助你，千万不要自暴自弃。

（6）做一个开心快乐的人。我们应该想到，网络之于人类原本只是一种工具，如果我们被工具所俘虏，整天对着电脑屏幕，将自己变成如机器般的"数字人"，你的人生就会丧失很多精彩的内容。所以，做一个快乐的人，把自己放在空气中，放在阳光下，不要过多地虚拟自己。

第三节 大学的任务

一、21 世纪需要什么样的人

曾任软件中国研究院院长和自然互动部全球副总裁，离开微软后又加盟 Google 的传奇人物李开复先生在其大学演讲中指出，21 世纪需要以下七种人。

（一）创新实践者

在 21 世纪，真正有价值的人是能够创新的人，而不是一个只会使用别人的方法做事情的人，也不是那种只会听话做事情的一颗棋子、一个齿轮。因为，在如今激烈的竞争之下，一个公司唯一可以延续的竞争优势就是它的创新。任何东西都可以很容易地被模仿，只有创新很难被模仿。

虽然要创新，但不是为了创新而创新，而是为了做有用的事情而创新。一个真正的创新实践者在每一次创新的时候都忘不了实践，在实践的时候也忘不了创新，这样的人才是 21 世纪不可缺少的人才。

（二）跨领域合作者

中国的未来乃至全世界的未来，更需要的人才不是那些把一个学科学得非常非常深的人，而是那些把本学科学好，同时又能够与其他学科做一个跨领域结合的人才。原因其实非常简单，如果世界上有 1000 种知识，这个知识本身你可以学得很深，但是两个人的知识通过交叉碰撞又可以产生新的知识，三个人的碰撞就能产生十亿个组合。

所以，李先生对各位同学的建议是，首先读好你的专业，这是必要的，但同时要考虑是否还有别的什么专业是你有兴趣的。这两个专业最新的思想能不能结合起来，能不能做一些既有意义又可以实践的东西，这可能是最有成长空间的地方。

（三）高情商合作者

EQ 的重要性在 21 世纪会非常显著，因为在 21 世纪，我们越来越需要全体的合作，需要跨领域的合作。每个人只有在尊重别人、善于和他人打交道、友好合作的前提下才可能有很好的结果。所以，李先生对各位同学的建议是，在你可以抓住的每一个机会里，多参与社团工作，多建立一些与人合作的基础，无论是上课，还是参与社团项目，或者暑期工作的机会。让自己除了读书之外，成为一个能够与人团结、合作、客观、尊敬别人、聆听别人的高情商的学生。

（四）高效能沟通者

一个人如果有思想但不能表达自己，他其实就是一个没有思想的人。这句话相当有道理。在 21 世纪全世界都是信息的情况下，很好的信息传播渠道还是要经过人。人是怎么传播信息的？靠沟通。一个人沟通能力很好，他可以把一个很难懂的信息很好地传播给别人。一个人沟通能力很差，他就无法传播信息，因此别人可能看不起他，认为他没有思想。因此，你在沟通的时候一定要理解你的听众，你要知道你的听众在想什么，听众从你的讲话中得到什么好处，即 What's in it for you。还有，要注意说话的方式，不要用说教，而应该采取引导的方式。当你与别人沟通的时候，你要先想好你主要传达的 Message 是什么，然后用听众能够接受的方式表达出来。

（五）热爱工作者

如果你能做一项你非常热爱的工作，那么你可能在睡觉、洗澡、吃饭时都在想你的工作，你可能就会更有热情去做你的工作，你将认为你的工作不是一件枯燥的事情，而是可以享受的事情。因为如果你真的很爱你的工作，你就不是在工作了，而是在享受。如果你是在享受的话，你一定会有更多的热情投入，更多的时间投入，更乐意去做更多的工作，到了星期五你可能不想回家，到了星期天就想来上班了。如此，你想比别人做得差可能都很困难。

（六）积极主动者

一个积极主动者对自己的一切一定要负责任，因为如果你自己不在乎，没有人会比你更在乎，没有人会比你更知道你想做什么。在来到大学之前，一切都是消极的，由父母决定的。进入大学之后，你要开始对自己的一切负责。不去解决也是一种解决，不做决定其实也是一种决定，这个决定就是要自己走入一个消极而不是积极的方向。如果你有一些想法、有一些思想，一定要表达出来。在这个 21 世纪里，每个人都有想法，都有信息，那些最有信息或者最有想法的人可能会得到很多或者更多的注意。

（七）乐观向上者

说一杯水是半满的，还是说它是半空的，其实要看你是继续把水注进杯子里呢，还是把水从杯子里面倒出去。如果你继续注水的话，你会期望着水位上升；如果你倒水的话，你会想到很快杯子就会空掉了。这告诉我们的其实是一个人的性格，这是一个乐观的人，还是一个悲观的人。如果你是个乐观向上的人，你总会告诉自己未来会更好。成功者在面对苦难时的坚持、乐观和勇气是最重要的。人生的如意或不如意，更重要的不是取决于人生的际遇，而是思想的瞬间。我们要有这样一种心态，要认为挫折不是一种惩罚，而是一个学习的机会。回顾人一生的职业生涯，我想很多人学到最多的绝对不是来自于他的成功。

最后李开复博士总结指出："在 21 世纪，我们需要认真读书的同学，但是我们更需要创新实践的人才。

我们需要每一科的专才，但是我们更需要跨领域的合作者。

我们需要高智商的人，但我们更需要高情商的人。

我们需要每一个学生能够高效能地理解，但是未来你们更需要高效能地沟通。

毕业后，当然要找一个热门的工作，但是更重要的是你要热爱你的工作。

不要再继续做一个只会被动听话的学生，而要做一个积极主动的学生。

不要只是做一个小心翼翼的人，而要做一个乐观向上的人。"

李开复博士的讲话从社会需求的角度给大学生指出了非常具体明确的全面发展的方向和目标。事实上，学生从中学到大学，已经从一个相对单纯、学习任务相对单一的环境系统进入到一个更加复杂，学习任务更重、社会对你要求更高的环境系统。在这样的一个环境系统里，你所要经历的不是简单的个体社会化过程，而是一个知识扩充、思想升华、情感丰富、人格完善的过程。你的目标是要用人类最深的知识、最丰富的思想、最崇高的精神完善自我，把自己培养成为具有崇高的理想信念、良好的个性品质、深厚的知识基础、卓越的创造能力、踏实的工作作风，身心健康发展的高层次、高素质的人才，以应对未来社会激烈竞争的挑战。

因此，你在大学里，绝不能仅仅满足于博览群书，或者学会一技之长。你真正要做的是：利用大学这一块充满知识和灵性的土地，学会做人、学会做事、学会做学问和自我发展，规划好自己的人生路线。应该说，学会做人比学会做事、学会做学问更重要。不过在下面的章节中，我们将三者的顺序倒过来同大家一起探讨，相信看完后，你就能明白个中道理了。

二、学会学习

"未来的文盲，不再是不识字的人，而是没有学会怎样学习的人。"学会怎样学习比学习什么更重要。在崇尚终身学习的今天，学习是一个无止境的过程。学习的目的不仅仅在于获取文凭，更在于它是实现理想、追随兴趣的必由之路，是为了在整个人生过程中不断更新自己，以便与时代发展保持同步。

知识的无境，能力的无限，让学习成为一个探索的过程。这个过程，漫长而充满趣味，仿佛一次惊喜迭出的冒险旅程。你们怀着一颗好奇、求知的心，在学习中体会成长。你们真的开始成熟，要面对困难、迎接挑战。凤凰涅槃换来的是重生的奇迹，而学习成就的是一种信念、一种理想、一种为未来打拼的心情。现代社会日新月异，你们必须有选择地去学习才能事半功倍。寻找充实自己的能量的过程，其实就是一个自我成长、自我学习的过程。

当你终于开始明白应该学习什么的时候，当你终于承认大学不是一种迷茫的生活状态的时候，当你终于在看到太阳东升西落时觉得自己满是欣慰的时候，可以说你是真的在大学里找到了心灵的归宿。

大学的学习是学会学习的学习，是学会做事做学问的学习，更重要的是学会做人的学习。对于大一新生来说，要学会从被动接受"填鸭式"教育走向自觉思考的主动学习；从孤立、刻板的学习走向互相协作的动态学习；从书本理论的"死学"走向学以致用的"活学"，走向完满人生的学习……

大学里面的学习气氛是外松内紧的，竞争是潜在的、全方位的。在这种竞争气氛中，你还要改变一些原有的观念：在大学里，考试分数并不是衡量人的最重要的指标，人们更看重的是综合能力的培养和全面素质的提高。

对于大学新生来说，要适应大学的学习，首先必须适应大学的环境。

第一，你要清楚地认识到，面对新环境、新学习、新生活、新人际、新情感、新体验，不适应是正常的。这是每个新生成长中必须正视的问题，要积极正确地对待。

第二，你要调整好心态，以积极的态度去迎接挑战，努力去适应大学生活。要明白这是一道必须经过的"坎"，而且必须自己跨过，别人可以帮你，但最终解决问题还是要靠自己。

第三，你要努力缩短适应期。大学适应期因人而异，有长有短，从整个大学生活来看，越早适应越有好处。有效的办法就是尽快使自己熟悉校园，熟悉老师、同学，熟悉学校的一切，同时在此过程中获得体验，学会思考，学会调整自己、改变自己、发展自己。

三、学会做事

学习是为了什么？是为了我们能更好地做事，做成事。大学阶段，其实就是我们培养和提高做事能力的关键时期。有劳动能力的人都能做事，但不一定都会做事。有的人想做事却做不好事，甚至把应该做好的事情做坏了。学会做事看似容易却很难。

学会做事，就要理解现代社会越来越注重能力，而不是资历。我们不仅要有专业知识，更应该具备应用专业知识的能力。学会做事，不仅要有考场上回答试题的理论分析能力，还应该具备将理论运用于实践的能力。学会做事，不仅要具备从事专业工作的能力，而且还应该培养自己的创新能力。学会做事，还要求我们培养团队协作的能力、交际沟通能力和组织管理能力。

衡量一个人的价值不仅要看他说了什么，更重要的是看他做了什么，要从小事做起，从平凡的事做起。古人说："不以善小而不为，不以恶小而为之。"要做值得做的事，做自己工作和学习范围内的事，要有所为，有所不为。希望大家牢记：做事必须"抓紧"和"认真"，只有"只争朝夕"和"全力以赴"，才能在飞速发展、日新月异的社会里多做事，做大事，做成事。

大学生学会做事一般要经历三个过程：先是跟着别人做事，然后是与别人合作做事，最后是领导别人做事。谁能够率先完成这三个阶段的转变，谁就将获得最后的成功。希望你能在大学期间努力去做事，争取多的机会去体验不同的角色，学习做事的技巧和方法，在实践中学习做事、学会做事。

四、学会做人

做事要受一定的环境条件的制约，做事要守规矩、讲原则，所以欲行事，先做人。著名教育家陶行知说过："千学万学学做真人。"做人要做大写的人，做一个具有良好人格的人，做一个关心他人的人。用毛泽东的话说就是"要做一个高尚的人，一个纯粹的人，一个有道德的人，一个脱离了低级趣味的人，一个有益于人民的人"。

第一，要做一个有理想信念的人。如果说社会是大海，人生就是小舟，理想信念就是引航的灯塔和推进的风帆。没有正确的理想信念的人生，就像失去了方向和动力的小船，会随着生活的波浪随处漂泊，甚至会被淹没。理想信念能引导我们做什么人，指引我们走什么路，激励我们为什么学。一个人有了坚定的理想信念，就会以惊人的毅力和不懈的努力，成就事业，创造奇迹。

第二，要做一个有道德的人。讲道德，在一个人的一生中至关重要。因为一个人学业上的缺陷并不一定会影响他的一生，而道德、人格上的缺陷却可能使他终身受挫。有一句话说得好：一个学生，如果智不合格，是次品；如果体不合格，是"废品"；如果德不合格，则是"危险品"。所谓"得道多助，失道寡助"，一个缺乏道德修养的人，是得不到他人信任的，是不可能成功的。

第三，要做一个全面发展的人，要做到知识、能力、素质（KAQ）协调发展。知识（knowledge）是具备智慧力量的基础，能力（ability）是形成组织力量的基础，素质（quality）是产生人格魅力的基础。要做到德、智、体、美、劳并重发展，不仅要面面俱到，更要重视发展的深度和广度。身心健全，对于人来说，是不可缺少的，这是学会做人的最低要求。同学们既不能四肢发达，头脑简单；又不能头脑聪明，但"弱不禁风"；更不能带着脆弱、病态的心理进入社会。

第四，要做一个与社会和谐的人。人不是只为自己活着，而是社会的一员，是自然界的一员，是自始至终生活在群体、生活在大自然之中的。所以，一个心理健全的人，必须学会与人相处，与自然相处，做一个和谐的人。只有学会了与人相处，工作、学习、生活才能够事事顺手，时时顺心。与人相处的最基本要求是：要学习尊重、理解、信任、同情、人道等优良品质，做到心胸开阔，严于律己，宽以待人。做一个和谐的人，还要有理想，有社会责任感，能把忠心献给祖国、爱心献给社会、关心献给他人、孝心献给父母、信心留给自己，使自己成为一个能适应社会需要，能为社会做出较大贡献的人。

五、学会发展

人的发展是一个永恒的话题，现代人的发展比以往任何时代都更为重要。一个人如果不能学会发展自己，学会开发和利用自己的智能，无疑将被知识经济时代所淘汰。

大学是一个全新的时代，是从学生到社会工作者的角色过渡时期。相比高中，我们要以一种全新的视角来审视大学生活，明白在大学中要学会学习，也要学会如何发展。要学会发展，必然要对自己的生活有个好的规划，确定三年中自己的目标是什么。

心智发展、行动培养、人格塑造和价值形成是大学发展的四个核心范畴。无论你发展的方向是什么，最终都可以归结到这些方面。

大学中提供的发展机会很多，参加学生组织的各项活动是发展自己的一个重要部分。有不少同学往往在刚进校时缺乏这种意识，把参加学校组织的活动完全看成是个人的兴趣爱好。不错，我们要选择符合自己兴趣的活动来参加，但是必须建立一种观念，即参加活动并不是"课后"作业，它也是我们必修的一门课，它对我们的沟通能力与执行能力的培养有着极大的帮助。更重要的是，我们需要通过参与各项活动，在与同学的交流比较中了解自己，进而给自己的发展定位。只有真正了解自己，又明确发展方向与目标的人，才会真正懂得怎样去自我发展。也只有这样的人，才会有好的发展。

大学三年说长不长，说短不短，但对你的未来发展，却是非常重要。如果让已毕业的每位同学再上一次大学，他一定会做得更好。但人生不能重来，不能复印，我们唯一能做的就是从现在开始，抓住每一次机会，走好人生每一步，使自己的生命增值。

问题讨论：

1. 你读大学的目标是什么？（分组讨论，每小组发言派代表发言）

A 掌握一项技能　　B 拿一张文凭　　C 交一帮朋友　　D 找一份工作

2. 你理想的大学是什么样？

A 师德高尚、严谨治学的教师　　　　B 舒适的生活学习环境

C 先进的文体活动场所　　　　　　　D 馆藏丰富的图书

E 丰富多彩的学生活动　　　　　　　F 功能齐全的实训场所

G 积极健康的校园文化

自己就是自己最大的敌人，只有不懈地改造自己才能在变化的环境中找回自己。大学教育是全面的，不仅要使人理解和把握物质世界，而且还要使人理解、把握自身和超越自身，要使受教育者获得智慧、精神、人格等各方面的营养，促进获得主动求知和自我发展的能力，使受教育者成为社会所需要的人。

第二章 认识高等职业教育

【教学目标】

1. 了解高等职业教育的培养目标和规格。
2. 熟悉高等职业教育的教学特点。
3. 认识社团活动和社会实践活动的意义，并熟悉其形式、内容。
4. 培养对学校、专业的认同。

【实践任务】

1. 练习登陆教学管理系统，查询个人信息，修改密码。
2. 查找本专业的人才培养方案和一门课程的精品课网站，将网站地址及部分课件发给老师。
3. 至少报名参加一个社团（或组织一个社团）。
4. 制定自己的社会实践规划。
5. 以表格或图片形式标注本系部所有实训室的名称、地点、主要功能等。
6. 参加新生问卷调查。

第一节 高等职业教育的人才培养

一、高等职业教育的培养目标

高端技能型专门人才的缺乏，已经成为制约经济发展和增强竞争能力的瓶颈。我们既需要一大批从事科学研究、工程设计的人才，也需要培养一大批在生产一线从事制造、施工等技术应用工作的高端技能型专门人才，否则，即使有一流的产品设计，再好的研究成果，也很难制造出一流的产品。高职教育正是为满足这种需要而及时发展起来的。因此，高职教育的目标是培养与我国社会主义现代化建设要求相适应的，掌握本专业必备的基础理论和专门知识，具有从事本专业实际工作的全面素质和综合职业能力，在生产、建设、管理、服务第一线工作的高端技能型专门人才。例如，高职工科机电一体化专业的培养目标是培养在生产一线从事机电设备或生产线的安装、调度、检测、运行、维修与管理等工作的高端技能型专门人才。学生应在具有必备的基础理论知识和专门知识的基础上，重点掌握从事本专业领域实际工作的基本能力和基本技能，具有良好的职业道德和敬业精神。它既不同于普通高等工科教育培养的理论型、设计型人才，也不同于中等职业教育培养的技能型人才，它具有以下鲜明特点。

（一）人才层次的高级性

高职教育是高等教育的重要组成部分，属于高等教育的范畴。高职人才必须具备与高等教育相适应的基本知识、理论和技能，掌握相应的新知识、新技术和新工艺，以较强的实践动手能力和分析、解决生产实际问题的能力区别于普通高等教育人才，以较宽的知识面和较深厚的基础理论知识区别于中等职业教育人才。

（二）知识、能力的职业性

高职教育是一种职业教育，它以对学生进行某种职业生产和管理教育，进而提高职业技术水平为目的。它以职业岗位群的需要为依据开发教学计划，在对职业岗位群进行职业能力分析的基础上，确定培养目标和人才规格，明确列出高职毕业生应具备的职业道德、职业知识和职业能力，进而组织教学。其中，职业知识和职业能力的提高，要着眼于产业结构和产品结构的调整，面向 21 世纪科技的发展，不断更新教学内容，调整课程结构，注重知识的横向拓展与结合，体现知识的先进性和应用性，培养学生掌握新设备、新技术的能力。因而高职毕业生具有上手快、适应性强等特点。

（三）人才类型的技术性

高职教育的培养目标是面向生产和服务第一线的高端技能型专门人才，他们不同于普通高等教育培养的理论型、学科型人才，也不同于中等职业教育培养的单纯技能型人才。高职毕业生不但懂得某一专业的基础理论与基本知识，更重要的是他们真有某一岗位群所需要的生产操作和组织能力，善于将技术意图或工程图纸转化为物质实体，并能在生产现场进行技术指导和组织管理，解决生产中的实际问题。他们还应善于处理、交流和使用信息，指导设备、工艺和产品的改进，是一种专业理论够用、生产技术操作熟练和组织能力强的复合型人才。

（四）毕业生去向的基层性

发展职业教育的出发点和落脚点主要是为地方经济建设、社会的发展以及行业发展服务，为就业服务。因此，高职院校都是根据地方的社会、经济、文化、教育、人口等因素来办学的，培养的是面向地区经济建设和社会发展，适应就业市场的实际需要，工作在生产、服务、管理第一线的高端技能型专门人才。"面向地区经济建设和社会发展，面向工作在生产、服务、管理第一线"：明确了高等职业教育发展的基层性特点，其专业设置、课程内容、服务项目都密切适应地方和行业的需要，适应基层的要求。例如，工科类高职的毕业生主要去企业生产第一线从事施工、制造、运行、检测与维护等工作；艺术类高职的毕业生主要到文化部门从事艺术工作；经济类高职的毕业生主要去财经部门或企业部门从事财经管理工作等。高职毕业生去向的基层性是高职教育的生命力之所在。

二、高等职业教育的人才规格

高职教育人才规格由以下六个要素构成。

(一) 思想政治素质

思想政治素质体现了培养目标的政治标准和思想品质要求，高职学生应该热爱社会主义祖国和社会主义事业，拥护党的基本路线，具有马列主义、毛泽东思想和邓小平理论的基础知识。同时，作为高职毕业生，勤奋踏实、爱岗敬业是他们求职时受到用人单位青睐的一个重要原因。这样的特点不是与生俱来的，需要在学校的学习与生活中培养。其核心是社会责任感、职业理想、职业道德，具有面向基层、服务基层、扎根于群众的思想观点，理论联系实际、实事求是、言行一致的思想作风，踏实肯干、任劳任怨的工作态度，不断追求知识、独立思考、勇于创新的科学精神等。

(二) 知识素质

知识素质的要素包括文化基础知识、现代科技知识、专业基础知识和专业知识。文化基础知识和现代科技知识是高职人才必备的基本知识，主要指适应职业岗位所必需的前提性知识。它包括职业教育的基础性知识和外语、计算机等知识。这些知识既是求职谋生的基础，又是终身学习、转职转岗、创业立业的前提条件。专业知识是从事本专业工作所应具备的知识。对于高职人才来说，拥有必备的文化基础知识和专业基础理论，不仅是胜任当前技术密集型岗位的需要，也是知识再生和迁移，进一步学习与提高以适应将来岗位变动的始发点。随着科学技术的进步和发展，不同领域的科技知识交叉、渗进和组合，使社会上出现了许多跨学科职业岗位，这就要求高职人才还必须具备与专业相关的多学科基本理论知识，才能丰富"接口"能力。

(三) 能力素质

能力素质是人才规格的核心。就高职教育来说，综合能力结构可分为三个层次。核心能力是第一层次，主要包括接受新技术的能力、开发新技术的能力、现场组织与技术管理的能力等。核心能力越强，越能形成具有综合优势的核心竞争力。相关能力是第二层次，如合作能力、交流能力、创业能力、信息处理与加工能力等。这些能力是巩固和强化核心能力，加强核心能力同外围能力联系的基础，对提高高端技能型专门人才的综合能力都将产生重要的影响。外围能力是第三层次，主要包括自学能力、发展能力、自我推销能力等。这是构成高端技能型专门人才综合能力结构的基础，是开发、提升核心能力和相关能力的营养源。此外还有特长能力，这是充分体现毕业生个人魅力的地方，比如有人有较强的写作能力，有人有发明创造的专长，有人有美术、声乐等方面的天赋等。所谓"天生我材必有用"，高职学生应不断培养兴趣和特长，很多时候这些特长是求职制胜的"法宝"。

（四）身心素质

身心素质包括健康的体魄和良好的心理，它体现了培养目标的物质基础和心理素质，是从事一切工作的前提。只有具有良好的身体体能，才能胜任本专业岗位的工作；只有具备较好的心理素质，才能在工作中讲求协作，才能对竞争中遭遇的挫折具有足够的心理承受能力，才能在艰苦的工作中不怕困难、奋力进取，不断激发创造热情。

（五）劳动素质

劳动素质是人才规格的基本素质，它包括劳动观念、劳动知识和劳动实践。高职学生大多数是独生子女，父母希望他们早日成才，宁愿自己多吃苦，也不让孩子受委屈，因而有些高职学生劳动素质较差。只有加强劳动素质教育，使自己掌握一定的专业知识和专业技能，才能成为受社会欢迎的高素质的劳动者。因此，对高职学生加强劳动素质的培养具有极为重要的意义。

（六）人文素质

作为高职院校学生，正处在身心发展及逐步成熟的时期，其心理上易受外界的影响。在这个人生重要时期，加强人文素质培养是非常必要的。高职学生除应具备过硬的职业技能外，还应具备远大的理想、高尚的情操及审美能力，具备竞争和团队意识，具备自我教育、自我控制的能力，具备奋斗意识，具备承受失败和挫折的心理能力，具备处理信息、收集信息的能力，具备效率意识，具备开拓意识、奉献意识，只有这样才能更好地适应各种竞争和挑战。通过历史、文学、艺术、哲学、伦理等知识的学习，可以提升个人的人文素质，可以使自己站得高、看得远、行得正、坐得直。

第二节　高等职业教育的教学特点

高职教育的教学与其他类型、层次教育的教学既有联系又有区别，既有共同遵循的规律也有自己独特的特点。通过比较研究，一般认为高职教育的教学有以下特点。

一、以学生的就业为导向

高职教育作为教育体系中的重要分子，与其他各级各类的教育一样都必须全面贯彻党的教育方针，培养德、智、体全面发展的人才。但在人才培养目标的具体规格和标准上，不同性质、不同类型、不同层次的学校是有差别的。高职院校是为生产、建设、管理、服务第一线培养高端技能型专门人才的，这就要求实现教育目的的基本途径——教学必须有明确的导向性，就是要以学生的就业为导向，以培养高端技能型专门人才为目标。它强调以能力为本位，重视实践能力的培养，构建知识、技能和态度三位一体的素质结构。这个素质结构主要包括四方面：一是完成职业任务所必需的基本技能或动手能力；二是完成职业任务应具备的基本素质；三是对职业岗位变动的应变能力和就业弹性；四是在技术应用中的创新精神和开拓能力。

二、以"必需"、"够用"为度

由于教学目标有明确的导向性，是培养具有高技能的"银领"人才，这就要求高职应在"必需"、"够用"上下工夫。高职教学要求"必需"、"够用"主要体现在五个方面：一是基本的科学文化知识必须具备；二是专业基础知识必须够用；三是基本的专业技能和操作能力必须掌握；四是适应岗位变化的基本素质和应变能力必须培养和初步具备；五是在工作中应具有的创新精神、开拓意识和创业能力必须强化。高职学生在校期间可本着这一原则来安排自己理论与实践学习的内容与深度，不能仍沿袭高中时候的做法，只重视理论或课本上的知识而忽略技能的培养。

三、强调实用性和针对性

由于教学目标的就业导向性和教学要求的"必需"、"够用"性，要求高职教学内容必须做到实用性、针对性，即必须根据就业需要去有的放矢地选择教学内容，恰当处理好近期的就业"必需"、"够用"和将来的发展"迁移"、"可用"的关系，科学构建针对性强、能培养高端技能型专门人才的课程结构。具体说来主要是考虑了以下几点：一是必须针对培养高端技能型专门人才的教学目标设计教学内容，切实做到"必需"、"够用"；二是要根据就业岗位的多样性、灵活性，有针对性的学习不同岗位需要的技能，做到对准岗位学理论与技能，实现"按需学习"；三是努力做到学习内容尽可能与学生的个性相适应，实行弹性课程组合。

四、教学方法的实践性

培养高端技能型专门人才，要求高职院校选用科学的教学方法。与其他类型、层次的教育相比，高职教育的教学方法更加强调实践性，这既是高职教育的教学特色所在，也是培养技术技能型人才的基本保证。教学方法的实践性主要体现在以下几方面：一是互动性，更加重视学生的参与，因此在教学中，同学们必须坚持多多参与、亲自动手、亲自操作，在做中学；二是要根据专业实际合理确定理论教学与实践教学的比例，加强学生的专业技能培养，坚持以实践为本，要求同学们在实践教学中勤学苦练，多参与各种社会实践活动，在实践中培养能力、增长才干；三是要把学业与就业、创业紧密结合，更加注重职业素质的培养，努力使自己通过实训教学获得就业的技能和创业的本领。

五、教学组织的灵活多样性

由于教学对象的较大差异性，教学目标的具体多样性，高职院校在教学组织中，要尽量做到机动灵活，最大限度促进学生个性与特长的和谐发展，实现专业、就业、创业的贯通。教学组织的灵活多样性主要体现在以下几点：一是学生在校学习时间的长短和时间的组合方式灵活多样，即弹性学制；二是工学可以适当交替，学生可以根据自己的实际情况和生活、学习之需，中断学业去打工，到一定时间再去学校学习，在学习与打工的合理交替中完成学业；三是教学模式、教学方法的灵活多样性，不同的专业、不同的学制、不同的对象、不同的要求，其教学模式与方法不同，以适应复杂多样的教学情况；四是课程设置的多样性，通过课程设置的多样性来尽可能地满足学生的不同学习需要。

六、教学考评的技术、技能性

注重考评学生的技术和技能水平及实践能力是高职教育与其他类型、层次教育的显著区别，这也是高职教育培养目标的必然要求，主要表现在以下几个方面。一是始终坚持以能力为本位，以培养学生的实践能力为出发点来组织教学。二是以培养学生专业技能与职业素质为重点，注重专业技术水平和职业能力的考评，改变过去"一张试卷定成绩"的偏颇做法。三是整个教学过程注意恰当渗透职业资格考试教育，努力使学生取得"职业资格证书"，实现怀揣"双成果"（硬成果、软成果），手捧"双证书"，同时把学生取得"双证"率作为考评教学质量的重要依据。四是教学考评与就业创业结合，注重培养和考核学生的岗位技能、适应能力和创新精神与创业能力，坚持正确的就业导向。同学们在学习过程中，应改变传统的只关注试卷成绩的做法，不要认为只要理论考试的卷面成绩不错就心满意足了，必须重视技能考评成绩，特别是与专业相关的资格证书的考取。

第三节　适应高职生活和学习

一、适应高职新生活

几乎所有的同学从中学进入大学后，都有一个适应的问题。能不能主动地尽快适应，对同学们能否成功地度过大学生活极为重要。俗话说："良好的开端等于成功的一半。"

（一）心理状态要适应

心理学认为，人在内外界刺激因素发生变化时，便会形成新的心理状态。从中学进入大学后，内外界刺激因素将发生剧烈而复杂的变化，因而在同学们的心理上会出现各种各样的矛盾，只有正确处理好这些矛盾，在心理上适应大学学习生活，才能"全面、自由、和谐地发展"，奠定好成长成才的良好基础。

优化学习动机，避免"理想间歇"。在我们国家，每年高等学校招生人数有限，高考竞争激烈，加之上大学与就业有密切联系，因而部分学生在中学时把考上大学当做人生的奋斗目标。一旦考上大学，便有了"船到码头车到站"的心理，认为"该轻松了"，因而不思上进，出现"理想间歇期"，导致学习成绩大幅下降。据统计，每年期终考试时，大学新生的补考率最高。这时有的学生不是从学习动机上去找原因，而是埋怨智力不行，怀疑自己不是上大学的料，往往产生"心理失落"。其实，大学学习要比中学学习要求高得多，其艰巨性相应要大得多。可见，"理想间歇期"的出现与国家对大学生的要求形成了矛盾，它使一部分同学不能很好地发展自我，严重者甚至影响到学业的顺利完成。

大学生优化学习动机，就是要自觉地使其指向由低级升华到高级，把今天的学习与国家民族的未来紧密联系起来，坚持实现自我价值与服务祖国人民的统一。只有达到这样的境界，才能获得经久不衰的学习动力，避免出现"理想间歇期"，从而把上大学作为人生奋斗的新的起点。

调节失落心理，提高心理素质。同学们进大学前，往往对大学理想化，对大学生活充满了种种美好遐想，而进校后面对紧张而艰苦的学习，简单而重复的生活，新鲜感很快消失，产生失落心理；人际关系处理不好，得不到老师同学的理解和尊重，被孤独感笼罩着，也是一种失落心理。

同学们应随时防止失落心理的产生，一旦出现了，便要及时加以调节，绝不能让其蔓延或长期存在。

首先，在思想认识上应当清楚，任何人只能在社会中求得生存和发展。社会不可能去适应每个人，只能是个人去适应社会，因此要把主观愿望与客观实际视为一个动态平衡系统，使其随时保持和谐状态，尽可能避免产生失落心理。

其次，倘若失落心理出现了，或有产生的预兆，应采取乐观、豁达的态度，相信世间一切事物都是变化的，积极地进行调适和补偿。如学习成绩不尽如人意，注意调整学习动机，改进学习方法，便会上进；当不了学生干部，就把时间用来多读点书，便能获得补偿；有想不通的不快之事，主动找老师同学谈谈，可以得到放松和调适。

还要提醒的是，进入大学后，要有意识地提高自身的心理素质，这是素质教育对大学生的要求。大学生不仅应具备过硬的思想政治素质、较强的业务素质和文化素质，还要有较强的身体素质和心理素质，只有这样，将来才能更好地适应社会的激烈竞争，做出一番事业和成就。

积极克服"逆反心理"，自觉接受帮助教育。从心理学的角度看，大学生正处于"第二断乳期"，独立意识和自我意识日益增强，迫切希望摆脱对成年人的依附。在思想上，他们反对成人把自己当成"小孩子"，要求以成人自居，对任何事物都倾向于持批评态度。为了满足自我表现和引人注意的需要，大学生在行动上有很强的反抗性，但逆反心理具有极大的危害性，这极大地妨碍了自身的进步，严重者甚至滑向错误乃至犯罪的道路。

有研究认为，当代大学生的特点可以概括为"十有十缺"：有参政意识，但缺乏政治素养；有爱国热情，但缺乏坚定正确的政治方向；有民主愿望，但缺乏民主素质和法制观念；有探索精神，但缺乏分辨真伪的能力；有创新意识，但缺乏明辨是非的能力；有广博知识，但缺乏谦虚精神；有独立意识，但缺乏自控能力；有交际需要，但缺乏道德修养；有雄心壮志，但缺乏艰苦奋斗的精神；有成才愿望，但缺乏实事求是的态度。这些特点说明了大学生在成长过程中急需正确引导，绝不能小视逆反心理的危害。对来自家长、老师及社会的各种意见，都必须排除感情因素，克服逆反心理，理智冷静地思考，实事求是地决定取舍，自觉地接受帮助教育，这样才能长足进步，使自己更加成熟，逐步完善。

（二）生活方式要适应

对大学生来讲，生活方式的适应应做到以下几点。

第一，要正确地处理好物质生活与精神生活、创造与享受、共性与个性、吸收与扬弃等关系，避免产生偏废。只有这样，才能保持心理平衡，健康成长。

第二，要学会独立生活，即学会生活上自理，管理上自治，学习上自觉，思想上自教，道德上自修，行为上自控。这自然需要一个过程，不过首先应该做到起居、饮食、穿戴、洗晒都要自己料理，不可让人代劳；行为举止要通过自己的思考做出选择，行动不能随大流，也不能跟着经验走，更不能盲目地跟随别人走。

第三，要养成爱劳动的习惯。作为文化层次比较高的大学生更应该增强劳动观念，小到教室、宿舍的卫生扫除，大到公益劳动，都要积极参加，不能拈轻怕重、好逸恶劳。

第四，要养成勤俭节约、艰苦奋斗的生活、工作作风。一个国家要真正富强，必须全民勤俭节约、艰苦奋斗。一个人要有所作为，成为生活的强者，仍然要靠勤俭节约、艰苦奋斗。

（三）学习活动要适应

学习活动是大学生活的主要活动。据未来学家们统计，当代每7—10年，技术科学知识要淘汰 30%，电子学知识十年要淘汰 50%—60%。面对科学技术的飞速发展，呈现出如此惊人的知识淘汰和知识激增，当代大学生应采取什么对策才能适应呢？

大学生在大学学习活动中应当抓住"三重"。一是重点放在基础上，即抓住本专业课程的基本理论。二是重视实习实践，因为只有通过实践才能获得真正的知识，只有通过实践，知识才能成为认识世界、改造世界的力量。实习正是对书本知识、理论的深化和实践。三是要注重方法，因为方法比知识更有用、更重要，知识只能用于解决它所适用范围的问题，而方法却具有普遍意义和广泛功能。与其说上大学是来学知识，还不如说是来学方法。

（四）思维方式要适应

我们都或多或少地见到过，有的人学富五车，事业上却毫无创见，或少有创见；有的人学问并不算多，事业上却硕果累累，这里就存在一个思维素质问题。思维素质的重要体现是思维效率，即在单位时间内人的思维所能得到的正确思想或正确思想成分的数量和质量。

思维方式是思维效率的前提或决定因素。因此，在大学学习生活中，应当在学习知识和技能的同时，特别注意掌握和训练科学思维方式。

第一，无论你学的是什么专业，都应主动学点形象思维、逻辑思维，包括形式逻辑和辩证逻辑、灵感思维方面的知识，在学习、生活中加以运用、总结和提高。

第二，不唯书，不唯师，要唯实。应当学会用自己的眼睛去观察事物，用自己的大脑去思考问题，灵活主动地去处理问题。

第三，在学习生活中，要把精力集中在提出问题、分析问题、解决问题上，着重掌握思路，不要在枝节问题上去劳神费力。

二、在社团活动中提高能力

校园的各种社团是培养学生才能的第二课堂。大学时代是大学生长知识、长身体的时期，培养各方面的才能十分重要。大学校园的各种社团正是为大学生能拥有一个多姿多彩的校园生活，同时通过这些活动的组织培养大学生素质而出现的。大学生参加社团活动，可以锻炼自身的能力，提高自身的综合素质。

（一）大学生社团类型

大学学生社团分为政治思想类、科技学术类、文化艺术类、体育类等。学生社团一般在指导老师的指导下，由同学自己负责社团的组织管理和各种活动的开展。大学生在课余时间参与或者组织一定的社团活动，很有必要。

1. 理论学习类社团

高校政治思想类社团主要以"邓小平理论研究会"和党章学习小组为主，前者是高校思想政治教育工作中邓小平理论"进课堂、进教材、进头脑"这"三进"要求的提升；后者则与共青团组织的推优工作紧密结合。在这类社团中，聚集了大量品学兼优的学生，并已成为培养青年先进分子的摇篮。学生中积极要求进步，向党组织靠拢、加入党员队伍的比例逐年上升，这和党章学习小组的蓬勃开展和共青团组织的推优工作的深化有着直接关系。党章学习小组根据不同年级学生的特点开展丰富多彩的活动，将党的奋斗目标教育、党的历史教育、国情教育和学生成材教育融为一体，成为大学生"三观"教育的重要载体。

2. 社会科学类社团

这类社团主要以史学、哲学、心理学、法学为典型代表，具有一定的专业深度。社团成员有着共同的兴趣和爱好，经常开展学术沙龙、讲座，畅谈感受、交流心得，探讨有关学术问题，以提高修养，提升素质，如学生读书会、法律援助协会、心理健康协会等。

3. 学术科技类社团

这类社团主要是以自然科学和技术知识为背景，结合各自不同的专业而建立的一些社团，如软件协会、数学协会、汽车爱好者协会。社团中有一大批专业能力强、创造能力强、实践能力强的学生。社团结合科研和生产实际，致力于科研课题的攻关。有些科研成果还因为其实用性强、使用面广而在生产实际中应用推广。随着大学生创业热潮的兴起，一部分创业型团队将自己在社团中取得的科研成果积极推向社会进行转化，吸引创业投资，取得了较好的经济效益和社会效益。

4. 文学艺术类社团

这类社团是校园文化建设中的重要力量，主要形式有三类。一是文学类，如诗社、剧社、文学社、英语沙龙等。二是综合类艺术社团，如大学生艺术团（管弦乐队、军乐队、摇滚乐队、号鼓队、舞蹈队），以提高学生艺术修养、培养学生艺术才能为目的，充分展示大学生的艺术才华。随着学生综合素质的提高，学校中各类文艺人才越来越多，水平越来越高，使校园舞台呈现出"百花齐放"的特点。这些社团不仅在学校进行表演，同时还将校园文化推向社区，推向社会，使高校成为社会主义精神文明建设的重要力量。三是大众化程度较高的艺术社团，如摄影社、影视协会、插花、茶道协会等参与者众多的协会，这些社团成员都在既大众化又带有专业成分的社团内，将兴趣爱好充分体现在社团活动中，往往更能自发地产生较好的活动成果。文学艺术类社团以自愿参与为主，经常开展一些有主题的活动，在学校的影响面因为有刊物、报纸、舞台、橱窗等多方位的展示而影响较大。

5. 志愿服务类社团

大学生利用节假日、周末、课余时间走上社会，从事各种志愿服务活动。学生志愿者们基于道义、良知和社会责任感，不计任何物质报酬，为改进社会提供服务、贡献个人时间和精力，利用自己的技能、资源、爱心为他人及社会提供非盈利、无偿、非职业化援助。常见的志愿服务有街头宣传（宣传交通法规、环境保护、计划生育、雷锋精神等）、便民服务（修理自行车、家用电器、义务理发）、咨询服务（技术咨询、管理咨询、医疗咨询、法律咨询、心理咨询）、技术服务（推广新产品、新工艺、新技术、新材料，协助农村和企业解决技术问题）、管理服务（为企业的管理出谋划策、为企业培训干部和职工）、医疗服务（送医上门，宣传防病治病知识、计划生育知识、用药知识）、演出服务（送戏上门、慰问演出）、礼仪服务（开业、庆典、颁奖、剪彩）、政法服务（参加乡镇、街道的人大代表选举，参加案件审理等），以及"青年志愿者"行动和大学生"三下乡"活动。这些活动形式时间分散，细水长流，不取报酬，使同学们与社会接触经常化，拓宽了与社会息息相通的渠道，有利于大学生树立为人民服务的思想，培养助人为乐的精神，不断增强社会责任感。随着社会的迅速发展，许多全新的社团活动形式和内容在高校出现，如为帮助贫困学生成立的爱心社，为学生参加社会实践而成立的勤工助学协会，交流网络知识的网友协会等。

6. 体育健身类社团

体育健身类社团结合全民健身运动的开展，集竞技和娱乐为一体开展了一系列活动。体育健身类社团以四类为主，即球类、棋类、技击类、健美舞蹈类。在球类社团中，还承担了组织球迷拉拉队，组织评球和看球活动，如排球协会、篮球协会，乒乓球、羽毛球社团。在棋牌类社团中，围棋、桥牌、中国象棋占前三位，社团开设各类讲座、分析棋牌局、组织开展比赛。因为投入不多，所需场地不大，很受学生欢迎。在技击类社团中，以武术、跆拳道社团为主。由于高校面向全国招生，有较好组织这类社团的基础，也满足了学生强身、防身、健身的需要。在健美舞蹈类社团中，健美操和国际标准舞方面的社团占多数，社团成员在学校开展的舞会和比赛中亦大显身手。

（三）大学生参加社团建议

1. 要根据自己的兴趣爱好做选择

社团有很多，不是所有的都适合自己。选择社团时首先要考虑自己擅长什么和是否感兴趣。每个人的兴趣爱好是不同的，擅长文艺的同学可以加入到大学生艺术团、戏剧社、话剧社；爱好新闻采编和文学写作的可以参加文学社和校报记者团；乐于青年志愿者服务的可以加入志愿类组织；对播音主持有兴趣的同学可以到校广播站一试身手等。

2．要了解你所要加入的社团

社团种类有很多，你要对你即将加入的社团有所了解，如了解它们的章程、活动宗旨、活动目的、活动类型、开展时间。同时也要对自己比较了解，在对社团了解的基础上，看看你自己是否有兴趣，是否适合你，然后再决定参加与否。

3．选择时避免草率和贪多

在大学阶段，学习永远是第一的，活动虽然是丰富多彩的，但要尽量避免与正常的学习相冲突。参加了社团，就需要组织活动，参加会议，实践服务，这些都是需要花费你很多业余时间的。在选择的时候，有余力的同学可以参加 2—3 个社团，一般就选择参加一个自己感觉最适合的。

4．要对自己有自信

在上大学之前，除了学习之外，学生们大部分是很少参加社团活动的，踏入大学后，来到了一个崭新的环境，这个时候就更需要我们对自己有信心。自信是你做好一件事情的前提。大学就是你展示才华的舞台，面对机会我们要学会去争取。

三、在社会实践中增长才干

社会实践是大学生思想政治教育的重要环节。胡锦涛总书记在中央加强和改进大学生思想政治教育工作会议上强调指出，要坚持政治理论教育与社会实践相结合，既搞好课堂教育，又注重引导大学生深入社会、了解社会、服务社会。这就要求大学生能积极参加各种社会实践活动，在社会实践中了解国情、了解社会，锻炼能力、增长才干，增强社会责任感和使命感，早日成才。

（一）大学生社会实践的活动形式

根据团中央、教育部要求，社会实践活动的形式主要有教学实践、专业实习、课题研究、科技推广、政策宣传、社会调查、军政训练、军营考察、志愿服务、挂职锻炼、科技支农、支教扫盲、企业帮扶、法律普及、信息咨询、社区援助、勤工助学、文化宣传、红色之旅、公益活动等各种有益的学生素质培养和能力锻炼的活动。

1．实践教学活动

以实习、实训（验）、顶岗实习为主要内容的实践教学，是教学的重要组成部分和巩固理论教学成果的重要环节。大学生在参与实践教学的过程中，可以深刻体会蕴涵在各门课程中反映人类文明成果、弘扬民族精神、体现科学精神、揭示事物本质规律的内容，培养创新精神和实践能力。

2．军政训练

军政训练作为众多大学的必修课，被纳入了学校整体教学计划。认真组织实施军政训练，可以使大学生在军政训练中提高思想政治觉悟，增强国防观念和国家安全意识，培养爱国主义、集体主义、社会主义和革命英雄主义精神，加强组织纪律观念，发扬艰苦奋斗、吃苦耐劳作风。

3．"三下乡"和"四进社区"

文化、科技、卫生"三下乡"和科教、文体、法律、卫生"四进社区"活动，是新形势下大学生参加社会实践的有效载体。高校主动与地方沟通，紧密结合地方需求，根据年度大学生思想政治教育的重点和不同年级、不同专业大学生的具体情况，精心设计、周密安排大学生利用寒暑假开展"三下乡"和"四进社区"活动，不仅能积极为群众办实事、做好事、解难事，而且可以使大学生的思想素质和能力得到锻炼和提高。

4．科技文化创断活动

高校积极开展丰富多彩、积极向上的学术、科技、文化、艺术和道德实践活动，通过举办大学生科技文化艺术节、"挑战杯"系列科技竞赛等形式，引导大学生在实践中积极参与技术改良、工艺革新和先进适用技术的传播，为经济社会发展献技出力，不断提高大学生的科学素养，培养良好的学术道德，弘扬求真务实、开拓创新的科学精神。要规范和促进大学生科技成果转化，鼓励大学生开展创业实践，提高创业技能。

5．社会调查

高校通过组织大学生围绕经济社会发展的重要问题，开展调查研究，提出解决问题的意见和建议，形成调研成果。高校通过加强对大学生社会调查的选题、途径、过程的管理和指导，开设社会调查课程或讲座，帮助大学生正确认识社会现象，掌握科学研究方法，提高分析问题和解决问题的能力，努力把握事物的本质和规律。

6．生产劳动和社会服务

各高校不断创造条件，引导大学生参加生产劳动，培养大学生的劳动观念和职业道德。大力倡导大学生参加志愿服务等公益活动，引导大学生运用所学知识和技能服务人民，奉献社会，培养为人民服务的道德观，弘扬社会主义道德风尚。高校通过拓展社会服务的新领域、新载体、新形式，鼓励大学生参加志愿服务西部计划、贫困地区支教计划、青春红丝带志愿行动等活动。通过把大学生志愿者纳入中国青年志愿者规范管理的范畴，激发大学生参与社会服务的热情，带动更多大学生参与到志愿服务中来。

7．勤工助学

各高校积极为大学生参加勤工助学创造条件，通过建立规范有效的勤工助学管理制度，鼓励大学生在完成学业的同时，积极参加助工助学活动。通过广开渠道，努力帮助经济困难的大学生参加勤工助学，取得合理的经济收入，增进对社会和国情的了解。高校要不断加强对大学生参加校外勤工助学活动的管理，维护大学生的合法权益，坚决禁止大学生参与传销等非法活动。

8. "红色之旅"学习参观

高校通过组织大学生到革命纪念地（或教育基地）、改革开放前沿和经济社会发展成效显著的地方学习参观，了解中国革命、建设和改革开放的历史和成就，增强大学生对党的感情、对中国特色社会主义的热爱，激发他们全面建设小康社会、实现中华民族伟大复兴的责任感。学习参观要突出教育主题，增强教育效果，力戒形式主义。

总之，社会实践的内容是丰富的，形式是多样的，满足了学生个性发展的要求，拓宽了实践活动的领域。随着高校体制改革的进一步深化和后勤社会化，高校与社会和企业的联系更加紧密，学生自我管理、自我服务模式的形成，以及弹性学分制的进一步确立，必将进一步丰富大学生社会实践的内容，拓宽实践活动的领域。

（二）积极参加社会实践，促进大学生成才

1. 提高对社会实践的认识

影响大学生社会实践效果的因素有很多，其中思想上高度重视是提高社会实践效果的思想前提。加强社会实践，首先是大学生要提高对社会实践重要意义的认识。社会实践是大学生成才不可缺少的重要途径，是大学生素质教育的重要内容，加强大学生社会实践也是落实党和国家教育方针政策的体现。因此，大学生要高度重视社会实践活动。

2. 积极参与社会实践活动

大学生社会实践是一种以实践的方式实现高等教育目标的教育形式。大学生要有目的、有计划地深入社会现实，参与具体生产实践和社会生活，观察社会、理解社会、分析社会、服务社会，不断培养自己的技能、品格，可以使自己更好地了解国情、了解社会、锻炼能力、增长才干，增强社会责任感和使命感，早日成才。

3. 拓展社会实践范围

参加大学生社会实践，必须突破原来简单地将实践理解为参观、实习和暑期"三下乡"的狭隘范围，努力拓展社会实践的范围，主要包括：暑期"三下乡"，学生的实习、实训、实验，社会调查与考察，生产劳动，青年志愿者活动，勤工俭学。不仅如此，在拓展社会实践范围的同时，还要不断深化社会实践的内涵，不仅仅是调查、学习知识和掌握技能，还要在此基础上进一步延伸对社会问题的思考和解决，培养投身实践、服务社会的思想观念。

4. 精心准备，提高社会实践效果

精心准备、认真组织是提高社会实践效果，促进大学生发展的关键。首先，接受学校社会实践活动领导机构的统一安排和指挥，并按照相关制度要求开展活动，确保活动顺利进行。其次，要科学设计社会实践。根据个人的特长、知识、能力和现实需

求，按照受教育与长才干相统一，思想性、知识性、趣味性相统一以及人才、经济、社会效益相统一的原则，精心设计好社会实践活动，从社会实践的内容、方式等方面做好计划，使实践活动具有计划性、预见性。再次，要认真准备，做好社会实践前的宣传准备、物质准备，为社会实践活动打下良好的基础和保障。最后，还要认真总结，不断提高社会实践的质量。

四、了解高职教育教学管理

（一）教务管理系统使用

为了提高教学管理效率，各高校对教学实行信息化管理。学校教务管理系统为学生提供了个人信息查询、学费查询、学籍注册、课程教学安排查询、考试成绩查询、对任课教师评价、考试报名等服务。大学生进校后要学会使用教务管理系统，以便更快融入高校学习生活。

附：教务管理系统使用指南

1. 登录系统

打开 IE 浏览器，输入 WEB 服务器地址（jxgl. wgxy. net），进入用户登录界面。输入学号及口令（默认为学号），选择"学生"角色，按"登录"。**（请各位同学退出时不要忘记关闭开启的窗口，以防他人进入，造成不良后果！）**

登录页面

登录成功后，显示如下界面，点中间◀箭头可以隐藏菜单，点 ◎**重新登录** 可以重新返回到系统登录界面，点 ⊗**退出** 可以退出系统。

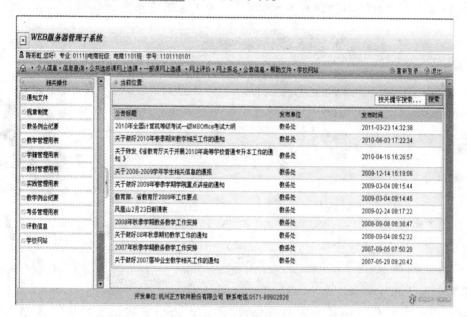

系统页面

2. 个人信息

个人信息包括：学生基本信息、个人信息修改、密码修改、学习简历维护、个人缴费情况、个人教学计划、信息接受、信息发送、已发信息、问卷调查功能、投票管理。

2.1 密码修改

点击"个人信息"→"密码修改"，为防止登录信息泄密，请各位同学尽快更改原始密码，旧密码为学校发给的原始密码，新密码为学生自行设置的密码，E-mail 为学生自己的邮箱地址，修改页面如下图。

密码修改页面

注意：如果忘记密码可通过登录页面上的"取密码"找回密码。

2.2 学生基本信息

点击"个人信息"→"学生基本信息"，进入如下页面。

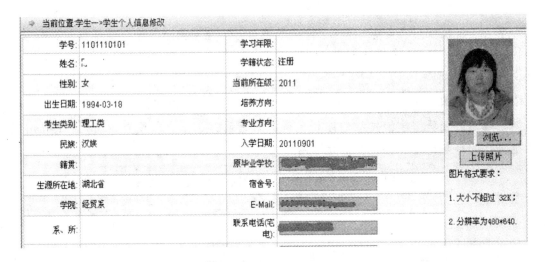

学生基本信息页面

2.3 个人信息修改

点击"个人信息"→"个人信息修改"，修改未锁定的信息后点"保存"，也可以打印校对信息，进行核查。注意：锁定信息不能进行输入操作。

个人信息修改页面

2.4 学习简历维护

点击"个人信息"→"学习简历维护"，进入维护页面。先点"增加"，在弹出的"学生学习简历增加"页面中，维护"起讫年月"、"学校及工作单位名称"、"职务"、"证明人"。注意：增加记录最多不能超过五条，如下图所示。

学习简历维护页面

2.5 个人缴费情况

点击"个人信息"→"个人缴费情况",进入缴费查询页面。点击缴费明细,会在页面下方显示详细缴费明目。

缴费查询页面

2.6 个人教学计划

点击"个人信息"→"个人教学计划",可以查询开设的教学任务。

个人教学计划查询页面

2.7 师生交流

师生交流针对学生包括信息接受、信息发送、已发信息功能。

信息接受：右边显示有条"未读"记录，先点"选择"再点"查看"，即可看到具体的内容，错误做法是"不点选择，直接点查看"。

看过信息内容后，点"返回"即可。

接收信息页面

信息发送：提供学生编辑信息发送给教师的功能。具体操作为：先点"信息发送"，再到右边的编辑框中输入"标题"、"内容"，下面选择接受对象，对显示的教师打钩，最后点"发送"，提示 发送成功！，点"确定"即可。如果你要保存此发送的信息，则对标题右边的框打钩即可，如 ☑ 保存发送信息(是/否)。注意：输入内容的时候，请自行输入，如果要采用复制粘贴，请先把要复制的内容粘贴到文本中，再从文本中复制到此处，否则将不能发送。信息发送框如下图所示。

信息发送页面

已发信息：查看刚才发送的信息或以前发送的信息。具体操作为，选择要查看的记录，点"查看"，看过之后"返回"即可。如下图所示。

已发信息页面

2.8 问卷调查

点"＊＊＊问卷调查"，调查类型为学校自己定义的，比如"毕业生问卷调查"；如果你点此菜单出现如下提示，则说明调查时间没有放开，你不需要进行操作。

如果出现如下提示，则说明你没有资格参加问卷，即你也不需要去进行操作。

如果出现如下答题框，则在单选的地方选择等级，在回答问题记录右边框中输入信息，最后点底下的 提 交 即可。

问卷调查页面

注意：学生提交后，将不能做修改。如下图所示。

3．信息查询

信息查询功能只供学生信息查询之用，不需要学生进行任何操作，具体功能包括：学生成绩查询、学生任职奖惩查询、等级考试成绩查询、教学执行计划查询、学生个人课表查询、班级课表查询、教师课表查询、课程信息查询。如果你看到的功能模块比列出的少，只说明管理员暂时不开放某些功能或者对学校只需用到现有列出的功能。

3.1 成绩查询

成绩查询包括学生成绩查询、学生旁听成绩查询，具体操作流程一样。

点击"信息查询"→"学生成绩查询"，如下图。

学年	学期	课程名称	课程类型	任课教师	考核方式	平时成绩	实验成绩	期末成绩	总评成绩	补考成绩	补考成绩	应得学分
2011-2012	1	大学英语(1)	必修课	何苗	考试	83	97	85	88			1
2011-2012	1	道德和法律基础	必修课	张歆宇	考查	88		88	88			1
2011-2012	1	电子商务概论	必修课	熊颖	考试	90		50	66			1
2011-2012	1	计算机应用	必修课	陈明新	考试	90	90	55	79.5			1
2011-2012	1	军事理论	必修课	薛朝阳	考查	98		93	95			1
2011-2012	1	体育(1)	必修课	刘勇	考查	95		70	80			1
2011-2012	1	应用数学	必修课	江淑红	考试	100		98	99			1

历年未通过课程：

学年	学期	课程名称	课程类型	任课教师	考核方式	平时成绩	实验成绩	期末成绩	总评成绩	补考成绩	补考成绩	应得学分

学生成绩查询页面

注意：如果查询没有成绩，说明教师没有把成绩提交上来；如果提示你没有注册不能查询成绩，说明你目前欠学费，要到财务处交清费用注册后，才能来查询成绩。

3.2 等级考试成绩查询

点击"信息查询"→"等级考试成绩查询"，可查询学生等级考试信息。

学年	学期	考试名称	考试日期	成绩	证书编号
2011-2012	2	英语三级考试	2012-06-17	60.5	121142297062220582
2012-2013	1	计算机二级VFP	2012-09-22		
2012-2013	2	计算机二级VFP	2013-03-30	59.0	

等级考试成绩查询页面

3.3 教学计划查询

点击"信息查询"→"教学执行计划查询",选择年级、专业、学习形式、学制和专业,点击查询可以查看当前的执行计划,同时也可方便学生查看其他专业的培养计划,如下图所示。

课程代码	课程名称	课程类型	方向标识	学分	周课时	总课时	开课学期	起止周	开课部门	考核方式
011141	电子商务概论	必修课	无方向课程	1	6.0-0.0	84	1	05-18	经贸系	考试
801106	军事理论	必修课	无方向课程	1	2.0-0.0	28	1	05-18	基础课部	考查
801112	体育(1)	必修课	无方向课程	1	2.0-0.0	28	1	05-18	基础课部	考查
801116	大学英语(1)	必修课	无方向课程	1	4.0-0.0	56	1	05-18	外语系	考试
801158	道德和法律基础	必修课	无方向课程	1	2.0-0.0	28	1	05-18	基础课部	考查
801145	应用数学	必修课	无方向课程	1	4.0-0.0	56	1	05-18	基础课部	考试
801120	计算机应用	必修课	无方向课程	1	4.0-0.0	56	1	05-18	信息工程系	考试
011101	数据库基础与应用	必修课	无方向课程	1	4.0-0.0	68	2	01-17	经贸系	考试
011155	市场营销实务	必修课	无方向课程	1	4.0-0.0	60	2	01-15	经贸系	考试
801159	毛泽东思想和中国特色理论	必修课	无方向课程	1	2.0-0.0	34	2	01-17	基础课部	考查
011109	计算机广告制作	必修课	无方向课程	1	4.0-0.0	60	2	01-15	经贸系	考查
801117	大学英语(2)	必修课	无方向课程	1	4.0-0.0	60	2	01-15	外语系	考试
801113	体育(2)	必修课	无方向课程	1	2.0-0.0	34	2	01-17	基础课部	考查
011156	计算机网络技术	必修课	无方向课程	1	4.0-0.0	68	2	01-17	经贸系	考查

教学执行计划查询页面

3.4 学生个人课表查询

点击"信息查询"→"学生个人课表查询",可查询学生个人的上课情况。如下图。

学生个人课表查询页面

3.5 教师课表查询

点击"信息查询"→"教师课表查询",可查询教师的上课情况。选择学年学期、学院名称、教师姓名,系统自动显示课表,如下图。你也可以点 输出打印 ,会弹出课表窗口,点窗口最下面的 打印 按钮,即可进行教师课表打印。

教师课表查询页面

3.6 班级课表查询

点击"信息查询"→"班级课表查询",可查询各个班级的上课情况。选择学年学期、教室类别、教室名称,系统自动显示课表,班级课表也可输出打印,如下图。

班级课表查询页面

3.7 课程信息查询

点击"信息查询"→"课程信息查询"，选择学年学期、开课部门、课程名称，点 **查 询**，显示记录信息中，点课程信息下面的课程名称，即将显示此门课程的详细信息，如下图。

课程信息查询页面

点课程授课提纲下面的课程名称，在弹出的页面中，点"选择"→"查看"，即可看到教师提交的授课提纲。

4. 网上选课

（略）

5. 网上评价

点击"网上评价"→"理论课程"，显示需评价的课程，对每门课程的每项指标都进行打分，评价一门保存一门，评价完所有的课程后，点"提交"，否则评价无效。注意：如果学生需要发表意见或建议，则在指标下面的输入框进行输入并进行保存。必须在点"提交"前做这项工作，一旦提交，则不能再进入评价。

网上评价页面

6. 网上报名

6.1 等级考试网上报名

点击"网上报名"→"等级考试网上报名"，查看已维护身份证号码，在输入框中再输入一遍身份证号码，再选定要报名项目，最后点"提交"即可。注意：如提示 现在不是报名时间 ，则说明你暂时不能进行等级考试报名。如下图所示。

等级考试网上报名页面

7. 公告信息

公告信息包括通知文件、教务例会纪要、院务例会记要、规章制度、学校站点地址。你可以点击这些菜单查看通知或下载文件。

相关操作		当前位置：		
☑通知文件			按关键字搜索... 搜索	
☑规章制度		公告标题	发布单位	发布时间
☑教务例会纪要		课程免修申请表	教务处	2008-12-31 08:16:20
☑教学管理用表		毕业课题模板	教务处	2008-12-24 15:40:03
☑学籍管理用表		学生考试缓考申请表	教务处	2008-03-31 16:58:52
☑教材管理用表				
☑实践管理用表				

公告信息页面

8. 帮助文件

点"帮助文件"，提供学生下载学校发布的帮助操作性的文档。

当前位置:学生—>帮助文件		
公告标题	发布单位	发布时间
问卷调查帮助	教务处	2013-04-27 08:42:52
学生顶岗实习操作手册	教务处	2012-04-12 15:09:36
学生评教操作步骤说明	教务处	2007-05-09 09:33:43
公共选修课网上选课操作步骤	教务处	2007-01-04 16:52:28
学生如何办理缓考手续	教务处	2006-12-28 15:15:02

帮助页面

最后，请同学们不要忘记关闭所有开启的窗口，正常退出网页，以防他人进入造成不良的后果。

（二）高等学校学生管理规定

大学生在校学习生活期间的活动应遵守校纪校规，不能违反国家法律法规。学校会给每个大学生发放《学生手册》，包括大学奖学金评选、学籍管理条例、操行考核评定等相关制度和规定。为维护普通高等学校正常的教育教学秩序和生活秩序，保障学生身心健康，促进学生德、智、体、美全面发展，2005 年教育部颁布了《普通高等学校学生管理规定》，主要包括：学生的权利与义务、入学与注册、考核与成绩记载、转专业与转学、休学与复学、退学、毕业、结业与肄业、校园秩序与课外活动、奖励与处分等内容。通过对高校学生管理规定的学习，可以使大学生明确权利义务，适应大学管理。

附1：普通高等学校学生管理规定

中华人民共和国教育部令

第21号

《普通高等学校学生管理规定》已于2005年2月4日经部长办公会议讨论通过，现予发布，自2005年9月1日起施行。

教育部部长　周济

二〇〇五年三月二十五日

普通高等学校学生管理规定

第一章　总则

第一条　为维护普通高等学校正常的教育教学秩序和生活秩序，保障学生身心健康，促进学生德、智、体、美全面发展，依据教育法、高等教育法以及其他有关法律、法规，制定本规定。

第二条　本规定适用于普通高等学校、承担研究生教育任务的科学研究机构（以下称高等学校或学校）对接受普通高等学历教育的研究生和本科、专科（高职）学生的管理。

第三条　高等学校要以培养人才为中心，按照国家教育方针，遵循教育规律，不断提高教育质量；要依法治校，从严管理，健全和完善管理制度，规范管理行为；要将管理与加强教育相结合，不断提高管理水平，努力培养社会主义合格建设者和可靠接班人。

第四条　高等学校学生应当努力学习马克思列宁主义、毛泽东思想、邓小平理论和"三个代表"重要思想，确立在中国共产党领导下走中国特色社会主义道路、实现中华民族伟大复兴的共同理想和坚定信念；应当树立爱国主义思想，具有团结统一、爱好和平、勤劳勇敢、自强不息的精神；应当遵守宪法、法律、法规，遵守公民道德规范，遵守《高等学校学生行为准则》，遵守学校管理制度，具有良好的道德品质和行为习惯；应当刻苦学习，勇于探索，积极实践，努力掌握现代科学文化知识和专业技能；应当积极锻炼身体，具有健康体魄。

第二章　学生的权利与义务

第五条　学生在校期间依法享有下列权利：

（一）参加学校教育教学计划安排的各项活动，使用学校提供的教育教学资源；

（二）参加社会服务、勤工助学，在校内组织、参加学生团体及文娱体育等活动；

（三）申请奖学金、助学金及助学贷款；

（四）在思想品德、学业成绩等方面获得公正评价，完成学校规定学业后获得相应的学历证书、学位证书；

（五）对学校给予的处分或者处理有异议，向学校、教育行政部门提出申诉；对学校、教职员工侵犯其人身权、财产权等合法权益，提出申诉或者依法提起诉讼；

（六）法律、法规规定的其他权利。

第六条 学生在校期间依法履行下列义务：

（一）遵守宪法、法律、法规；

（二）遵守学校管理制度；

（三）努力学习，完成规定学业；

（四）按规定缴纳学费及有关费用，履行获得贷学金及助学金的相应义务；

（五）遵守学生行为规范，尊敬师长，养成良好的思想品德和行为习惯；

（六）法律、法规规定的其他义务。

第三章 学籍管理

第一节 入学与注册

第七条 按国家招生规定录取的新生，持录取通知书，按学校有关要求和规定的期限到校办理入学手续。因故不能按期入学者，应当向学校请假。未请假或者请假逾期者，除因不可抗力等正当事由以外，视为放弃入学资格。

第八条 新生入学后，学校在三个月内按照国家招生规定对其进行复查。复查合格者予以注册，取得学籍。复查不合格者，由学校区别情况，予以处理，直至取消入学资格。

凡属弄虚作假、徇私舞弊取得学籍者，一经查实，学校应当取消其学籍。情节恶劣的，应当请有关部门查究。

第九条 对患有疾病的新生，经学校指定的二级甲等以上医院（下同）诊断不宜在校学习的，可以保留入学资格一年。保留入学资格者不具有学籍。在保留入学资格期内经治疗康复，可以向学校申请入学，由学校指定医院诊断，符合体检要求，经学校复查合格后，重新办理入学手续。复查不合格或者逾期不办理入学手续者，取消入学资格。

第十条 每学期开学时，学生应当按学校规定办理注册手续。不能如期注册者，应当履行暂缓注册手续。未按学校规定缴纳学费或者其他不符合注册条件的不予注册。

家庭经济困难的学生可以申请贷款或者其他形式资助，办理有关手续后注册。

第二节 考核与成绩记载

第十一条 学生应当参加学校教育教学计划规定的课程和各种教育教学环节（以下统称课程）的考核，考核成绩记入成绩册，并归入本人档案。

第十二条 考核分为考试和考查两种。考核和成绩评定方式，以及考核不合格的课程是否重修或者补考，由学校规定。

第十三条 学生思想品德的考核、鉴定，要以《高等学校学生行为准则》为主要依据，采取个人小结，师生民主评议等形式进行。

学生体育课的成绩应当根据考勤、课内教学和课外锻炼活动的情况综合评定。

第十四条　学生学期或者学年所修课程或者应修学分数以及升级、跳级、留级、降级、重修等要求，由学校规定。

第十五条　学生可以根据学校有关规定，申请辅修其他专业或者选修其他专业课程。

学生可以根据校际间协议跨校修读课程。在他校修读的课程成绩（学分）由本校审核后予以承认。

第十六条　学生严重违反考核纪律或者作弊的，该课程考核成绩记为无效，并由学校视其违纪或者作弊情节，给予批评教育和相应的纪律处分。给予警告、严重警告、记过及留校察看处分的，经教育表现较好，在毕业前对该课程可以给予补考或者重修机会。

第十七条　学生不能按时参加教育教学计划规定的活动，应当事先请假并获得批准。未经批准而缺席者，根据学校有关规定给予批评教育，情节严重的给予纪律处分。

第三节　转专业与转学

第十八条　学生可以按学校的规定申请转专业。学生转专业由所在学校批准。

学校根据社会对人才需求情况的发展变化，经学生同意，必要时可以适当调整学生所学专业。

第十九条　学生一般应当在被录取学校完成学业。如患病或者确有特殊困难，无法继续在本校学习的，可以申请转学。

第二十条　学生有下列情形之一，不得转学：

（一）入学未满一学期的；

（二）由招生时所在地的下一批次录取学校转入上一批次学校、由低学历层次转为高学历层次的；

（三）招生时确定为定向、委托培养的；

（四）应予退学的；

（五）其他无正当理由的。

第二十一条　学生转学，经两校同意，由转出学校报所在地省级教育行政部门确认转学理由正当，可以办理转学手续；跨省转学者由转出地省级教育行政部门商转入地省级教育行政部门，按转学条件确认后办理转学手续。须转户口的由转入地省级教育行政部门将有关文件抄送转入校所在地公安部门。

第四节　休学与复学

第二十二条　学生可以分阶段完成学业。学生在校最长年限（含休学）由学校规定。

第二十三条　学生申请休学或者学校认为应当休学者，由学校批准，可以休学。休学次数和期限由学校规定。

第二十四条　学生应征参加中国人民解放军（含中国人民武装警察部队），学校应当保留其学籍至退役后一年。

第二十五条　休学学生应当办理休学手续离校，学校保留其学籍。学生休学期间，不享受在校学习学生待遇。休学学生患病，其医疗费按学校规定处理。

第二十六条　学生休学期满，应当于学期开学前向学校提出复学申请，经学校复查合格，方可复学。

第五节　退学

第二十七条　学生有下列情形之一，应予退学：

（一）学业成绩未达到学校要求或者在学校规定年限内（含休学）未完成学业的；

（二）休学期满，在学校规定期限内未提出复学申请或者申请复学经复查不合格的；

（三）经学校指定医院诊断，患有疾病或者意外伤残无法继续在校学习的；

（四）未请假离校连续两周未参加学校规定的教学活动的；

（五）超过学校规定期限未注册而又无正当事由的；

（六）本人申请退学的。

第二十八条　对学生的退学处理，由校长会议研究决定。

对退学的学生，由学校出具退学决定书并送交本人，同时报学校所在地省级教育行政部门备案。

第二十九条　退学的本专科学生，按学校规定期限办理退学手续离校，档案、户口退回其家庭户籍所在地。

退学的研究生，按已有毕业学历和就业政策可以就业的，由学校报所在地省级毕业生就业部门办理相关手续；在学校规定期限内没有聘用单位的，档案、户口退回其家庭户籍所在地。

第三十条　学生对退学处理有异议的，参照本规定第六十一条、第六十二条、第六十三条、第六十四条办理。

第六节　毕业、结业与肄业

第三十一条　学生在学校规定年限内，修完教育教学计划规定内容，德、智、体达到毕业要求，准予毕业，由学校发给毕业证书。

第三十二条　学生在学校规定年限内，修完教育教学计划规定内容，未达到毕业要求，准予结业，由学校发给结业证书。结业后是否可以补考、重修或者补作毕业设计、论文、答辩，以及是否颁发毕业证书，由学校规定。对合格后颁发的毕业证书，毕业时间按发证日期填写。

第三十三条　符合学位授予条件者，学位授予单位应当颁发学位证书。

第三十四条　学满一学年以上退学的学生，学校应当颁发肄业证书。

第三十五条　学校应当严格按照招生时确定的办学类型和学习形式，填写、颁发学历证书、学位证书。

第三十六条　学校应当执行高等教育学历证书电子注册管理制度，每年将颁发的毕（结）业证书信息报所在地省级教育行政部门注册，并由省级教育行政部门报国务院教育行政部门备案。

第三十七条　对完成本专业学业同时辅修其他专业并达到该专业辅修要求者，由学校发给辅修专业证书。

第三十八条　对违反国家招生规定入学者，学校不得发给学历证书、学位证书；已发的学历证书、学位证书，学校应当予以追回并报教育行政部门宣布证书无效。

第三十九条　毕业、结业、肄业证书和学位证书遗失或者损坏，经本人申请，学校核实后应当出具相应的证明书。证明书与原证书具有同等效力。

第四章　校园秩序与课外活动

第四十条　学校应当维护校园正常秩序，保障学生的正常学习和生活。

第四十一条　学校应当建立和完善学生参与民主管理的组织形式，支持和保障学生依法参与学校民主管理。

第四十二条　学生应当自觉遵守公民道德规范，自觉遵守学校管理制度，创造和维护文明、整洁、优美、安全的学习和生活环境。

学生不得有酗酒、打架斗殴、赌博、吸毒，传播、复制、贩卖非法书刊和音像制品等违反治安管理规定的行为；不得参与非法传销和进行邪教、封建迷信活动；不得从事或者参与有损大学生形象、有损社会公德的活动。

第四十三条　任何组织和个人不得在学校进行宗教活动；

第四十四条　学生可以在校内组织、参加学生团体。学生成立团体，应当按学校有关规定提出书面申请，报学校批准。

学生团体应当在宪法、法律、法规和学校管理制度范围内活动，接受学校的领导和管理。

第四十五条　学校提倡并支持学生及学生团体开展有益于身心健康的学术、科技、艺术、文娱、体育等活动。

学生进行课外活动不得影响学校正常的教育教学秩序和生活秩序。

第四十六条　学校应当鼓励、支持和指导学生参加社会实践、社会服务和开展勤工助学活动，并根据实际情况给予必要帮助。

学生参加勤工助学活动应当遵守法律、法规以及学校、用工单位的管理制度，履行勤工助学活动的有关协议。

第四十七条　学生举行大型集会、游行、示威等活动，应当按法律程序和有关规定获得批准。对未获批准的，学校应当依法劝阻或者制止。

第四十八条　学生使用计算机网络，应当遵循国家和学校关于网络使用的有关规定，不得登录非法网站、传播有害信息。

第四十九条　学校应当建立健全学生住宿管理制度。学生应当遵守学校关于学生住宿管理的规定。

第五章　奖励与处分

第五十条　学校、省（自治区、直辖市）和国家有关部门应当对在德、智、体、美等方面全面发展或者在思想品德、学业成绩、科技创造、锻炼身体及社会服务等方面表现突出的学生，给予表彰和奖励。

第五十一条　对学生的表彰和奖励可以采取授予"三好学生"称号或者其他荣誉称号、颁发奖学金等多种形式，给予相应的精神鼓励或者物质奖励。

第五十二条　对有违法、违规、违纪行为的学生，学校应当给予批评教育或者纪律处分。

学校给予学生的纪律处分，应当与学生违法、违规、违纪行为的性质和过错的严重程度相适应。

第五十三条　纪律处分的种类分为：

（一）警告；

（二）严重警告；

（三）记过；

（四）留校察看；

（五）开除学籍。

第五十四条　学生有下列情形之一，学校可以给予开除学籍处分：

（一）违反宪法，反对四项基本原则、破坏安定团结、扰乱社会秩序的；

（二）触犯国家法律，构成刑事犯罪的；

（三）违反治安管理规定受到处罚，性质恶劣的；

（四）由他人代替考试、替他人参加考试、组织作弊、使用通讯设备作弊及其他作弊行为严重的；

（五）剽窃、抄袭他人研究成果，情节严重的；

（六）违反学校规定，严重影响学校教育教学秩序、生活秩序以及公共场所管理秩序，侵害其他个人、组织合法权益，造成严重后果的；

（七）屡次违反学校规定受到纪律处分，经教育不改的。

第五十五条　学校对学生的处分，应当做到程序正当、证据充分、依据明确、定性准确、处分适当。

第五十六条　学校在对学生作出处分决定之前，应当听取学生或者其代理人的陈述和申辩。

第五十七条　学校对学生作出开除学籍处分决定，应当由校长会议研究决定。

第五十八条　学校对学生作出处分，应当出具处分决定书，送交本人。开除学籍的处分决定书报学校所在地省级教育行政部门备案。

第五十九条　学校对学生作出的处分决定书应当包括处分和处分事实、理由及依据，并告知学生可以提出申诉及申诉的期限。

第六十条　学校应当成立学生申诉处理委员会，受理学生对取消入学资格、退学处理或者违规、违纪处分的申诉。

学生申诉处理委员会应当由学校负责人、职能部门负责人、教师代表、学生代表组成。

第六十一条　学生对处分决定有异议的，在接到学校处分决定书之日起5个工作日内，可以向学校学生申诉处理委员会提出书面申诉。

第六十二条　学生申诉处理委员会对学生提出的申诉进行复查，并在接到书面申诉之日起15个工作日内，作出复查结论并告知申诉人。需要改变原处分决定的，由学生申诉处理委员会提交学校重新研究决定。

第六十三条　学生对复查决定有异议的，在接到学校复查决定书之日起15个工作日内，可以向学校所在地省级教育行政部门提出书面申诉。

省级教育行政部门在接到学生书面申诉之日起30个工作日内，应当对申诉人的问题给予处理并答复。

第六十四条　从处分决定或者复查决定送交之日起，学生在申诉期内未提出申诉的，学校或者省级教育行政部门不再受理其提出的申诉。

第六十五条　被开除学籍的学生，由学校发给学习证明。学生按学校规定期限离校，档案、户口退回其家庭户籍所在地。

第六十六条　对学生的奖励、处分材料，学校应当真实完整地归入学校文书档案和本人档案。

第六章　附则

第六十七条　对接受成人高等学历教育的学生、港澳台侨学生、留学生的管理参照本规定实施。

第六十八条　高等学校应当根据本规定制定或修改学校的学生管理规定，报主管教育行政部门备案（中央部委属校同时抄报所在地省级教育行政部门），并及时向学生公布。

省级教育行政部门根据本规定，指导、检查和督促本地区高等学校实施学生管理。

第六十九条　本规定自2005年9月1日起施行。原国家教育委员会发布的《普通高等学校学生管理规定》（国家教育委员会令第7号）、《研究生学籍管理规定》（教学〔1995〕4号）同时废止。其他有关文件规定与本规定不一致的，以本规定为准。

（三）了解专业教学标准

高职专业教学标准是开展专业教学的基本文件，是明确培养目标和规格、组织实施教学、规范教学管理、加强专业建设、开发教材和学习资源的基本依据，是评估教育教学质量的主要标尺，同时也是社会用人单位选用高等职业学校毕业生的重要参考。通过学习专业教学标准，大学生可事先了解大学期间所要学习的课程、应掌握的专业技能、将来要从事的职业岗位、需要取得的职业资格证书、毕业条件等情况。

专业教学标准共有以下十部分内容。(1) 专业名称。(2) 专业代码。(3) 招生对象。(4) 学制与学历。(5) 就业面向。明确与本专业最直接相关的职业领域、工作岗位等，包括初始岗位和发展岗位群。(6) 培养目标与规格。明确专业定位面向的主要职业岗位的描述和职业核心能力；明确毕业生应具备的基本素质、知识要求、能力要求、职业态度要求等。(7) 职业证书。明确针对核心职业岗位的职业资格证书或针对职业核心能力的中级及以上职业技能证书要求。(8) 课程体系与核心课程（教学内容）。明确课程体系的架构与说明、专业核心课程简介、教学进程安排及说明等。(9) 专业办学基本条件和教学建议。明确专业教学团队，教学设施，教材及图书、数字化（网络）资料等学习资源，教学方法、手段与教学组织形式，教学评价、考核，教学管理等要求。(10) 继续专业学习深造建议。为体现终身学习理念，明确本专业毕业生继续学习的渠道和接受更高层次教育的专业面向。

附2：高职专业教学标准

一、专业名称

建筑工程技术专业

二、专业代码

560301

三、招生对象

应届高中、中职毕业生

四、学制与学历

三年专科

五、就业面向

就业职业领域：建筑施工企业，建筑工程监理企业，建筑行业咨询、设计单位及其他相关的企事业单位。

初始就业岗位群：施工员、预算员、材料员、质量员、安全员等。

发展岗位群：建筑施工及施工管理工程师、注册建造师、监理工程师及相关技术管理岗位。

毕业后3年可获取助理工程师技术职务，7年可获取工程师技术职务。毕业后3年可考取二级注册建造师，7年内可考取一级注册建造师。

六、培养目标与规格

培养目标：本专业培养德、智、体、美全面发展，掌握本专业必备的基础理论和专业知识,具有建筑施工企业生产一线施工员、预算员、材料员、质量员、安全员等岗位能力和专业技能,并能在相关岗位从事技术及管理工作的高素质技能型人才。

培养规格:

1. 基本素质

(1)政治思想素质:拥护党的领导和基本路线;以毛泽东思想、邓小平理论、"三个代表"重要思想为指导;具有科学的世界观、人生观、价值观,良好的职业操守和公共道德。

(2)文化素质:具有学习专业和从事专业岗位工作必需的文化基础,具有良好的文化修养和审美能力;知识面宽,自学能力强;能用得体的语言、文字和行为表达自己的意愿,具有社交能力和礼仪知识;有严谨务实的工作作风。

(3)身体和心理素质:拥有健康的体魄,能适应岗位对体能的要求;具有健康的心理和乐观的人生态度,朝气蓬勃,积极向上,奋发进取;思路开阔、敏捷,善于处理和协调突发问题。

(4)专业素质:具有从事专业工作所必需的专业知识和能力;具有创新精神;能自觉学习和获取信息;具有不断提高业务水平的态度和立业创业的意识,初步形成适应社会主义市场经济需要的就业观。

2. 知识要求

(1)具有本专业所必需的数学、力学、信息技术、建设工程法律法规等方面的知识。

(2)掌握投影和制图标准、房屋建筑构造、建筑结构的基本理论和专业知识。

(3)掌握建筑材料应用与检测、施工测量、建筑施工、建筑工程计量与计价、施工组织与项目管理、质量检验、施工安全管理等专业知识。

(4)具有建筑水电设备等相关专业的基本知识。

(5)了解建筑施工新技术、新材料、新工艺和新设备的相关信息。

3. 能力要求

(1)能识读与理解建筑专业施工图、结构专业施工图、设备专业主要施工图,能绘制土建工程竣工图。

(2)能对建筑施工现场常用建筑材料及建筑制品进行选用、进场验收、性能检测和保管。

(3)能进行建筑施工测量和变形观测。

(4)能参与编制专项施工方案和一般单位工程施工组织设计。

(5)能按照工程质量、安全、进度、环保和职业健康要求,科学地组织建筑施工和指导施工作业。

(6)能对建筑工程进行施工质量和施工安全检查。

(7)能依据有关技术标准的规定分析解决一般的施工技术问题。

(8)能根据工程实际编制、收集、整理和上交工程技术资料。

（9）能编制工程量清单报价，参与工程招投标、施工成本控制及竣工结算。

（10）具有良好的人际交往能力和团队协作精神。

（11）具有对新知识、新技术、新材料、新设备的学习能力和不断创新的能力。

4．职业态度

（1）自觉遵守相关法律法规、标准和管理规定。

（2）牢固树立"质量第一、安全第一"的意识，坚持安全生产、文明施工。

（3）具有节约资源、保护环境和绿色施工的意识。

（4）爱岗敬业、严谨务实、团结协作，具有良好的职业操守。

七、职业证书

施工员、预算员、材料员、质量员、安全员等方面的证书。

八、课程体系与核心课程

（一）工作任务与职业能力分析

本专业对应职业岗位的典型工作任务有：计算机基本操作与软件应用、识读与绘制建筑施工图、工程常用建筑材料的识别选择与应用、建筑施工测量、基本建筑构件的验算、施工组织管理、编制和计算建筑工程造价、施工质量检验等，与其对应的职业能力详见下表。

典型工作任务	职业能力
T1：计算机基本操作与软件应用	A1－1：文字及数据处理能力 A1－2：应用 CAD 软件进行专业工作 A1－3：应用计算机编制工程预算和决算 A1－4：应用计算机绘制建筑工程施工图 A1－5：应用计算机施工技术资料管理、招投标与合同管理
T2：识读与绘制建筑施工图	A2－1：绘制建筑工程施工图、竣工图 A2－2：识读建筑工程施工图 A2－3：识读建筑设备常用施工图 A2－4：阅读和编制建筑工程图技术说明
T3：工程常用建筑材料的识别选择与应用	A3－1：常用建筑材料的性能及应用 A3－2：常用建筑材料的检验、存放及保管 A3－3：常用建筑材料的基本技术指标及检测 A3－4：建筑材料检验报告单的审查
T4：建筑施工测量	A4－1：施工定位及抄平放线 A4－2：施工垂直度控制 A4－3：建筑变形观测
T5：基本建筑构件的验算	A5－1：确定结构计算简图和内力的计算 A5－2：常见结构体系的认知 A5－3：基本结构构件设计和验算 A5－4：施工中一般结构问题的认知和处理

续表

典型工作任务	职业能力
T6：施工组织管理	A6－1：编制一般建筑工程的施工组织设计 A6－2：施工现场布置及施工方案的制定 A6－3：施工现场管理 A6－4：施工进度计划编制 A6－5：施工内业文件的编制和归档 A6－6：参与图纸会审及技术交底 A6－7：参与编制施工安全技术措施 A6－8：参与施工安全教育和安全技术交底 A6－9：参与施工安全事故的处理和分析
T7：编制和计算建筑工程造价	A7－1：进行土建工程量的计算 A7－2：准确运用有关计量计价文件 A7－3：编制土建工程预算 A7－4：进行土建工程的工料分析 A7－5：参与竣工决算 A7－6：参与工程投标的技术工作 A7－7：工程联系单的商务审核
T8：施工质量检验	A8－1：掌握土建施工的质量标准 A8－2：掌握主要工种检验程序和手段 A8－3：一般质量缺陷的处理 A8－4：工程质量检验及验收表格的填写

　　注：表中"典型工作任务"栏以 T 开头进行编码，例如"T5"表示第 5 项典型工作任务的代码。"职业能力"栏以 A 开头进行编码，例如"A5－3"表示第 5 项典型工作任务对应的第 3 项职业能力的代码。

（二）专业学习领域核心课程设置

专业核心课程	典型工作任务	职业能力	主要教学知识点	参考学时
TC1：建筑工程测量	T4	A4－1 至 A4－3	K1－1：测量概述 K1－2：水准测量 K1－3：角度测量 K1－4：距离丈量与直线定向 K1－5：测量误差 K1－6：控制测量 K1－7：地形测绘与应用 K1－8：测设的基本工作 K1－9：工业与民用建筑施工测量 K1－10：测量仪器强化训练与考核 K1－11：控制测量训练 K1－12：定位与抄平训练	113

续表

专业核心课程	典型工作任务	职业能力	主要教学知识点	参考学时
TC2：建筑结构与识图	T2 T5	A1-2 A1-4 A2-1 至 A2-4 A3-1 A5-1 至 A5-4	K2-1：结构分类与特点 K2-2：建筑结构材料认识 K2-3：建筑结构设计方法以及建筑结构设计规范 K2-4：受弯构件构造要求 K2-5：梁和板的设计方法 K2-6：梁和板截面配筋图示方法 K2-7：梁板结构布置及设计步骤 K2-8：梁和板平法施工图制图规则与构造 K2-9：楼盖施工图绘制与识读 K2-10：受压构件构造要求 K2-11：受压构件截面设计方法 K2-12：柱平法施工图制图规则与构造 K2-13：砌体受压构件截面承载力计算方法、墙柱高厚比 K2-14：混合结构房屋结构组成、结构布置及施工图构成 K2-15：建筑和结构施工图构成 K2-16：建筑和结构施工图识读方法 K2-17：砖混结构、框架结构和单层厂房结构施工图识读	126
TC3：建筑工程计量与计价	T1 T2 T7	A1-3 A2-2 A2-3 A7-1 至 A7-7	K3-1：建筑工程费用 K3-2：建筑工程消耗量定额 K3-3：建筑工程人工、材料、施工机械台班单价 K3-4：建筑工程建筑面积的概念和计算 K3-5：建筑工程工程量计算 K3-6：建筑工程施工图预算的编制 K3-7：工程量清单编制 K3-8：工程量清单计价	100
TC4：建筑施工技术	T1 T2 T3 T8	A1-1 A1-2 A1-5 A2-1 至 A2-4 A3-1 至 A3-4 A8-1 至 A8-4	K4-1：基槽开挖 K4-2：条形砖基础施工 K4-3：砖混结构主体施工 K4-4：屋面防水施工 K4-5：基坑开挖 K4-6：筏板基础施工 K4-7：框架结构主体施工 K4-8：预应力管桩施工 K4-9：独立桩承台基础施工 K4-10：框剪结构主体施工	100

续表

专业核心课程	典型工作任务	职业能力	主要教学知识点	参考学时
TC5：建筑施工组织	T1 T2 T6	A1-1 A1-2 A1-5 A2-1 至 A2-4 A6-1 至 A6-9	K5-1：建筑施工组织的作用、分类； K5-2：建设程序与施工程序； K5-3：工程概况包含的内容。 K5-4：常见结构的施工顺序； K5-5：施工方法及施工机械的选择； K5-6：技术组织的措施、内容。 K5-7：流水施工原理；横道图绘制方法； K5-8：网络计划的概念和组成； K5-9：网络计划的绘制方法和参数计算方法； K5-10：施工进度计划的编制依据、程序、步骤和方法。 K5-11：施工准备工作计划； K5-12：各种资源需要量计划。 K5-13：施工平面图设计的步骤和要点。 K5-14：单位工程的编制内容和方法。	100

注：表中"专业核心课程"栏以 TC 开头进行编码，例如"TC5"表示第 5 门专业核心课程的代码。"主要教学知识点"栏以 K 开头进行编码，例如"K5-3"表示第 5 门专业核心课程中第 3 项教学内容的代码。

（三）专业核心课程学习情境总表

每门核心课程选取若干个项目或任务作为情境教学的载体，职业行动领域的工作过程融合在项目或任务训练中，专业核心课程的学习情境汇总见下表。

学习情境 主干课程	学习情境1	学习情境2	学习情境3	学习情境4	学习情境5	学习情境6
TC1：建筑工程测量	测量的基本知识及仪器操作技能	地形测绘与应用	建筑施工测量	建筑工程测量实训		
TC2：建筑结构与识图	建筑结构整体认知	钢筋混凝土受弯构件计算与识图	钢筋混凝土梁板结构计算与识图	钢筋混凝土受压构件计算与识图	砌体受压结构计算	建筑结构施工图识读综合训练
TC3：建筑工程计量与计价	建筑工程计量与计价基础知识	建筑工程施工图预算	工程量清单计价			
TC4：建筑施工技术	砖混结构建筑施工	框架结构建筑施工	框剪结构建筑施工			
TC5：建筑施工组织	工程概况	施工部署	施工进度计划	施工准备工作计划	施工平面布置图	综合仿真训练：单位工程施工组织设计

（四）体系构架与课程路线

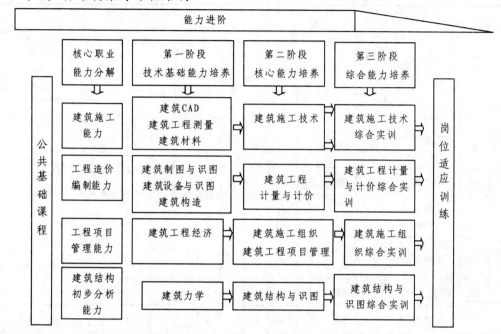

（五）专业课程设置及安排表

1. 专业课程设置及安排表

课程类型	序号	课程名称	考核方式	总学时	学分	实践学时	学期安排										备注
							第一学年				第二学年				第三学年		
							一		二		三		四		五、六		
							☆	★	☆	★	☆	★	☆	★	☆	★	
							14	3	17	0	13	4	10	7	0	34	
公共基础学习领域	1	道德和法律基础		56	4	28	2										实践假期完成 13周
	2	毛泽东思想和中国特色理论		60	4	30			2								
	3	军事理论		26	1.5				2								
	4	应用数学	*	65	4		5										
	5	体育		58	4		2		2								
	6	大学英语	*	116	8		4		4								
	7	计算机应用	(2)	56	4	56	3		(4)								(2) 1—3周
	8	大学生心理健康教育		28	1.5		2										

续表

课程类型	序号	课程名称	考核方式	总学时	学分	实践学时	第一学年 一 ☆ 14	第一学年 一 ★ 3	第一学年 二 ☆ 17	第一学年 二 ★ 0	第二学年 三 ☆ 13	第二学年 三 ★ 4	第二学年 四 ☆ 10	第二学年 四 ★ 7	第三学年 五、六 ☆ 0	第三学年 五、六 ★ 34	备注
专业学习领域	9	建筑制图与识图		80	5	50	4	1									
	10	建筑构造	*	68	4	20			4								
	11	建筑设备与识图		34	2	20			2								
	12	建筑材料	*	51	3	20	3										试验在第二学期
	13	建筑工程经济		51	3	10							5				
	14	建筑力学		68	4				4								
	15	建筑CAD	*	68	4	68			4								
	16	建筑工程测量▲	*	113	7	80					5	2					
	17	建筑施工技术▲	*	100	6	48					4	2					
	18	建筑工程项目管理		52	3						4						
	19	建筑结构与识图（一）▲	*(2)	126	8	48					6			2			
	20	建筑工程计量与计价▲	*	98	6	48							5	2			
	21	建筑施工组织▲	*	98	6	48							5	2			
	22	建筑结构与识图（二）▲	*	74	4.5	24							5	1			
	23	技能鉴定															
	24	毕业课题		200	8	200											
	25	专业顶岗实习（生产实习）		600	24	600											第三学年

续表

课程类型	序号	课程名称	考核方式	总学时	学分	实践学时	学期安排										备注
							第一学年				第二学年				第三学年		
							一		二		三		四		五、六		
							☆	★	☆	★	☆	★	☆	★	☆	★	
							14	3	17	0	13	4	10	7	0	34	
拓展学习领域	27	职业发展与就业指导		40	2.5								2				11周
	28	入学教育和军事训练		50	3	50	2										
	29	班组管理与企业文化		30	2								3				10周
	30	第二课堂			16												素质学分
	31	建设工程资料管理	选修	20	1.5	10					2						
	32	招投标与合同管理	选修	50	3	10					4						
总计				2536	157	1468	25		24		25		25				

注：1. 课程名称后用"▲"标注出核心课程；

2. "考核方式"列中用"＊"标注出考试课程，考查课不做标注；若跨学期开设课程的考核方式因学期而异，标注"＊"并在"＊"后用数字标注出考试学期；

3. "学期周学时分配"项中标注"☆"为理论课或理论课（含实践）教学安排周（对应列中单位：周学时），★为综合实践教学安排周（对应列中单位：周）。

2. 学期时间分配表

周数学期	1	2	3	4	5	6	7	8	9	10	11	12	13	14	15	16	17	18
一	○	○	☆	☆	☆	☆	☆	☆	☆	☆	☆	☆	☆	☆	☆	☆	★	△
二	☆	☆	☆	☆	☆	☆	☆	☆	☆	☆	☆	☆	☆	☆	☆	☆	☆	△
三	☆	☆	☆	☆	☆	☆	☆	☆	☆	☆	☆	☆	☆	★	★	★	★	△
四	☆	☆	☆	☆	☆	☆	☆	☆	☆	★	★	★	★	★	★	★	★	△
五	□	□	□	□	□	□	□	□	□	□	□	□	□	□	□	□	□	□
六	□	□	□	□	□	□	□	□	□	□	□	□	□	□	□	□	□	□

○：入学教育和军事训练；☆：理论课或理论课（含实践）；

★：实践课（整周）；△：考试；□：顶岗实习。

3. 必修置换课、选修课安排表

专业选修课一览表

序号	课程名称	学时	学分	开课学期	备注
1	质量事故分析	20	1	3	
2	安全生产管理	24	2	2	
3	建设工程监理	50	3	4	
4	建筑应用文	34	2	2	

说明：专业选修课以业余时间学习为主，各专业根据学分要求自行安排。

专业必修置换课程一览表（参考）

序号	课程类别	必修课程名称	学分	必修置换课程名称	学分
1	基础课	大学英语	4	大学语文	4
				应用文写作	2
				普通话取证（二甲以上）	2
				演讲与口才	2
2	基础课	应用数学	3.5	形式逻辑入门	2
				创新思维与创造力开发	1.5
				ISO9000 与质量管理	1.5

说明：必修置换课程与必修课应具有相同的学分，专业学习领域课程和拓展学习领域课程由各专业系部制定。

九、专业办学基本条件和教学建议

（一）专业教学团队

1. 专业带头人

专业带头人1—2名，具有高级职称，并且具有较高的教学水平和实践能力，具有行业、企业技术服务或技术研发经历，在本行业及专业领域有较大的影响力，能够主持专业建设规划、教学方案设计、专业建设工作，能够为企业提供技术服务，主持市、地级及以上教学或应用技术科研项目或担任院级及以上精品课程负责人。专业带头人必是"双师型"教师。

2. 专业师资的配备与要求

专业生师比不大于18：1。专业师资配置是以本专业在校生为每届80人（即每届两个班）为标准；专业师资要求是根据学习领域课程中知识、技能、态度以及理论实践一体化教学组织的要求来确定的。建筑工程技术专业师资配置与要求见下表。

核心课程	能力结构要求	专任教师		兼职教师	
		数量	要求	数量	要求
TC1：建筑工程测量	1. 具有建筑工程测量理论知识； 2. 具有建筑工程测量的实践操作技能； 3. 具备设计基于行动导向的教学法的设计应用能力。	3	具有 1 年以上企业工作经历，或两年以上建筑工程测量实训指导经历	1	有丰富的现场工程经验的测量员或工程师
TC2：建筑结构与识图	1. 具有建筑结构设计理论知识； 2. 具有建筑结构设计和绘制施工图的能力； 3. 具备设计基于行动导向的教学法的设计应用能力。	2	具有 1 年以上企业工作经历，或两年以上建筑结构与识图课程实训指导经历	1	有丰富的建筑结构设计经验的工程师
TC3：建筑工程概预算	1. 具有建筑工程计量与计价理论知识； 2. 具有编制建筑工程造价的能力； 3. 具备设计基于行动导向的教学法的设计应用能力。	1	具有 1 年以上企业工作经历，或两年以上建筑工程计量与计价课程实训指导经历	1	有丰富的工程经验的造价员或造价师
TC4：建筑施工技术	1. 具备建筑施工理论和实践知识； 2. 具备设计、绘制施工图能力。 3. 具备设计基于行动导向的教学法的设计应用能力。	1	具有 1 年以上企业工作经历，或两年以上建筑施工技术课程实训指导经历	1	有丰富的现场工程经验的施工员或建造师
TC5：建筑施工组织	1. 具备建筑施工理论和实践知识； 2. 具备设计、绘制施工图能力。 3. 具备设计基于行动导向的教学法的设计应用能力。	1	具有 1 年以上企业工作经历，或两年以上建筑施工组织课程实训指导经历	1	有丰富的现场工程经验的施工员或建造师

3. 专业师资队伍现状

现有专业教师 9 人，其中高级职称 6 人，高级职称比例达 65%；硕士研究生 5 人，达 55%；3 人具有结构工程师执业资质，1 人具有造价师执业资质，骨干专业教师多年从事建筑工程设计与施工现场服务工作，与本专业相关的职业经历丰富，双师型教师占 75%。

本专业教学队伍是一支知识结构合理、具有多年教学实践及工程实践经验、具有较高学历和职业能力、特色鲜明、教学效果好的"双师型"骨干教师团队。师资队伍中的职称结构、学历结构和双师结构比例等均处于良好状态，是一支专兼结合的"工程型"专业教学团队。

（二）教学设施

1. 校内实训条件

测量实训室

序号	实训项目	主要实训内容	主要实训设备	数量	场地面积/平方米
1	测量仪器强化训练与考核	1. 水准仪的操作 2. 经纬仪的操作 3. 全站仪的操作	水准仪	15 台	80
			经纬仪	15 台	
			全站仪	5 台	
2	控制测量训练	闭合水准路线测量和内业计算及经纬仪闭合导线测量和内业计算。	水准仪	15 台	80
			经纬仪	15 台	
3	定位与抄平训练	建筑物定位与抄平。	水准仪	15 台	80
			经纬仪	15 台	

建材实训室

序号	实训项目	主要实训内容	主要实训设备	数量	场地面积/平方米
1	水泥实训	1. 水泥细度测定 2. 水泥凝结时间 3. 水泥胶砂强度 4. 水泥安定性	水泥净浆搅拌机	1	80
			水泥胶砂搅拌机	1	
			水泥胶砂振动台	1	
			雷氏沸煮箱	1	
			水泥筛析仪	2	
			恒温恒湿养护箱	1	
			水泥胶砂抗压强度试验机和抗折试验机	1	
2	混凝土试验	1. 混凝土组成材料试验 2. 混凝土和易性 3. 混凝土强度	混凝土搅拌机	1	170
			混凝土用砂石筛分筛及摇筛机	2	
			混凝土坍落度试验仪	5	
			万能试验机	1	
3	砂浆试验	1. 砂浆稠度测试 2. 砂浆分层度测试 3. 砂浆试块强度检验	砂浆稠度仪	6	
			砂浆分层度仪	6	
4	钢筋试验	1. 钢筋拉伸试验 2. 钢筋冷弯试验	万能试验机	1	

2. 校外实训基地建设

校外实训基地建设是我专业课程建设的核心内容，是和企业零距离接触的重要途径。自 2008 年以来，建筑工程技术专业先后与武钢建工集团、武钢房地产公司、潮流钢构公司等单位建立了长期的合作关系，签定了联合办学协议，由校企合作共同完善教学条件建设，确立运行机制与管理体系，制定本专业学生生产实习、顶岗实习的保障措施，并聘请其主要技术管理人员为本课程兼职教师（主要承担学生实习期间的实训指导和专题讲座）。

实习单位	工作内容	接收人数
湖北弘毅钢构	设计、施工	40
雅都钢构	设计、施工	20
潮流钢构	设计、施工	20
中建三局	施工	40
武钢建工集团	施工	200

3. 信息网络教学条件

校园网络建设、覆盖面和网络教学设备满足教学需要。

（三）教材及图书、数字化（网络）资料等学习资源

1. 教材

使用的教材为国家或行业规划教材或本校教材。

2. 图书及数字化资料

学校大量收集企业培训教材、教学方法、教学组织等相关的文字、图片和视频资料，同时系部也购买部分教学资料。

一方面，学院图书馆购买了大量电子专业教材，另一方面，除教师个人积累的资料在仿真模拟实训室进行共享外，对行业企业的相关标准、出版社出版的相关教材均有收集。学院图书馆还配有电子阅览室、电子图书资源等。

下一步的建设目标是以优质数字化资源建设为载体，以课程为主要表现形式，以素材资源为补充，利用网络学习平台建设共享性教学资源库，资源库建设内容应涵盖学历教育与职业培训。

（四）教学方法、手段与教学组织形式建议

1. 教学方法

采用"教学做"合一的教学法、情景教学法、项目教学法、案例教学法、讨论式教学法、启发引导式教学法、现场教学法实施教学。

2. 教学手段

传统教学手段和现代信息技术手段交互。

3．教学组织

认真贯彻"合作办学、合作育人、合作就业、合作发展"的理念，按照"依托行业、对接产业、定位职业、服务社会"的专业建设思路，校企合作共同制定人才培养方案，进行专业核心课程教学设计，建立实训基地，企业专家参与人才培养的全过程。教师以行动导向实施课程教学，形成以教师为主导、学生为主体、教学做合一、理论与实践合一、工学结合的教学模式。

（五）教学评价、考核建议

加强质量管理体系建设，重视过程监控，逐步完善以学校为核心、教育行政部门为主导，社会和企业积极参与的教学质量保障体系。重点是配合人才培养模式和工作过程系统化课程体系，创建以能力为核心、以过程为重点的学习绩效考核评价体系。

（六）教学管理

加强教学管理规章制度建设、规范教学管理文件。完善教学质量监控与保障体系，形成教学督导、教师、学生、社会教学评价体系及完整的信息反馈系统。建立具有可操作性的激励机制和奖惩制度；加强对毕业生质量跟踪调查和收集企业对专业人才需求反馈的信息。同时，根据我校的实际情况，明确教学管理重点并制定管理模式。

十、继续专业学习深造建议

本专业毕业生可以通过专升本的在校、函授、网络、自学考试等途径继续学习。其更高层次的教育专业面向有土木工程（本科）、工程管理（本科）等专业。

十一、学生毕业标准

（一）毕业要求

凡达到以下要求的学生均可取得毕业证。

1．技能要求

具有现代建筑工程施工组织管理能力，工程造价、施工组织设计能力和基本的施工技能，比较熟练地掌握建筑工程施工组织管理的整个工作程序，达到"会施工、能管理、懂设计、动手能力强"的培养目标。

2．成绩要求

（1）各门课程（包括实训课程）成绩合格，专业修满109学分。

（2）毕业课题与专业顶岗实习成绩合格，修满32学分。

（3）第二课堂素质教育修满16学分。

（二）获取证书最低要求

1．英语证书：高等学校英语应用能力考试英语等级考试三级证书。

2．计算机证书：全国计算机等级二级证书。

3．职业岗位资格证书：本专业职业岗位资格证书1个。

十二、专业建设委员会成员（略）

十三、其他说明

通过校企一体合作育人，培养学生专业技能。同时开展第二课堂活动，加强学生的职业道德教育和法制教育，培养学生的诚信品质、敬业精神和责任意识、遵纪守法意识、社会适应性，教育学生树立终身学习理念，提高学习能力，学会交流沟通和团队协作，提高学生的实践能力、创造能力、就业能力和创业能力，培养德智体美全面发展的社会主义建设者和接班人。本专业教育活动设计方案如下表。

序号	项目名称	能力培养目标	时间安排
1	辩论赛	培养学生团队协作精神、临场应变能力、收集资料能力	第一学期
2	英语角	培养学生英语听、说能力	第一学期
3	职业规划演讲大赛	培养学生语言表达能力，培养学生初步规划人生能力	第一学期
4	校园艺术文化节	培养学生团队协作和吃苦耐劳精神	第二学期
5	计算机应用技能比赛	提升学生计算机应用能力	第二学期
6	小发明、小制作、小论文征集活动	提升学生发明、制作、写作能力	第三学期
7	安全知识竞赛	树立学生安全生产意识	第三、四学期
8	简历制作比赛	提升学生计算机应用及就业能力	第四学期
9	招聘模拟演练	提升学生语言表达等综合就业能力	第四学期
10	红歌会	培养爱国主义精神	第一、二、三学期
11	暑期社会实践	培养学生社会调研、分析问题、解决问题能力	第一、二、三学期
12	走进武钢系列活动	培养学生社会适应性、敬业精神和责任意识	第一、二、三学期
13	建筑知识竞赛	提升专业能力	第三学期

第二篇 认识职业

职业与人的一生密切相关，选择职业就意味着选择未来和人生。在科学技术高度发达的现代社会里，接受专业教育，掌握一定的专业知识和技能，是拥有一份理想的职业，充分发挥自己的聪明才智，成就一番事业，使个人的职业生涯获得成功的基本条件。本篇主要介绍职业的基础知识和职业选择、职业规划等知识。

第三章　职业与专业

【教学目标】

1. 了解职业的内涵和特征。
2. 了解职业发展的趋势及影响因素。
3. 了解职业的分类及国家标准。
4. 认识职业和专业的关系。

【实践任务】

1. 谈谈你所知道的业已消失的职业。
2. 发挥你的想象，推测将来可能产生的职业。
3. 结合自己的专业，预期自己将来可能从事的职业。
4. 上"人力资源和社会保障部国家职业资格管理"网站，查阅与自己专业相近的职业分类及职业标准。
5. 讨论专业学习与未来职业的关系。
6. 与专业老师做一次零距离接触。

第一节　职业的产生与发展

一、职业的内涵及特征

(一) 职业的内涵

从词义学的角度分析，"职业"一词由"职"与"业"构成。所谓"职"是指职位、职责，包含着社会职责、天职、权利与义务等含义；所谓"业"是指行业、事业、业务，包含着从事业务、事业、事情、独特性工作等含义。它反映了个人与社会两个方面的内容，是个人与社会互动的范畴。

从社会学的角度界定，职业是一个人为了不断获得收入而连续从事的具有市场价值的特殊活动，这种活动决定着从事特殊活动的那个人的社会地位，它包括四个方面的内容。

第一，职业是社会分工体系中的一种社会位置，这种位置是个人进入社会生产过程之后获得的，其取得途径可能是通过社会资本的继承或社会资本的获取，但职业位置一般不是继承性的，而是获得性的。

第二，职业是已经成为模式并与专门工作相关的人群关系和社会关系，或者说已成为模式的工作关系的结合，它是从事某种相同工作内容的职业群体。

第三，职业同权力和利益紧密相关。一是拥有垄断权，每种职业（群体）在社会分工中都有自身的位置和作用，使别人信赖于他们，需要他们，这就在一定程度上拥有了对他人的权力，而且总是要维护这种权力，保持自身的垄断地位；二是经济收益权，任何一种职业（群体）凭其被他人的需要和依赖，获得经济收入。

第四，职业是国家确定和认可的。任何一种职业的产生，必定为社会所承认，为国家职业管理部门所认可，并具有相应的职业标准。因此，职业的存在必须有法律效力，为国家授予和认可。

从经济学的角度分析，职业概念在经济学与社会学上存在着明显的不同。法国的一个权威词典将职业界定为"为了生活而从事的经常性活动"；美国学者阿瑟·萨尔兹撰写的《社会科学百科全书》将职业定义为，人们为了获取经常性的收入而从事连续性的特殊活动；日本劳动问题专家保谷六郎认为，职业是有劳动能力的人为了生活所得而发挥个人能力，向社会做贡献而连续从事的活动；中国学者则认为，职业是指人们从事的相对稳定的、有收入的专门类别的工作。经济学意义上的职业，同劳动的精细社会分工是紧密相连的，劳动者相对稳定地担当某项具体的社会劳动分工，或者比较稳定地从事某类专门的社会工作，并从中获取收入，那么这种社会工作便是劳动者的职业。

综上所述，我们认为：职业是指人们为了维持经济上的生计，在社会中承担某一分工角色，同时，实现社会联系和自我价值而发挥个性才能的一种持续性的活动方式，是对人们的生活方式、经济状况、文化水平、行为模式、思想情操的综合性反映，也是一个人的权利、义务、职责，还是一个人社会地位的一般性表征。

（二）职业的特征

职业是社会分工体系中劳动者所获得的一种劳动角色。职业根源于社会分工，在整个社会生产过程中，有诸多工种、岗位或特定环节的职业赋予劳动者以不同的劳动规范和行为模式，于是劳动者便具有特定的社会标记和专门的劳动角色，如农民、工人、医生、教师、企业家、科学家、编辑、邮递员、乘务员等。职业具有下列特征。

1. 社会性

职业是一种社会性的活动，具有社会性。职业是劳动者所进行的社会生产劳动或社会工作中均为他人所必需并为国家所认可的一种分工，所以，职业是社会的职业。

2. 经济性

劳动者从事某项职业，必定要从中获取经济收入。换言之，劳动者就是为了不断取得个人收入，才较为长期、稳定地承担某项社会分工。从事该项社会职业的没有经济报酬的工作，即使其劳动活动较为稳固，也是非职业工作，例如家庭主妇，便没有职业而言。

3. 专业性和技术性

专业性是指不同的职业在劳动内容、劳动方式、劳动手段等方面所具有的专业特点；技术性是指不同职业都有自己的知识经验、技能、技巧。例如：汽车修理工要有汽车构造等方面的知识，具备汽车故障诊断与维修的能力。工程技术人员测量地质构造，要有测量学方面的知识。果树工修剪果树，要有园艺方面的技能和技巧。在现代化社会里要从事某些职业，必须经过较长时间的知识和技能的培训，如文艺工作者、体育工作者、科技工作者、技术工人等，都需具备一定的知识、技能和技巧。职业的技术性是一切职业共有的特性。

4. 时代性

时代性是指职业随着时代的变化而变化。不同的历史时期都有该时期的人热衷的某些职业。随着职业的发展，某些职业会消失，新的职业会不断产生，原有的职业也会获得新时代的内容，特别是在科学技术日新月异的今天，电子、能源、通讯、生物、机械等行业中逐步产生了许多新兴行业或行业分支，如计算机、激光、原子能、机器人、遗传工程、光纤通讯等，由此产生了众多需要新知识、新技能的新兴职业群。

5. 多样性

多样性是指职业存在于社会的政治、经济、文化、教育、军事、外交等一切领域，在每个领域中又有不同的种类，如在文化领域中有演员、作家、编辑等。

6. 连续性和稳定性

劳动者连续、不间断地从事某种社会工作，这种工作才是劳动者的职业，或者相对稳定的从事某项工作的劳动者，才成为该职业的劳动者。如果不是相对固定地从事某项专门工作，而是朝秦暮楚，工作毫无稳定性，那么也就无所谓职业了。

二、职业的产生与发展

(一) 职业的产生

职业是社会劳动分工发展的必然产物，社会分工是职业划分的基础和依据。原始社会时期，生产力水平很低，劳动没有固定的分工，只是氏族内部、部落内部由于性别和年龄的差别而出现的自然分工，不存在社会分工，因此也就没有明确的职业存在。

原始社会后期，随着生产力的不断发展，人类出现了三次具有重大意义的社会分工，这就是游牧业与农业的分离，手工业与农业的分离，产生了农业、畜牧业和手工业三种职业。随着商品生产的发展，商业从农业中分离，商业和商人职业便产生了。

进入奴隶社会，随着生产力的进一步发展，出现了大量的剩余产品，使社会上的一部分人有能力脱离体力劳动，依靠别人的剩余产品来生活。奴隶主和富商们完全摆脱了体力劳动，其中一部分人专门从事管理国家、组织生产等活动。职业的种类又有所增加。

封建社会使职业得到了进一步的发展。随着封建社会农业经济的发展，冶铁、纺织、陶瓷、造纸、印刷、造船、酿酒、漆器和武器制造等手工业和自然科学、文学艺术等领域也都有了很大的进步，除了在奴隶社会已经出现的农民、手工业者、商人和生产管理者外，又出现了诸如艺术家、诗人、文学家、医生、教师等新的职业。

资本主义社会带来了职业的繁荣。从18世纪60年代起，在当时资本主义最发达的英国发生了工业革命。18世纪80年代，由于蒸汽机的发明和机器在生产领域中的应用，工业革命有了进一步的发展，以机器大工业代替了手工业，这使职业的种类不断增加，又出现了如纺织工人、火车司机等职业。第二次工业革命的重要标志是电的广泛使用，使人类进入了电的时代。家用电器的广泛使用同样为制造、安装、修理的人们提供了许许多多的新职业。

第三次工业革命始于20世纪50年代。科学技术的不断发展，电子计算机、原子能、空间技术等新科技的广泛应用，标志着人类进入了自动化的时代。今天我们面临着新技术革命的挑战，有人把它称为"第四次工业技术革命"，超大规模的集成电路、航天技术、遗传工程、生物工程等新领域里的新技术、新成果将人类带入了信息时代。第四次工业技术革命产生了如专业软件编制员、互联网管理员、电子报刊编辑、多媒体软件设计师等新兴的职业。

职业的产生与发展是人类文明的标志，是人类社会生产力发展到一定阶段的产物，是社会发展与进步的反映。但职业不是伴随人类社会的形成而产生的，而是社会劳动分工的必然结果，并伴随着社会劳动分工的深化而发展变化。

(二) 职业的发展趋势

职业的发展与社会分工的发展密切相关。由于社会分工和科技发展是渐进的，因此，职业的演变也是缓慢的。随着生产工具的改进和科学技术的进步，以及生产的社会化使社会分工越来越细、越来越复杂，专业化程度越来越高，职业的种类也越来越多。工业革命使人类进入现代工业社会。机械化、电气化、自动化的实现，大大提高了生产力，使经济结构、产业结构、社会结构等发生了巨大的变化，人们劳动的专业化程度越来越高，职业的变化和增多使新旧职业更替的速度加快。因此，人们必须不断学习，掌握专业技能，终身接受教育，才能适应职业的快速变化。

我们已经进入一个知识就是财富的"新经济时代",新技术取代旧技术,新产品取代旧产品,这是不可逆转的历史发展趋势。随着科学技术的不断进步,经济和社会的不断发展,社会职业也在不停地变迁着,职业种类越来越多,职业结构变迁速度越来越快,脑力劳动职位所占比例越来越大,热门职业将向着服务业和尖端科技产业两个方向发展。因此,了解职业的发展趋势,有助于掌握择业的主动权。职业的发展趋势主要有以下几个方面。

第一,社会分工的加速发展,使社会职业的种类大幅增加,新兴行业不断涌现,新职业大量出现。这正是科学技术突飞猛进、生产工具大量改进以及生产过程高度社会化,促使社会分工越来越细的结果。

第二,经济飞速发展,使社会职业结构变迁的速度加快。经济领域是集中职业种类和职位数量最多的社会生活领域,经济活动对职业的变迁、发展有十分直接而又特别重要的作用。我国以经济建设为中心,推动了经济的发展从而促使产业结构和行业结构变迁的速度加快。

第三,第三产业的数量和比例进一步加大。新职业的大量出现,职业层次形成了若干"高新第三产业"职业群,如金融、商贸服务、传播、智力服务等。而受产业结构的影响,农业与工业部门就业人数的比重在不断下降,第三产业就业人数不断增加,这是现代社会发展的大趋势。

第四,职业的流动性增强。随着社会职业的不断的增加,可供选择的职业也不断增多。

第五,新兴职业多以"知识型"为主。

(三) 职业发展对就业观念的影响

社会职业种类向着多样化方向发展,导致就业观念向着多元化方向发展。古代社会中职业的种类是很少的,随着社会分工的发展和职业的分化,职业的种类也就越来越多,已远远超过了"三百六十行"。据有关资料介绍,在 20 世纪 70 年代,全世界职业种类已超过 4.2 万种。越来越多的职业满足了大学生不同的发展需求,使得大学生的就业观念也向着多元化方向发展。多元化的就业观念有助于缓解当前就业面过于集中的状况,对于构建和谐社会,对于社会和人类文明的多样化发展是有利的。

首先,社会职业结构变迁的速度越来越快,导致就业观念向着竞争、高效的方向发展。综观人类社会的历史,产业结构和行业结构变迁速度逐渐加快。从农业革命到工业革命经历了数千年,而从工业革命到信息产业革命的今天,才 200 多年,在这200 多年的时间里,不但经常出现新行业,而且各行业的地位、作用的变化也越来越快。工业革命初期,主要行业是纺织业。20 世纪,钢铁、汽车和建筑业才先后超过纺织业。但是,电子行业从产生、发展到成为一个主要行业,只用了几十年时间。职业结构变迁的高速发展,导致人们的就业观念向着竞争、高效的方向发展。

其次，脑力劳动职位在社会职位总额中所占比重的增加，导致人们重视通过学习获取科技文化含量较高职位的就业观念的形成。从历史上看，脑力劳动者远比体力劳动者少。20 世纪后，脑力劳动职位在社会职位总额中所占的比重越来越大。科技越发达，脑力劳动在社会职业中的重要地位越明显，脑力劳动职位在社会职位总额中所占比重越来越大，导致人们越来越重视通过学习增长自身的综合素质与能力，以适应高科技、高文化含量的职位对人的要求，获取这种职位的就业观念也逐渐风靡社会，并在大学生中流行。

最后，热门职业将向着服务业和尖端科技产业这两个方向发展，导致就业观念向着大众化、高科技化方向发展。服务性行业的就业人口将进一步扩大，其热门职业是信息技术、金融、医疗服务等，如电信市场的销售人员、金融工程师、经纪人等。人身安全保障也将是未来的一大行业，如娱乐治疗将应运而生，医院可能会设立"宠物治疗师"，利用人类喜爱的动物，使病人生活愉快，有效地配合治疗。随着医学科技的发展和人类生活环境的改变，人类寿命将延长，由此出现人口老龄化问题，这需要大批的医疗保健专家。海洋也将被大批开发，需要大批开发工人、技师及海洋生物学家。21 世纪的环境问题将是一个日益严重的社会问题，也需要有更多的废物管理员和废物处理师。

第二节　职业与专业

一、职业的分类

职业是现实经济运行和社会生活中客观存在的社会现象，职业的产生与发展是社会经济发展的结果，是社会分工的必然产物。职业分类实质是精细的社会劳动分工。现代社会的职业体系是一种人力资源的配置，是社会经济制度的重要组成部分，通过这种配置建立起与社会发展相适应的社会分工体系。同时，职业分类恰当地赋予劳动者以劳动角色，有利于劳动者能力和劳动积极性的充分发挥。

对职业分类最早予以重视的是英国、美国等西方国家。作为人口统计的一项基础性工作，英国在 1841 年就将职业分出了 431 种。美国早在 1820 年的人口普查工作中即已列出职业统计项目。1850 年，美国进行了专门的职业普查，划分了 15 个行业、323 种职业。1860 年又增至 584 种。法国自 1982 年以来采用了新的职业分类方法（PCS）。1966 年，在日内瓦第十一届国际劳工统计专家会议上通过了《国际标准分类》的修订版，国际劳工局将职业分成 8 大类，包括（1）专家、技术人员及有关工作者；（2）政府官员和企业经理；（3）事务性工作者和有关工作者；（4）销售工作者；（5）服务工作者；（6）农业、牧业和林业工作者，渔民和猎人；（7）生产和有关工作者，运输设备操作者和劳动者；（8）不能按职业分类的劳动者。在 8 大类之下又划分为 83 个小类，284 个细类及 1506 个职业项目，所列职业共计 1881 个。

我国目前使用的职业分类标准是 1999 年中国劳动社会保障出版社出版的《中华人民共和国职业分类大典》（详见：国家职业资格工作网），该标准将我国所有职业分为 8 个大类，66 个中类和 413 个小类，1838 个细类（职业）。8 个大类分别是：

第一大类：国家机关、党群组织、企业、事业单位负责人，其中包括 5 个种类，16 个小类，25 个细类；

第二大类：专业技术人员，其中包括 14 个中类，115 个小类，379 个细类；

第三大类：办事人员和有关人员，其中包括 4 个种类，12 个小类，45 个细类；

第四大类：商业、服务业人员，其中包括 8 个种类，43 个小类，147 个细类；

第五大类：农、林、牧、渔、水利业生产人员，其中包括 6 种类，30 个小类，121 个细类；

第六大类：生产、运输设备操作人员及有关人员，其中包括 27 个种类，195 个小类，1119 个细类；

第七大类：军人，其中包括 1 个种类，1 个小类，1 个细类；

第八大类：不便分类的其他从业人员，其中包括 1 个种类，1 个小类，1 个细类。

二、国家职业标准

(一) 简介

按照标准化对象，通常把标准分为技术标准、管理标准和工作标准三大类。工作标准是指对工作的责任、权利、范围、质量、程序、效果及检查方法和考核办法所制定的标准，一般包括部门工作标准和岗位（个人）工作标准。

国家职业标准属于工作标准。国家职业标准是在职业分类的基础上，根据职业（工种）的活动内容，对从业人员工作能力水平的规范性要求。它是从业人员从事职业活动，接受职业教育培训和职业技能鉴定以及用人单位录用、使用人员的基本依据。国家职业标准由劳动和社会保障部组织制定并统一颁布。

(二) 基本内容

国家职业技能标准包括职业概况、基本要求、工作要求和比重表四个部分，其中工作要求为国家职业技能标准的主体部分。

职业概况是对本职业的基本情况的描述，包括职业名称、职业定义、职业等级、职业环境条件、职业能力特征、培训要求、鉴定要求等内容。

基本要求包括职业道德和基础知识，其中职业道德是指从事本职业工作应具备的基本观念、意识、品质和行为的要求，一般包括职业道德知识、职业态度、行为规范；基础知识是指本职业各等级从业人员都必须掌握的通用基础知识，主要是与本职业密切相关并贯穿于整个职业的基本理论知识、有关法律知识和安全卫生、环境保护知识。

工作要求是在对职业活动内容进行分解和细化的基础上，从技能和知识两个方面对完成各项具体工作所需职业能力的描述，包括职业功能、工作内容、技能要求、相关知识。其中职业功能是指一个职业所要实现的活动目标，或是一个职业活动的主要方面（活动项目）。根据不同职业的性质和特点，可按工作领域、项目或工作程序来划分。工作内容是指完成职业功能所应做的工作，可以按种类划分，也可以按照程序划分。每项职业功能一般包含两个或两个以上的工作内容。技能要求是指完成每一项工作内容应达到的结果或应具备的技能。相关知识是指完成每项操作技能应具备的知识，主要指与技能要求相对应的技术要求、有关法规、操作规程、安全知识和理论知识等。

比重表包括理论知识比重表和技能比重表。其中，理论知识比重表反映基础知识和每一项工作内容的相关知识在培训考核中应占的比例；技能比重表反映各项工作内容在培训考核中所占的比例。

(三) 作用意义

职业标准是职业教育培训课程开发的依据。国家职业标准通过工作分析方法，描述了胜任各种职业所需的能力，反映了企业和用人单位的用人要求。职业教育和职业培训的课程按照国家职业标准进行设置，能够摆脱"学科本位教育"重理论、轻实践，重知识、轻技能和重学业文凭、轻职业资格证书的做法，保证职业教育密切结合生产和工作的需要，使更多的受教育者和培训对象的职业技能与就业岗位相适应。职业技能鉴定命题是按照国家职业标准，在对其所要求的知识和技能进行具体化和典型化的基础上，命制用来测量鉴定对象职业能力是否达标的试题或试题库。鉴定考核则是运用职业技能鉴定试题，按照国家职业标准规定的时间和方式，组织对鉴定对象的职业能力进行测试。

开发制定国家职业标准，对于提高广大劳动者素质，引导职业教育培训，推动职业资格证书制度建设，促进就业和劳动力市场建设都将起到积极而重要的作用。其作用和意义主要体现在以下方面。

一是促进就业与再就业工作。当前，我国就业方面的主要矛盾，是劳动者充分就业的需求与劳动力总量过大、素质不相适应之间的矛盾。十六届六中全会提出，要实施积极的就业政策，发展和谐劳动关系，健全面向全体劳动者的职业技能培训制度，加强创业培训和再就业培训。因此，依据国家职业标准的要求，对新生劳动者、失业下岗人员、在岗职工和创业者开展有针对性的职业培训，帮助他们获得技能，增强工作适应能力，提高就业能力，实现素质就业，对于构建促进就业的长效机制具有重要作用。

二是引导职业教育培训工作。职业教育培训的根本任务是培养各类实用型人才。不同职业的工作内容、操作技能、理论知识不尽相同。职业标准的颁布为技工学校、技师学院以及各类职业教育院校确定培养目标、设置教学课程、制定教学内容和开展校企合作培养技能人才具有重要的导向作用。

三是职业分类和职业标准体系为构建职业资格证书制度提供了有力的支持。国家职业标准是国家职业资格证书制度的重要组成部分，也是开展职业技能鉴定的前端性和基础性工作。制定国家职业标准，并按国家职业标准编写教材、开发题库、开展培训、实施鉴定，构建了国家职业资格证书制度基础工作体系，这为提高劳动者素质，实现素质就业、技能就业、技能成才奠定了基础。

附：电子商务师职业标准

一、职业概况

1.1 职业名称

电子商务师

1.2 职业定义

利用计算机软硬件技术和网络技术从事商务活动或相关工作。

1.3 职业等级

本职业共设四个等级，分别为：电子商务员（国家职业资格四级）、助理电子商务师（国家职业资格三级）、电子商务师（国家职业资格二级）和高级电子商务师（国家职业资格一级）。

1.4 职业环境

室内、室外、常温

1.5 职业能力特征

	非常重要	重要	一般	不重要
学习能力	*			
表达能力		*		
计算能力		*		
空间感			*	
形体知觉			*	
色觉		*		
手指灵活性		*		
手臂灵活性			*	
动作协调性			*	

1.6 基本文化程度

高中毕业

1.7 培训教材

该职业培训鉴定使用劳动和社会保障部培训就业司指定的《电子商务师国家职业资格培训教程》，该教材由劳动和社会保障部中国就业培训技术指导中心组织编写，中央广播电视大学出版社出版。

1.8 鉴定要求

1.8.1 适用对象

从事或准备从事电子商务应用、网站建设与维护、安全、营销、支付、配送、策划等活动的相关工作人员。

1.8.2 申报条件

——电子商务员（具备以下条件之一者）

（1）在本职业见习工作1年以上，经本职业正规培训达规定标准学时数，并取得毕（结）业证书者。

（2）取得经劳动保障行政部门审核认定的、以中级技能为培养目标的中等以上职业学校本职业（专业）毕业证书者。

——助理电子商务师（具备以下条件之一者）

（1）取得本职业电子商务员职业资格证书后，连续从事本职业工作1年以上，经本职业助理电子商务师正规培训达规定标准学时数，并取得毕（结）业证书者。

（2）取得经劳动保障行政部门审核认定的、以高级技能为培养目标的高等职业学校本职业（专业）毕业证书者。

（3）取得本职业大专以上（含大专）毕业证书者。

——电子商务师（具备以下条件之一者）

（1）取得本职业助理电子商务师职业资格证书后，连续从事本职业工作2年以上，经本职业电子商务师正规培训达规定标准学时数，并取得毕（结）业证书者。

（2）取得本职业助理电子商务师职业资格证书后，连续从事本职业工作5年以上。

——高级电子商务师（具备以下条件之一者）

（1）取得本职业电子商务师职业资格证书后，连续从事本职业工作3年以上，经本职业高级电子商务师正规培训达规定标准学时数，并取得毕（结）业证书者。

（2）取得本职业电子商务师职业资格证书后，连续从事本职业工作6年以上者。

1.8.3 鉴定的方式

电子商务师的鉴定考核分为理论知识考试和操作技能考试，全部采用上机考试。该职业的考核采用过程式模块测验与终结式综合考试相结合的方式进行。过程式模块测验即在培训过程中考生每完成一个阶段的模块培训后需参加的阶段模块测验（包括知识和技能两部分）；终结式综合考试即在培训完成后，各模块测验成绩均合格的考生参加的全国统一的综合性质的考试（包括知识和技能两部分）。

1.8.4 鉴定时间

过程式模块测验由培训鉴定机构在各省级鉴定中心的领导下根据培训进度组织，终结式综合考试采用全国统考方式，在每年的二、四、六、八、十、十二月的最后一个星期日（遇法定节假日往后顺延一周）进行。电子商务员的理论知识考核时间为8：30—10：00，操作技能考核时间为10：30—12：00；助理电子商务师的理论知识考核时间为8：30—10：00，操作技能考核时间为10：30—12：30。

1.8.5 鉴定场地设备

（1）经劳动部认证的标准教室：用于理论知识考试。

（2）具有计算机系统及网络系统等教学设备和软件的实训（验）室：用于技术能力考试。

二、基本要求

2.1 职业道德

2.1.1 职业道德基本知识

2.1.2 职业守则

（1）遵纪守法，敬业爱岗，具有良好职业道德，严守保密制度。

（2）实事求是，工作认真，精研业务，尽职尽责，具有团队精神。

2.2 基础知识

2.2.1 计算机与网络应用知识

（1）计算机硬件基本组成

（2）计算机应用软件基础知识

（3）计算机操作系统应用基础知识

（4）计算机网络（因特网）应用基础知识

2.2.2 电子商务基础知识

（1）电子商务的概念、分类、现状与特点

（2）电子商务基本业务流程

2.2.3 网络营销基础知识

（1）网络营销主要方法

（2）网络商务信息的收集与整理

2.2.4 电子文件基础知识

（1）电子支付的概念

（2）电子支付流程

（3）电子支付工具

2.2.5 电子商务安全基础知识

(1) 计算机安全使用知识

(2) 电子商务安全管理制度

三、工作要求

本标准对电子商务员、助理电子商务师、电子商务师、高级电子商务师技能要求依次递进，高级别包括低级别的要求。

3.1 电子商务员

职业功能	工作内容	技术要求	相关知识
一、网络使用	（一）基本网络工具使用	1. 能够使用一种浏览工具 2. 能够使用电子邮件工具 3. 能够进行网上表单操作	1. 网络基础知识 2. 表单基础知识 3. EDI基础知识 4. 电子商务英语（入门）
	（二）网页制作	1. 能够运用常用的网页制作工具 2. 能够完成静态网页制作	1. 网页制作方法 2. 网站维护方法
	（三）基本安全技术	1. 能够有效使用一种防病毒软件 2. 能够及时更新防病毒软件	1. 网络文件下载方法
二、网络营销	（一）网络商务信息采集	1. 能够使用一种网络检索工具采集信息 2. 能够运用电子邮件收集客户信息 3. 能够对网络信息进行初步分类整理	1. 网络信息的收集与整理方法
	（二）网上商务信息发布	1. 利用电子邮件发布商务信息 2. 在其他网站上发布网络广告	1. 网络信息的发布方法 2. 网络广告的发布方法
三、电子交易	（一）电子支付	1. 能够使用常用的电子支付工具完成电子支付	1. 信用卡、借记卡、电子支票等使用知识
	（二）交易安全	1. 能够在电子支付中安全使用密码	1. 密码基础知识 2. 电子商务法律基础知识

3.2 助理电子商务师

职业功能	工作内容	技术要求	相关知识
一、网络使用	（一）网络工具使用	1. 能够使用多种浏览工具，排除常见故障 2. 能够使用群发邮件系统发送信息 3. 能够使用电子公告板（BBS）进行信息交流 4. 能够使用远程登陆（TELNET）访问其他网站 5. 能够使用文件传输（FTP）收发文件 6. 能够完成文件的压缩与解压缩 7. 能够存取、更新数据库中的信息	1. 常见网络工具的配置与使用 2. 数据库使用基础知识 3. 电子商务英语（初级）
	（二）网页制作	1. 能够使用 HTML 语言 2. 能够在网页中插入动画、表单 3. 能够实现超文本链接 4. 能够使用一种软件编辑图像	1. 网页内容设计知识 2. 网站制作方法 3. HTML 基础
	（三）基本安全技术	1. 能够有效使用多种防病毒软件 2. 能够及时更新防病毒软件	1. 病毒防治基础知识 2. 防火墙基础知识
二、网络营销	（一）网络商务信息采集与处理	1. 能够使用多种网络检索工具采集商务信息 2. 能够对商务信息进行日常处理 3. 能够通过网络进行单一目的的市场调研 4. 能够撰写商情分析报告	1. 网络商务信息的概念和特点 2. 网络商务信息的分级 3. 网络商务信息收集的基本要求 4. 网络商务信息的加工处理 5. 电子商务商情分析报告范例
	（二）网上商务信息发布	1. 能够使用多种网络工具发布商务信息 2. 能够在其他网站上发布商务广告	1. 不同网络工具的特点 2. 网络广告的特点 3. 网络广告的发布
	（三）网络促销	1. 能够根据栏目设计要求进行内容编辑 2. 能够更新商务信息 3. 能够将自己的网站登录到其他搜索引擎上 4. 能够与其他网站进行互换链接操作 5. 能够使用一种网上商店生成系统建立网络商店	1. 网络站点促销的基本理念 2. 商务网站的建设要求 3. 实现网络站点较高访问率的方法
三、电子交易	（一）电子合同	1. 能够进行电子合同系统操作 2. 能够进行电子合同的身份认证、电子签字的操作	1. 电子支付基础知识 2. 身份认证操作过程 3. 电子签名基础知识
	（二）电子支付	1. 能够使用多种电子支付工具完成电子支付 2. 能够严格按照保密规定在电子支付中使用密码	1. 电子支付与传统支付的联系与区别 2. 电子支付的安全协议

3.3 电子商务师

职业功能	工作内容	技术要求	相关知识
一、网站功能及内容	（一）网站功能设计	1. 能够根据电子商务网站的整体规划进行网站功能设计 2. 能够撰写功能设计的实施方案	1. 电子商务网站设计知识 2. 电子商务网站投资概算 3. 电子商务英语（中级）
	（二）网站内容实施	1. 能够制定网站内容建设的工作流程 2. 能够筛选、审批信息内容 3. 能够对数据库内容进行分析	1. 电子商务网站效益分析 2. 网络数据库基础知识
二、网络营销	（一）市场调研	1. 能够利用网络手段根据企业经营目标制定市场调研计划 2. 能够组织实施网上市场调研 3. 能够指导商情分析报告的撰写工作	1. 网络营销对象分析 2. 网络营销目标市场定位 3. 网络营销分析渠道的选择 4. 电子商务商情分析基础知识
	（二）网络促销策划	1. 能够根据企业目标制定网站推广计划 2. 能够策划多种类型的网站促销活动 3. 能够分析评估网站促销活动的效果	1. 针对购买动机的促销方法 2. 针对购买过程的促销方法 3. 针对不同环境的促销方法
	（三）网络采购	1. 能够制定网上采购流程 2. 能够组织实施网上采购	1. 企业 B2B、B2C 交易模式 2. 网络交易中心交易流程
	（四）客户服务	1. 能够根据企业目标选择网站客户服务系统 2. 能够实施网站客户服务流程 3. 能够根据客户反馈意见撰写客户需求分析报告	1. 网络客户服务基础知识
三、物流配送	物流配送	1. 能够根据企业的产品特点设计电子商务物流配送的模型 2. 能够正确选用电子物流配送系统	1. 物流配送基础知识 2. 商业物流知识 3. 企业物流知识 4. 配送中心物流知识
四、网站管理	网站运行管理	1. 能够完成域名申请的全过程 2. 能够处理网站运行中的常见故障 3. 能够对网站运营状况提出评估报告 4. 能够提出网站运营管理制度	1. 网站运营管理知识
	网络安全管理	1. 能够提出网络安全和电子商务交易安全的管理制度 2. 能够发现电子商务商情分析报告涉及本网站权益有关问题，并提出处理建议	1. 电子商务安全技术知识 2. 网络安全和电子商务交易安全的管理制度 3. 相关法律、法规基础知识

3.4 高级电子商务师

职业功能	工作内容	技术要求	相关知识
一、网站功能及内容	（一）网站功能设计	1. 能够提出电子商务网站的整体规划 2. 能够进行网站功能设计 3. 能够指导功能设计实施方案的编写 4. 能够对网站技术产品评估选择	1. 电子商务网站规划方法 2. 网站软硬件产品知识 3. 网站产品选型 4. 企业业务流程 5. EDI 基本原理与使用方法 6. 电子商务英语（高级）
	（二）网站内容实施	1. 能够指导网站内容建设 2. 能够正确理解和执行国家有关电子商务法律法规	1. 网站内容建设的基本要求 2. 有关法律法规
二、网络营销	（一）营销目标决策	1. 能够从经营和信息两个角度分析企业传统经营活动和网络营销活动 2. 能够分析行业发展趋势 3. 能够把握网站建设的技术发展方向 4. 能够提出网站经营目标决策方案 5. 能够提出企业局域网与因特网的集成方案	1. 企业信息分析方法 2. 企业经营分析方法 3. 企业基本决策理论与方法 4. 网络规划知识
	（二）市场调研	1. 能够协调网站市场调研活动 2. 根据商情分析报告提出决策意见	1. 网络商情分析技术
	（三）网络促销	1. 能够提出网络促销方案 2. 能够改进和完善网站的营销方案	1. 网络营销解决方案
	（四）客户服务	1. 能够构建网站客户服务系统 2. 能够设计网站客户服务流程 3. 能够处理网络交易中的一般纠纷	1. 网络客户服务的要求 2. 网络交易纠纷解决的方法
三、网站管理	（一）网站运营管理	1. 能够对网站运行进行全面评价 2. 能够制定网站运营管理制度 3. 能够监督控制网站的正常运营	1. 电子商务日常维护制度
	（二）网络安全管理	1. 能够提出网站安全运行的整体规划 2. 能够制定电子商务交易安全的管理制度 3. 能够运用有关法律法规保护企业权益	1. 电子商务交易安全制度 2. 保密制度，跟踪、审计、稽核制度，病毒防范制度，应急措施的内容 3. 电子商务交易安全的法律保护
	（三）网站人力资源管理	1. 能够配置网络工作岗位 2. 能够合理安排网站工作人员 3. 能够对网站初、中级人员进行培训	1. 人力资源管理知识 2. 企业员工培训方法

四、比重表

4.1 电子商务员

理论知识

项目		比重（%）
基本要求	职业道德	20
	基础知识	
相关知识	网络使用知识	60
	网络营销知识	10
	电子交易知识	10

技能操作

项目			比重（%）
职业功能	工作内容	比重	小计
网络使用	基本网络工具使用	35	60
	网页制作	15	
	基本安全技术	10	
网络营销	网络商务信息采集	10	20
	网站设备信息发布	10	
电子交易	电子支付	15	20
	交易安全	5	

4.2 助理电子商务师

理论知识

项目		比重（%）
基本要求	职业道德	20
	基础知识	
相关知识	网络使用知识	40
	网络营销知识	20
	电子交易知识	20

技能操作

项目		比重（%）	
职业功能	工作内容	比重	小计
网络使用	网络工具使用	20	45
	网页制作	15	
	基本安全技术	10	
网络营销	网络商务信息采集与处理	15	40
	网上商务信息发布	15	
	网络促销	10	
电子交易	电子合同	5	15
	交易支付	10	

4.3 电子商务师

理论知识

项目		比重（%）
基本要求	职业道德	30
	基础知识	
	外语知识	
相关知识	网络应用知识	10
	网络营销知识	25
	电子商务交易知识	20
	电子商务网站管理知识	15

技能操作

项目		比重（%）	
职业功能	工作内容	比重	小计
网络功能及内容	网络功能设计	10	20
	网站内容实施	10	
网络营销	市场调研	15	50
	网络促销策划	20	
	网络采购	10	
	客户服务	5	

续表

项目		比重（%）	
物流配送	物流配送	15	15
网站管理	网站运营管理	10	15
	网站安全管理	5	

4.4 高级电子商务师

理论知识

项目		比重（%）
基本要求	职业道德	30
	基础知识	
	外语知识	
相关知识	网络应用知识	10
	网络营销知识	15
	电子商务交易知识	20
	电子商务网站管理知识	25

技能操作

项目		比重（%）	
职业功能	工作内容	比重	小计
网站功能及内容	网站功能设计	10	20
	网站内容实施	10	
网络营销	营销目标决策	15	50
	市场调研	20	
	网络促销	10	
	客户服务	5	
物流配送	物流配送	15	15
网站管理	网站运营管理	5	15
	网站安全管理	5	
	网站人力资源管理	5	

http：//ms. nvq. net. cn/

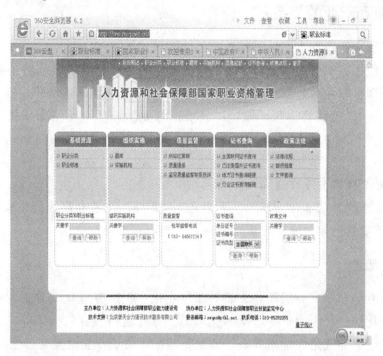

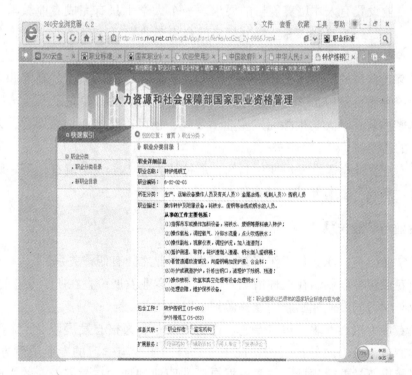

三、专业和职业的关系

我还要了解职业吗？

某职业院校举办职业规划大赛，一个英语专业的大二男生不以为然："我学英语，以后出来做翻译，有什么好规划的。"别人问他："你了解翻译这个职业吗？毕业后想做笔译还是口译？"他回答得很干脆："只要把专业学好了，还怕出来找不到翻译工作吗？"

问题讨论：

1. 这个男生说的有没有道理？

2. 学什么专业就从事什么职业，真的是这样的吗？专业和职业的关系是怎样的？

3. 如果不喜欢所学的专业，应该怎样去规划职业路线？

(一) 专业概述

专业泛指专门学业或专门职业，如干部专业化、生产专业化、分工专业化、专业化经济、专业化制作、专业户等。就学业来说，专业是指教育机构培养专门人才的专业门类。大学设置专业是大学培养人才的重要特征，关于专业设置有三点需要说明。

第一，专业设置有人才培养规格的要求。一个大学生只有完成专业教学计划规定的学习任务，才是一个符合该专业培养规格的合格毕业生。

第二，专业设置兼顾了职业群的要求。大学本科的专业设置是以学科为主进行划分的，学科有其自身的科学体系和内涵，与职业有联系，但不紧密。高等职业学校和高等专科学校专业目录的532种专业，兼顾了职业群的要求，建立了专业与职业（职业群）较紧密的联系，大学生除完成专业学习外，还可以跨专业选修课程，以适应自己职业规划的需要。

第三，专业受社会需求发展变化制约，那种认为"上了大学就有一个好职业"的时代，随着"精英"教育年代的结束而结束了。

(二) 专业与职业关系

专业是学业门类，职业是工作门类，专业与职业之间有四种关系。

第一，专业包容职业。在这种情况下，个人的职业发展一直在所学专业的领域内，选择的职业与学习的专业相吻合，能够做到学以致用。

第二，专业为核心，职业包容专业。这是指以专业为核心发展职业，个人的职业发展以所学专业为核心向外扩展的情况下，选择的职业与学习的专业虽然方向一致，但职业发展超出所学专业领域，需要根据自己的职业规划，在学好专业的基础上通过选修、自学提高自己所从事职业的素质。

　　第三，专业与职业交叉。以专业为基础发展职业，个人的职业发展在所学专业基础上有重点地沿某一方向拓展，所学专业在个人职业发展中仍有重要意义，这需要在职业生涯规划的指导下，在学好本专业的基础上，同时辅修或自学自己规划要从事的其他专业课程。

　　第四，专业与职业分离。个人规划要从事的职业与所学专业基本无关，所学专业的某些方面在个人职业发展中有一定的重要性，但方向并不一致，这时应尽早调整专业，若为时已晚，应辅修其他专业。

第四章　大学生职业生涯规划

【教学目标】

1. 掌握职业生涯规划的基本方法。
2. 了解性格、兴趣、技能、价值观与职业选择的关系。
3. 培养职业荣誉感。
4. 引导学生关注职业生涯发展。

【实践任务】

1. 制定个人职业生涯规划。
2. 利用霍兰德职业兴趣测量表测试个人职业兴趣。
3. 利用 MBTI 职业性格测试工具测试自己的人格类型及适应职业。
4. 确认自己最重要的价值观。
5. 分组讨论性格、兴趣、技能、价值观与职业生涯发展的关系，并提交报告。
6. 剖析一位技能大师的职业发展之路。

第一节　职业生涯规划

一、职业生涯规划的方法

职业生涯规划是人在一生的发展中具有前瞻性的系统工程，无论是对个体的职业生涯的发展还是组织的职业生涯的开发，都具有战略意义。虽然自 20 世纪 70 年代提出的创建"学习型社会"和"终身学习"的理念以来，职业生涯规划与开发的目的就不再仅仅是帮助个体实现自我成长目标的单一手段。但是有一点则十分明确，即科学、可行的职业生涯规划方法，的确可以让组织和个体顺利地实现各自的目标。

受大学生个体差异因素的影响，在大学生职业生涯规划方法的选择上，难以找到一种通用的范式。对当代大学生来说，主要有以下几种。

（一）自测自评设计法

自测自评设计法即根据各种职业生涯规划读物所展示的方法，进行自我测定、自我评价。明确职业兴趣、能力及行为倾向、价值观等，从而把握职业方向。较常使用的测评工具有以下几种。

（1）性格自测。因为性格是大学生个性中具有核心意义的部分，几乎涉及大学生的心理过程及个性特征的各个方面，对大学生的职业选择和职业生涯发展有一定的影响。对具体职业而言，能力不足可以培训，而对于性格与这一职业要求不匹配，则难以获得好的工作业绩。比如让一个内向型性格的人去做推销员、记者、律师、教师等就难以获得成功。

（2）能力自测。主要有分析能力自测、行动能力自测、管理能力自测、经营能力自测和其他特殊能力自测等，其结果可以为大学生的职业生涯规划提供一个基本的参考依据。

（3）职业素质自测。主要有工作动机、职业适宜性、职业选择、职业方向等自测，其结果旨在帮助大学生了解自己的优势，并从事相应的工作。

（二）他测他评设计法

他测他评设计法即由生涯辅导咨询中心的咨询专家就大学生的职业生涯前途进行预测，对大学生的职业生涯方向提出建议。主要测评工具有以下几种。

（1）能力倾向测验，包括普通能力倾向测验、特殊能力倾向测验、多因素能力倾向测验三大类。能力倾向测验所显示的分数可以预测大学生未来的工作、职业训练、专业发展上的成功表现。

（2）职业兴趣测验。国内外最常见的有"斯特朗兴趣量表"、"库德普通兴趣量表"、"自我定向测查表"等。职业兴趣测验可以帮助大学生明确自己喜欢在什么样的环境中工作。

（3）人格测验，主要有卡特尔16种人格因素测验、艾森克人格问卷、爱德华个性量表等。人格测验主要帮助大学生明确职业与工作岗位是否与个人的人格特质相符合、关联和匹配。

（4）价值问卷，包括一般价值问卷和工作价值问卷。它主要帮助大学生明确对工作以及生涯选择有关价值的相对看法。

（5）生涯成熟问卷，包括生涯发展问卷和生涯成熟问卷。它旨在为大学生提供一种了解自我生涯发展状况、评估不足的方法，以便有针对性地进行调整、改善，为实现职业生涯规划提供有效性的参考。

（三）三定法

1."定向"

大学生职业生涯规划首先要"定向"。方向定错了，则南辕北辙，距离目标会越来越远，还要不断走回头路，付出较大的代价。因此大学生在进行职业生涯规划时，绝不能犯方向性错误。通常情况下，大学生的职业生涯规划方向由本人所学的专业确定。但现实的情况是，很多人毕业后，并不能完全按照自己所学的专业来选择工作，有的甚至与原专业风马牛不相及，"学非所用"、"用非所学"、"专业不对口"的现象比比皆是。在这种情况下，大学生的职业生涯规划就要进行适当调整，根据社会需求来选择适合自己的职业岗位。有时为了就业，甚至要强制自己去从事并不喜欢的岗位，只要这种职业是社会紧缺的、急需的或有发展前景的。有些大学生在学校拿了几种职业资格证书，就业时就比别人多了几个机会。

2. "定点"

所谓"定点"，就是定职业生涯发展的地点。比如有些人毕业后选择到上海、广东一带发展，有的则选择去边疆、大西北，选择到祖国最需要的地方去。但大学生在进行职业生涯规划时，应该结合多方面因素，不可一时冲动，心血来潮，感情用事。比如有的毕业生去了南方，认为那里是改革开放的前沿，经济发达，薪水丰厚，但忽略了竞争激烈、观念差异、心理承受能力，甚至于气候、水土等因素，结果时间不长又跳槽离开。如果一开始就选准方向，就可以在一个地方围绕一个职业长期稳定发展，这对自己的资历和经验都有帮助。

3. "定位"

大学生在进行职业生涯规划前要对自己的水平、能力、薪资期望、心理承受能力进行全面分析，做出较准确的定位，不可把自己定位过低，更不要高估自己，导致期望值过高，否则一旦不能如愿，失望也就越大。刚毕业就被知名大公司选中，薪资福利也不菲，这是你的运气，但如果没有遇上这种好机遇，也无需气馁，不要过分在意公司的名气、薪资的高低。只要这家公司这项专业岗位适合你，就应该去试一试，争取被录用。确立从基层做起，逐步积累经验，循序渐进，谋求发展的思想观念，可能对你的一生都有好处。

二、职业生涯规划的步骤

职业生涯是"一系列既分离又联系的经验，以及人们在一生中经历的事件"。职业生涯发展是一个有机的、逐渐展开的过程，而不是一个机械的、预先设计好的过程。大学生的每一种经历、每一种职业体验，无论是成功还是失败，都会导致对自我的重新认识，从而校正自己的职业抱负。大学生个人对自己的职业发展有自己的设想，并试图能够按照这个设想去实现理想中的职业生涯，从而得到组织、家庭和社会的认可。大学生如果能按照自己的理想去设计一条适合其主要能力和价值观的职业生涯的话，即他以自身能力控制自己的职业发展道路，就越能成功，并拥有越高的成就感。因此，良好的职业生涯规划对大学生的成功具有重要意义。

大学生职业生涯规划的内容虽因人而异，但在制定个人职业生涯规划时，需要考虑的要素却是基本相同的，一般包括：（1）个人基本情况，包括个人的兴趣、爱好与特长、性格、能力与价值观、个人目标与需求、个人生理与健康状况、工作经验、社会阶层与教育水准、性别、年龄、负担状况以及智商与情商等因素；（2）对个人能力、兴趣、潜力、职业生涯需要及追求目标的评估，包括对个人优势与劣势的分析，个人职业发展目标设定及设定的原因，达到目标的途径与所需的教育培训措施，达到目标可能遇到的阻力与助力等；（3）个人外部环境分析，包括社会的需求、企业与组织的需求、家庭的期望、技术的发展、经济的兴衰、政策法规的影响以及个人与组织在职业生涯选择、规划与机会方面的沟通情况等。在综合考虑上述因素的基础上，才能制定个人的职业生涯规划。

大学生职业生涯规划一般经过树立生涯志向，进行自我剖析与定位，评估职业生涯机会，确定职业生涯目标，选择职业生涯路线，制定职业生涯策略并实施，对职业生涯规划进行评估、反馈与修正等步骤。

（一）生涯志向的树立

志向是事业成功的基本前提，没有志向，事业的成功也就无从谈起。俗话说："志不立，天下无可成之事。"综观古今中外，各行各业佼佼者，都有一个共同的特点，那就是具有远大志向。立志是人生的起跑点，反映着一个大学生的理想、胸怀、情趣和价值观，影响着一个人的奋斗目标及成就。所以，大学生在进行职业生涯规划时，首先要确立志向，这是职业生涯规划的关键，也是大学生职业生涯规划最重要的一点。

（二）职业生涯的自我剖析与定位

自我剖析就是对自己进行全面分析，也就是"知己"的过程，实质上就是自我认识，解决"我是谁"的问题，充分地认识自我，特别是要认识内在深层的自我部分，除了智能、兴趣外，还要充分了解人格特质，即个人优点、缺点与特点。唯其如此，才能确切地掌握自我，超越自我，促进自我发展。只有在清楚、清醒地认识自我的基础上，才能准确定位自我，确立目标。职业生涯自我剖析与定位是整个职业生涯规划的基础，直接决定设计的成败。具体而言，自我认识是对自我性向、行为、情感、价值、社会角色等与自我有关的一切因素的认识，包括生理自我、心理自我、理性自我、社会自我几个部分。

在生理自我部分，自我认识主要包括自己的相貌、身体、穿着打扮等方面。在心理自我部分，自我认识主要包括对自我的性格、气质、意志、情感、能力等方面优缺点的评判与评估。在理性自我部分，自我认识主要包括对自我的思维方式和方法、知识水平、道德水平等因素的评价。在社会自我部分，自我认识主要包括对自己在社会上所扮演的角色，在社会中的责任、权利、义务、名誉、他人对自己的态度以及自己对他人的态度等方面的评价。

自我剖析的方法有许多，通常的有三种：橱窗分析法、自我测试法和计算机测试法。

1. 橱窗分析法

心理学家认为，对个人的了解好像橱窗一样，可大可小。为便于理解，我们把橱窗放在直角坐标中加以分析。坐标的横轴正向表示别人知道，坐标横轴负向表示别人不知道。纵轴正向表示自己知道，负向表示不知道。坐标橱窗如图所示。

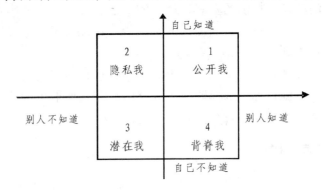

橱窗分析法

橱窗 1：为自己知道、别人也知道的部分，称为"公开我"，属于个人展现在外、无所隐藏的部分。

橱窗 2：为自己知道、别人不知道的部分，称为"隐私我"，属于个人内在的私有秘密部分。

橱窗 3：称为"潜在我"。每个人都有巨大的潜能。据科学家研究发现，人类平常只发挥了极小部分的大脑功能。如果一个人能够发挥一半的大脑功能，将能轻易地学会 40 种语言，背诵整套百科全书，拿 12 个博士学位。著名的心理学家奥托指出，一个人一生所发挥出来的能力，只占他全部能力的 4%。也就是说，一个人 96% 的能力还未开发。世界控制论奠基人 N. 维纳说："可以完全有把握地说，每个人即使是做出了辉煌成就的人，在他的一生中利用他自己的大脑潜能还不到百亿分之一。"由此可见，认识了解"潜在我"是自我认识的重点之一。

橱窗 4：称为"背脊我"。如果自己诚恳地真心实意地征询他人的意见和看法，就不难了解"背脊我"。要做到这一点，需要开阔的胸怀，确实能够正确对待批评，有则改之，无则加勉。

2. 自我测试法

自我测试是通过自己回答有关问题来认识自己、了解自己，这是一种比较简便的自我分析法。测试题目是心理学家们经过精心的研究设定的，只要如实地回答，就能大概了解自己的有关情况。这里所提的如实回答，是指在自测时，你认为怎么答，就怎么答，而不是参照他人的看法去回答，这一点特别值得注意。否则你的自测结果就不能反映你的真实情况，失去自测的意义，更为严重的是，以不真实的自测结果为基础去设计自己的人生，将起到误导的作用，导致自己事业发展的失败。因此，在自测回答问题时，一定要按照自己的想法、认识、习惯去回答，这样才有实际意义。有关自测内容包括方方面面，例如：性格测试、性情测试、气质测试、记忆力测试、创造力测试、观察力测试、应变力测试、想象力测试、智能测试、技能测试、分析能力测试、行动能力测试、管理能力测试、情绪测试、人际关系测试，等等。

3. 计算机测试法

计算机测试是一种现代测试手段，此种测试与自我测试法相比，其科学性、准确性较高，是一种了解自己、认识自己的有效方法。目前，用于测试的软件多种多样，下面就国内比较常用的几种测试方法作一介绍。

（1）人格测试。人格测试是指对人的个性进行测量与鉴定。人格是个人带有一定的倾向的、本质的、比较稳定的心理特征的总和，它包括气质、能力、性格、兴趣等心理特征。目前国内外常用测试方法有明尼苏达多相人格测试、卡特尔人格测验、艾森克人格问卷以及瑟斯顿人格测验等。

（2）智力测验。智力测验又称普通能力测验，是心理学用于测量人的智力水平的一种方法，它包括对观察能力、记忆能力、注意能力、想象能力、思维能力等项的考察。智力测验有各种类型，如个人智力测验、团体智力测试以及学习能力测验等。常用的个人智力测验有斯丹福—比奈智力量表、韦克斯勒智力量表和瑞文推理测验。

（3）能力测验。人的能力分为一般能力与特殊能力，而能力测验也分一般能力测验和特殊能力测验。一般能力测验是用于测量人的一般智力水平。通常一般能力指观察力、记忆力、注意力、思考力、想象力等。特殊能力测验用来测量人的各种特殊能力，以预测自己是否具有某种工作所需的各种特殊潜力。目前常用的特殊能力测验有：文书能力测验、机械能力测验、心理运动能力测验、视觉测验。

（4）职业兴趣的测试。大学生在进行职业生涯规划时，不仅需要了解自己的性格特质，还需了解自己的职业兴趣。不同人有不同的兴趣指向，如有的学生喜欢自然科学，有的学生兴趣倾向于情感世界，而有的学生倾向于理性领域，还有的学生在技能操作方面得心应手。因此了解自己的职业兴趣，是成功地做好职业生涯规划的重要因素。职业兴趣的测试目前有以下几种：爱丁堡职业倾向问卷、男性职业兴趣问卷表、库德职业偏好记录、明尼苏达职业兴趣问卷表。

总之，职业生涯自我剖析作为一种常用的基本的职业生涯规划方法，通过这种对自我、自我目标、环境状况的综合分析和鉴定，大学生能更好地选择他们的职业生涯发展方向，更快地达到他们的职业生涯目标。

（三）职业生涯机会评估

职业生涯机会评估主要是指分析内外环境因素对自己职业生涯发展的影响。人是社会的人，任何一个人都不可能离群索居，都必须生活在一定的环境之中，特别是要生活在一个特定的组织环境之中。环境为每个大学生提供了活动的空间、发展的条件、成功的机遇。特别是近年来，社会的快速变迁，科技的高速发展，市场的竞争加剧，对大学生的发展产生了很大的影响。在这种情况下，大学生如果能很好地利用外部环境，就会有助于事业的成功。因此，在进行职业生涯规划时，要分析环境的特点、环境对大学生提出的要求以及环境中对自己有利与不利的因素等。环境分析主要是通过对组织环境特别是组织发展战略、人力资源需求、晋升发展机会的分析以及对社会环境、经济环境等有关问题的分析与探讨，弄清环境对职业生涯发展的作用及影响，以便更好地进行职业目标的设计与职业路线的选择。

内外环境分析主要包括对企业环境、社会环境和经济环境的了解。具体说来，对企业环境的了解包括：企业文化、企业规模、企业结构、企业阶层等企业特色；发展战略、措施战略、竞争战略以及发展态势等经营战略；人力供需、升迁政策、培训方法等人力评估；工作基本能力需求、工作绩效评估、工作研究等工作分析；人事管理方案、薪资报酬、福利、发展政策等人力资源开发与管理等。

对社会环境的了解主要包括：社会政策、社会变迁、社会价值观的变化以及科学技术的发展等。对经济环境的了解主要包括诸如经济增长率、经济景气度、经济建设的速度等。此外，国际化经营的发展，经济贸易国界的消失，对大学生的职业生涯发展也产生一定的影响，对大学生的素质提出了更高的要求，要求大学生不但精通专业技术与经营知识，还要求精通外语、熟悉国际贸易法规以及外国风俗习惯等。

总之，只有在全面了解客观环境的基础上，才能准确把握自己的奋斗目标与方向。需要特别指出的一点是，外界环境是不断发展变化的，因此我们必须以发展的、动态的眼光来进行分析，"刻舟求剑"想当然的做法只会导致职业生涯规划从一开始就失败。

（四）职业生涯目标的确定

职业生涯目标的确定，就是明确自己想成为一个什么样的人，在行政管理上达到某一级别、担任某一职务，在专业技术上达到某一职称、成为某一领域专家。

大学生要确立一个什么样的职业生涯目标，这要根据主客观条件和可能来加以设计。每个人的条件不同，所以目标也不可能完全相同，但在确定目标时，以下几条原则是必须要坚持的。

（1）与社会企业需求一致。社会企业有需求，你在社会上才有位置，而你的目标才能有实现的基础与平台。

（2）与自身特点相适合。这些特点就是你的性格、兴趣、特长，只有将目标建立在特长与优势之上，你才能处于主动地位。

（3）目标要高但不能不切实际。适当高远的目标对自己有激励作用，但一味追求高，不切实际地好高骛远只不过是"水中捞月"。

（4）目标幅度不宜过宽。一般来说，专业面越窄，所需力量越少，用相同的力量从事相对窄的目标，则成功率相对较高。

（5）目标要有弹性。在实现目标的安排上不要过急、过满或过死，要留有余地，这样即使在发生某些意外的情况下，也有时间和精力进行缓冲。

（6）目标长短配合恰当。长期目标可为人生指明方向，鼓舞斗志，而短期目标是长期目标实现的保证。

（7）同一时期的目标不宜过多。目标越多则会分散自己有限的时间和精力，从而影响最终目标的实现。目标应当具体，目标设置必须是在法律规定、道德范畴之内，不能建立在损害他人、集体和国家利益的基础上。

(五) 职业生涯路线的选择

所谓职业生涯路线，是指当大学生确定职业生涯目标后，是向专业技术方向发展，还是向行政管理方向发展。由于发展方向不同，对其要求也不相同。因此，在职业生涯规划中必须做出抉择，以便使学习、工作以及各种行为沿着你的生涯路线和预定的方向前进。

事业单位岗位设置

岗位类别	岗位级别	岗位工资级别
专业技术岗位	正高	一
		二
		三
		四
	副高	五
		六
		七
	中级	八
		九
		十
	初级	十一
		十二
	员级	十三
管理岗位	正厅	三
	副厅	四
	正处	五
	副处	六
	正科	七
	副科	八
	科员	九
	办事员	十

续表

岗位类别	岗位级别	岗位工资级别
工勤岗位	高级技师	技术工一级
	技师	技术工二级
	高级工	技术工三级
	中级工	技术工四级
	初级工	技术工五级
	普通工	普通工

当职业生涯目标确定后，便可设计生涯路线。三类岗位如何选择？岗位之间如何转换？这些在职业生涯规划中需做出抉择。在设计过程中，必须要解决好这三个问题：第一，我想往哪一路线发展，这是通过对自己的职业价值、职业理想、职业动机等的分析，确定自己的职业目标取向；第二，我适合往哪一路线发展，这是通过对自己的性格、特长、经历、学历的分析，确定自己的职业能力取向；第三，我可以往哪一条路线发展，这是通过对自己身处的社会环境、经济环境、政治环境、组织环境的分析，确定自己的机会取向。这三个问题，其实就是对"知己"、"知彼"有关情况的综合分析并加以利用的过程。三个取向都确定后，就可以选择适合自己的职业生涯路线了，其分析过程如图所示。

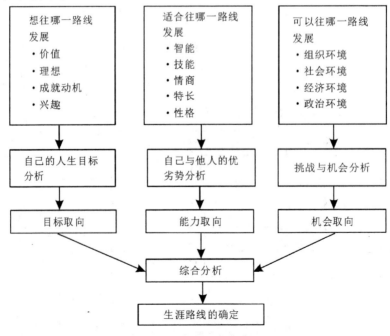

大学生职业生涯路线确定流程图

（六）职业生涯策略的制定和实施

职业生涯策略的制定和实施是指为实施职业生涯目标，制定相应措施方案并以实际行动的方式予以落实。比如，为达到你理想的职业生涯目标，在校期间，在学习方面，你就必须掌握专业技能，全面提高自己的专业素质，同时，你要有意参加学校组织的各种社会实践活动，如教学实习、生产实习、毕业实习等，或者是志愿者服务、参观访问、三下乡活动、社会调查，等等。如果你决定毕业后向行政管理方面发展，那么，你就得积极担任学生干部，在服务同学的同时，锻炼自己的策划、管理、协调等能力。不管你制定怎样的职业生涯策略，必须指出一点的是，策略要具体、明确，以便定期检查落实的情况。

（七）职业生涯规划的评估、反馈与修正

俗话说"计划赶不上变化"，确实，影响大学生职业生涯规划的因素有很多，有的变化因素是可以预测的，而有的变化因素是难以预测的。对于外界环境而言，事物是处于不断发展变化中，在遵循一定规律的前提下，社会环境也好，企业环境也罢，都会受到方方面面因素的影响而变化。尤其是在高科技发展日新月异的背景下，整个社会的发展呈突飞猛进的态势，尽管从宏观上基本能预测发展的速度、规模，但由此速度和规模而带来的新兴职业行业等微观层面上的东西却难以把握，因此，这也决定了对原有的职业生涯规划要不断进行新的评估与修正。以自身主观环境为例来说，首先对于外界环境的分析，它是一种主观对客观的反映过程，易受自身认识水平与环境发展变化的主观客观因素的影响，因此这个反映并不一定就是符合事实的本来面目。其次对于自身的认识与分析，也是一个不断深化、逐渐走向正确的过程。

总之，大学生职业生涯规划不仅是一个复杂的程序，还需要科学的方法，并持之以恒，只有这样，职业生涯才不至于白白浪费时间，才不至于毫无目标和毫无准备。

三、职业生涯规划的实施

大学生在制定了自己的职业生涯规划后，必须要进行实施才能变成现实。根据大学生在大学的不同阶段，其学习的重点和心理特点也不同的特点，大学生职业生涯规划的实施可以分为三个阶段：即大一试探期，大二定向期，大三适应期。由于时期和阶段不同，所以职业生涯规划所确定的目标和主要内容也会不同。因此，可以将大学三年生活分为若干阶段，每一阶段又有各自的目标。对于大一学生，侧重正确认识大学，认识自我，进行生涯剖析。对于大二学生，侧重实践技能提升，进行生涯设计。对于大三学生，侧重择业就业，立业创业。具体来说可以进行如下分解。

（一）试探期 (一年级)

实施目标：初步了解职业，特别是自己未来想从事的职业或自己所学专业对口的

职业，提高人际沟通能力。

活动内容：多和学长们进行交流，询问就业情况。大一学习任务不重，要多参加学校活动，增加交流技巧，学习计算机知识，通过英语和计算机的相关证书考试，并开始有选择地辅修其他专业知识充实自己，为可能的专业辅修、双技能等级证书获取、课程准备，多利用学生手册，了解相关规定。

（二）定向期（二年级）

实施目标：应考虑清楚未来是否深造或就业，并以提高自身的基本素质为主。

活动内容：通过参加学生会或社团等组织，锻炼自己的各种能力，同时检验自己的知识技能，可以开始尝试兼职、社会实践活动，并要具有坚持性，最好能在课余时间坚持从事与自己未来职业或本专业有关的工作，提高自己的责任感、主动性和受挫能力，提高求职技能、收集公司信息，学习写简历、求职信，了解收集工作信息的渠道，并积极尝试；加入校友网络，和已经毕业的校友、学长谈话，了解往年的求职情况。

（三）冲刺期（三年级）

实施目标：顶岗实习、找工作。

活动内容：在撰写毕业课题和顶岗实习报告的时候，可大胆提出自己的见解，锻炼自己独立解决问题的能力和创造性。开始毕业后工作的申请，积极参加招聘活动，在实践中校验自己的积累和准备。最后，预习或模拟面试，积极利用学校提供的条件，了解就业指导中心提供的用人公司资料信息，强化求职技巧，进行模拟面试等训练，尽可能地在做出较为充分准备的情况下进行施展演练。

第二节　性格与职业选择

一、性格与职业生涯发展的关系

性格是人对现实的态度和行为方式中比较稳定的心理特征的总和。职业性格是一个人对职业的稳定态度和在职业活动中习惯化了的行为方式所表现出来的个性心理特征，对个人的职业生涯规划有重要意义。

我们每个人都有自己独特的个性，也就是说，每个人的心理特征不同，看问题、处理事情的风格、方式也不同。有的人热情爽朗；有的人沉稳持重；有的人风风火火；有的人谨慎多疑……但"金无足赤，人无完人"，一个人在某方面有所不足，其他方面必有过人之处，说不定这就是你制胜的法宝。

性格对职业有重要的影响，基于以下原因。

首先，性格与职业息息相关。性格是个体人格中具有核心意义的部分，几乎涉及到一个人的心理过程及个性特征的各个方面。

性格使一个人更加偏爱某一种而不是另一种环境，由于性格的不同，每个人在对不同环境的认知过程中，也表现出不同的个性化风格。从事与自己的性格不匹配的工作，个人的才能就可能受到阻碍，就会让你觉得整个工作状态都很"不对劲"。使一个人在某种职业中获得成功的性格，可能会让你在另一职业中大受挫折。因此在职业选择中，我们应尽可能充分考虑自己的个性特征与职业要求是否相适应，这样在工作中就能够满足你的独特欲望，能够发挥你特有的能力，还能利用你的个人资本，体验到更多的快乐和愉悦。

职业规划专家通过一个小小的实验可以阐明这一观点。你在一张纸上或是书页边上签上自己的姓名，然后说："完成了吗？好。现在换一只手再签一次。"如果你感到别扭，那就对了，因为大多数人在第一次签名后会说"很自然"、"简单"、"很快"、"毫不费劲"。然而当你换用另一只手时又如何呢？一些经典的回答有"很慢"、"别扭"、"困难"、"发酸"、"很累"、"要花很长时间"、"花费更多精力和心思"。职业规划师认为，用手的习惯可以很好地说明找到与性格匹配的职业的重要性。使用你惯用的那只手时，你会感到舒适和自信；若强迫使用另一只手，这当然可以拓展你的能力，但却绝不会像先前那样灵活自如，收到的效果当然也就不那么令人满意了。

其次，在职业发展上，性格比能力重要。用人单位在选人上逐渐认识到性格比能力重要，这种认识在国外已经相当普及。其原因是，如果一个人能力不足，可通过培训提高，一年不行，两年，两年不行，三年，总可以开发出来。但一个人的性格与职业或岗位不吻合，要改变起来，可就困难了。所以，公司在招聘新人时，将性格的测验放在首位，当性格与职业或岗位吻合了，才对其能力进行测验考察。如果性格与职业或岗位不吻合，再高的学历，再高的能力，也不予录用。

最后，性格无所谓好坏，关键看是否放对了地方，每一类性格都有与之相适应的职业范围。职业心理学的研究表明，不同的职业需要具有不同性格的从业者，某一类职业工作能够体现出某一类共同的职业性格。

例如，敏感型的人，精神饱满，好动不好静，办事喜欢速战速决，但行为常有盲目性，有时情绪不稳定。这类人的职业范围包括运动员、行政人员及一般性职业。情感型的人，感情丰富，喜怒哀乐溢于言表，不喜欢单调生活，爱刺激，爱感情用事，对新事物很有兴趣。这类人合适的职业范围包括演员、导游、活动家、护理人员等。思考型的人，善于思考，逻辑思维发达，有比较成熟的观点，生活、工作有规律，时间观念强，重视调查研究的精确性，但有时思想僵化，缺乏灵活性。这类人合适的职业范围包括工程师、教师、财务人员和数据处理人员等。想象型的人想象力丰富，憧憬未来，喜欢思考问题，有时行为刻板，不易合群。这类人合适的职业范围包括科学工作者、技术研究人员、艺术工作者和作家等。还有多种多样……

因此，在进行职业生涯规划时，性格通常是重点因素。

二、性格类型及职业趋向测试

你自己或别人通常会用什么词形容你？"活泼"、"沉静"、"内向"，还是"外向"？这些词常常就和一个人的性格有关。关于性格，心理学家们有多种定义，但其中有两个基本概念是一致的：独特性以及行为的特征性模式。具体而言，性格也称为人格特质，是一个人在生活中对他人、对事情、对自己、对外在环境所表现出来的一致性反应方式。每个人在其成长经历中，可能受到生理、遗传、家庭教养、文化、学习经验等因素的交互作用，从而形成自己的独特个性，在不同的情境中表现出特定的气质。下面介绍迈尔斯布里格斯类型指标（MBTI）性格测试工具。

（一）MBTI介绍

MBTI（Myers-Briggs Type Indicator）的理论基础来源于瑞典心理学家荣格有关知觉、判断和人格态度的观点，由布莱格斯和她的女儿迈尔斯研究发展成为心理测评工具，因此称作 Myers-Briggs Type Indicator。

MBTI 有许多研究数据的支持，属于信度、效度都较高的心理测评工具。它的用途非常广泛，被用于自我探索、职业发展、人才选拔、团队建设、管理培训、恋爱与婚姻咨询、教育（学业）咨询及多元文化培训中。

（二）MBTI中的四个维度

MBTI 衡量的是个人的类型偏好，或称作倾向。所谓"偏好"，"是一种天生的倾向性，是一种特定的行为和思考方式"。这些偏好并无优劣之分，却形成了人与人之间的不同。它们各自识别了一些人类正常和有价值的行为，也可能成为误解和偏见的来源。MBTI 用四维度偏好二分法来评估一个人的类型偏好，每个维度偏好二分法均由两极组成。

类型指标介绍				
纬度	类型	相对应类型英文缩写	类型	相对应类型英文缩写
①	外倾	E	内倾	I
②	感觉	S	直觉	N
③	思维	T	情感	F
④	判断	J	知觉	P

四个维度如同四把标尺，每个人的性格都会落在标尺的某个点上，这个点靠近那个端点，就意味着个体有哪方面的偏好。如在第一维度上，个体的性格靠近外倾这一端，就偏外倾，而且越接近端点，偏好越强。

1．外倾—内倾

如果只能用一个维度将人群区分开来的话，那么，这个维度应该是内外倾向，它是区分个体的最基本的维度。我们以自身为界，可以将世界分为自身以外的世界和自我的世界两个部分，也可称为外部世界和内部世界。外倾的人倾向于将注意力和精力投注在外部世界，如外在的人、外在的物、外在的环境等；而内倾的人则相反，较为关注自我的内部状况，如内心情感、思想。两种类型的个体在自己偏好的世界里会感觉自在、充满活力，而到相反的世界里则会不安、疲惫。因此，外倾与内倾的个体之间的区分是广泛而明显的，并不像我们平时讲的"外倾者健谈、内倾者害羞"那么简单，具体可以从下列几个方面进行分析。

外倾型（E）	内倾型（I）
与他人相处精力充沛	独自度过时光精力充沛
行动，之后思考	思考，之后行动
喜欢边想边说出声	在心中思考问题
易于"读"和了解；随意地分享个人情况	更封闭，更愿意在经挑选的小群体中分享个人的情况
说的多于听的	听的比说的多
高度热情地社交	不把兴奋说出来
反应快，喜欢快节奏	仔细考虑后，才有所反应
重于广度而不是深度	喜欢深度而不是广度

参照上述的"条条框框"，你能确定你的内外倾向偏好了吗？当然，不要期望每条标准都完全符合，大部分符合基本上就可以确定了。也不要要求每时每刻都以同样类型的方式行事，人毕竟生活在社会中，有时会顺应外在环境的、工作的需要调整自己的行为，再外倾的人，在权威人士面前或者十分隆重、严肃的场合，也会是个好的倾听者；再内倾的人，走上领导岗位，该发表意见的还得发表，准备充分的话，也会滔滔不绝。关键在于，我们需扪心自问：到底以什么样的方式行事，才是自己感觉最好的、最习惯的。

2．感觉—直觉

我们每个人都在不断接受着信息，这是我们跟上外界节拍的必要前提。但不同类型的个体接受信息的方式不同，这便有了感觉型与直觉型之别。首先，面对同样的情景，两者的注意中心不同，依赖的信息通道也不同。感觉型的人关注的是事实本身，注重细节，而直觉型的人注重的是基于事实的含义、关系和结论；感觉型的人信赖五官听到、看到、闻到、感觉到、尝到的实实在在、有形有据的事实和信息，而直觉型的人注重"第六感觉"，注重"弦外之音"。直觉型的人的许多结论在感觉型的人眼里，也许是飘忽的，不实在的。注重细节的结果是感觉型的人擅长记忆大量事实与材料，他们有时候像本"词典"，能清晰地讲出大量的数据、人名、概念乃至定义，常使其他人感到吃惊。而直觉型的更擅长解释事实，捕捉零星的信息，分析事情的发展趋向。其次，感觉型的人对待任务，习惯于按照规则、手册办事，比如照着手册使用家电、看着地图辨认交通路线，而直觉型的人，习惯尝试，跟着感觉走，他不习惯仔细地看完一大本说明书再动手，结果可能比感觉型的人更快地完成了任务，也可能因为失败而须重新开始。感觉型的人习惯于固守现实，享受现实，使用已有的技能；直觉型的人更习惯变化、突破现实。简言之，感觉型注意"是什么"，实际而仔细；直觉型则更关心"可能是什么"。具体区别如下。

感觉型（S）	直觉型（N）
相信确定和有型的东西	相信灵感和推断
喜欢新想法——除非它们有实际意义	为了自己的利益，喜欢新思想和概念
重视现实性和常情	重视想象力和独创力
喜欢使用和琢磨已知的技能	喜欢学习新技能，但掌握之后很容易就厌倦了
留心具体的和特殊的；进行细节描述	留心普遍的和有象征性的；使用隐喻和类比
循序渐进地讲述有关情况	跳跃性地展现事实
着眼于现实	以一种绕圈子的方式着眼于未来

在我们的周围，两种类型的人都会存在，当然极端典型的比较少，大多数人兼有两种特质，但其中一种会更突出一些，这会成为一个人的特色，也由此可以确定一个人的类型。无论使用哪种方式接受信息都有利有弊，作为个体，往往只擅长一种，了解到这点，直觉型的人就不必在百科全书式的人物面前自叹弗如，感觉型的人也无需在灵动、敏感的直觉者面前不好意思了。当然，我们在享受自我性格类型所带来的优势的同时，也不妨逐渐有意识地弥补弥补弱处，比如说，直觉型的人可多关注一些细节，而感觉型的人可多留神蕴含的潜在信息。国外的研究表明，25 岁以后，伴随着对于人生的反思，个体完善自我性格的倾向会更明确。确定一下你的类型，看看这种类型的优势所在。

3. 思维—情感

这是从做决策的方式来看。仅看这个维度的名称，也许你会觉得，思维型的人是理性的，而情感性的人是非理性的，事实上并非如此。两类人都有理性思考的成分，但做决定或下结论的主要依据不一样。情感型的人常从自我的价值观念出发，变通地贯彻规章制度，做出一些自己认定是对的决策，比较关注决策可能给他人带来的情绪体验，人情味较浓。思维型的人则比较注重依据客观事实的分析，一以贯之、一视同仁地贯彻规章制度，不太习惯根据人情因素变通，哪怕做出的决定并不令人舒服。具体区别如下。

思维型（T）	情感型（F）
退后一步思考，对问题进行非个人因素的分析	超前思考，考虑行为对他人的影响
重视符合逻辑、公正、公平的价值；一视同仁	重视同情与和睦；重视准则的例外性
被认为冷酷、麻木、漠不关心	被认为感情过多，缺少逻辑性，软弱
认为圆通比坦率更重要	认为圆通与坦率同样重要
只有情感符合逻辑时，才认为它可取	无论是否有意义，认为任何感情都可取
被渴望成就而激励	被为了获得欣赏而激励
很自然地看到缺点，倾向于批评	

不同性别的个体在这个维度上的偏好有所差异。据研究，大约 2/3 的女性偏好情感型，2/3 的男性偏好思维型，这是什么原因造成的？也许社会本身对不同性别的人就给予了不同的期待，期待女性的同情心，期待男性的冷静、客观。其实，这两种类型无所谓好或坏，重要的是理解和自己不同类型的人的做法，并且尽量避免走入极端。极端的思维倾向，可能会给人"冷酷"的感觉，而极端的情感倾向则给人"无原则"的感觉。看看你的性格在这个维度上会有什么样的偏好？

4. 判断—知觉

这是从喜好的生活方式来看。如果我们看看人们的办公桌上、包内或柜子里摆放的物品，可以发现，有些人经常是井然有序，而有些人就不那么习惯于保持整齐。前者是判断型的人具有的特征，后者是知觉型的人经常有的状态。不仅如此，在处事方式上，判断型的人目的性较强，一板一眼，他们喜欢有计划、有条理的世界，更愿意以比较有序的方式生活。知觉型的人好奇性、适宜性强，他们会不断关注新的信息，喜欢变化，也会考虑许多可能的变化因素，更愿意以比较灵活、随意、开放的方式生活。在做决策时，判断型的人较为果断，而知觉型的人总希望获得更多信息后再决断。逛了两天商场，还决定不了买什么的人，多半是知觉型的。两者的具体区别如下。

判断型（J）	知觉型（P）
做了决定后最为高兴	当各种选择都存在时，感到高兴
有"工作原则"：工作第一，玩其次 （如果有时间的话）	"玩的原则"：现在享受，然后再完成工作 （如果有时间的话）
建立目标，准时地完成	随着新信息的获取，不断改变目标
愿意知道它们将面对的情况	喜欢适应新情况
着重结果（重点在于完成任务）	着重过程（重点在于如何完成工作）
满足感来源于完成计划	满足感来源于计划的开始
把时间看做有限的资源，认真地对待最后期限	认为时间是可更新的资源，而最后期限也是有收缩的

大多数人兼具两种倾向，只是更偏向某一端。我们在日常生活、工作中，也会受其他因素影响改变一贯的方式，如面临紧急的、或期限明确的任务，知觉型的人也会果断起来。兴致所至，也会把物品收拾的整整齐齐，但这些并不是他们常有的行为方式，也不是他们内心感到真正自然、舒服的方式。作为个体，一方面根据内心的感受识别自我的偏好，发挥优势，另一方面，则要约束一下性格的弱点。如完全的判断型，比较容易走入刻板、教条的境地，完全的知觉型则容易使事情的进行没有限制。看看在最后一个维度上，你的偏好是什么？

（三）MBTI 与职业的匹配

MBTI16 种性格类型及职业趋向

序号	性格类型	主要特征	适合职业举例
1	ISTJ	安静、严肃，通过全面性和可靠性获得成功。实际，有责任感。决定有逻辑性，并一步步地朝着目标前进，不易分心。喜欢将工作、家庭和生活都安排得井井有条。重视传统和忠诚。	首席信息系统执行官、天文学家、数据库管理、会计、侦探、行政管理、信用分析师、房地产经纪人
2	ISFJ	安静、友好、有责任感和良知。坚定地致力于完成他们的义务。全面、勤勉、精确、忠诚、体贴，留心和记得他们重视的人的小细节，关心他人的感受。努力把工作和家庭环境营造得有序而温馨。	内科医生、营养师、图书/档案管理员、室内装潢设计师、记账员、特殊教育教师、酒店管理、客户服务专员
3	INFJ	寻求思想、关系、物质等之间的意义和联系。希望了解什么能够激励人，对人有很强的洞察力。有责任心，坚持自己的价值观。对于怎样更好地服务大众有清晰的远景。在对于目标的实现过程中有计划而且果断坚定。	特殊教育教师、建筑设计师、培训经理/培训师、职业策划咨询顾问、网站编辑、作家、仲裁人、心理咨询师
4	INTJ	在实现自己的想法和达成自己的目标时有创新的想法和非凡的动力。能很快洞察到外界事物间的规律并形成长期的远景计划。一旦决定做一件事就会开始规划并直到完成为止。多疑、独立，对于自己和他人能力和表现的要求都非常高。	首席财政执行官、知识产权律师、设计工程师、精神分析师、媒体策划、网络管理员、建筑师、心脏病专家
5	ISTP	灵活、忍耐力强，是个安静的观察者。知道有问题发生，就会马上行动，找到实用的解决方法。分析事物运作的原理，能从大量的信息中很快找到关键的症结所在。对于原因和结果感兴趣，用逻辑的方式处理问题，重视效率。	信息服务业经理、计算机程序员、警官、软件开发员、消防员、私人侦探、药剂师、律师助理
6	ISFP	安静、友好、敏感、和善。享受当前。喜欢有自己的空间，喜欢能按照自己的时间表工作。对于自己的价值观和自己觉得重要的人非常忠诚，有责任心。不喜欢争论和冲突。不会将自己的观念和价值观强加到别人身上。	室内装潢设计师、按摩师、客户服务专员、服装设计师、护士、牙医、旅游管理、厨师

续表

序号	性格类型	主要特征	适合职业举例
7	INFP	理想主义，对于自己的价值观和自己觉得重要的人非常忠诚。希望外部的生活和自己内心的价值观是统一的。好奇心重，很快能看到事情的可能性，能成为实现想法的催化剂。寻求理解别人和帮助他们实现潜能。适应力强，灵活，善于接受，除非是有悖于自己的价值观。	心理学家、人力资源管理、翻译、大学教师（人文学科）、图书管理员、服装设计师、编辑/网站设计师、社会工作者
8	INTP	对于自己感兴趣的任何事物都力求找到合理的解释。喜欢理论性的和抽象的事物，热衷于思考而非社交活动。安静、内向、灵活、适应力强。对于自己感兴趣的领域有超凡的集中精力、深度解决问题的能力。多疑，有时会有点挑剔，喜欢分析。	软件设计师、风险投资家、法律仲裁人、金融分析师、音乐家、知识产权律师、网站设计师、大学教师（经济学）
9	ESTP	灵活、忍耐力强，实际，注重结果。觉得理论和抽象的解释非常无趣。喜欢积极地采取行动解决问题。注重当前，自然不做作，享受和他人在一起的时刻。喜欢物质享受和时尚。学习新事物最有效的方式是通过亲身感受和练习。	企业家、股票经纪人、保险经纪人、土木工程师、职业运动员/教练、电子游戏开发员、房产开发商、旅游管理
10	ESFP	外向、友好、接受力强。热爱生活、人类和物质上的享受。喜欢和别人一起将事情做成功。在工作中讲究常识和实用性，并使工作显得有趣。灵活、自然不做作，对于新的任何事物都能很快地适应。学习新事物最有效的方式是和他人一起尝试。	幼教老师、公关专员、职业策划咨询师、旅游管理/导游、演员、海洋生物学家、销售、促销员
11	ENFP	热情洋溢、富有想象力。认为人生有很多的可能性。能很快地将事情和信息联系起来，然后很自信地根据自己的判断解决问题。总是需要得到别人的认可，也总是准备着给与他人赏识和帮助。灵活、自然不做作，有很强的即兴发挥的能力，言语流畅。	广告客户管理、管理咨询顾问、演员、平面设计师、公司团队培训师、心理学家、人力资源管理、艺术指导
12	ENTP	反应快、睿智，有激励别人的能力，警觉性强、直言不讳。在解决新的、具有挑战性的问题时机智而有策略。善于找出理论上的可能性，然后再用战略的眼光分析。善于理解别人。不喜欢例行公事，很少会用相同的方法做相同的事情，倾向于一个接一个的发展新的爱好。	企业家、投资银行家、广告创意总监、市场管理咨询顾问、广播/电视主持人、演员、大学校长、文案
13	ESTJ	实际、现实主义。果断，一旦下决心就会马上行动。善于将项目和人组织起来将事情完成，并尽可能用最有效率的方法得到结果。注重日常的细节。有一套非常清晰的逻辑标准，有系统性地遵循，并希望他人也同样遵循。在实施计划时强而有力。	公司首席执行官、军官、预算分析师、药剂师、保险经纪人、教师（贸易/工商类）、物业管理、房地产经纪人

续表

序号	性格类型	主要特征	适合职业举例
14	ESFJ	热心肠、有责任心、合作。希望周边的环境温馨而和谐，并为此果断地执行。喜欢和他人一起精确并及时地完成任务。事无巨细都会保持忠诚。能体察到他人在日常生活中的所需并竭尽全力帮助。希望自己和自己的所为能受到他人的认可和赏识。	房地产经纪人、零售商、护士、理货员/采购、运动教练、饮食业管理、旅游管理、按摩师
15	ENFJ	热情、为他人着想、易感应、有责任心。非常注重他人的感情、需求和动机。善于发现他人的潜能，并希望能帮助他们实现。能成为个人或群体成长和进步的催化剂。忠诚，对于赞扬和批评都会积极地回应。友善、好社交。在团体中能很好地帮助他人，并有鼓舞他人的领导能力。	广告客户管理、杂志编辑、公司培训师、电视制片人、作家、社会工作者、人力资源管理、市场专员
16	ENFJ	坦诚、果断，有天生的领导能力。能很快看到公司/组织程序和政策中的不合理性和低效能性，发展并实施有效和全面的系统来解决问题。善于做长期的计划和目标的设定。通常见多识广，博览群书，喜欢拓广自己的知识面并将此分享给他人。在陈述自己的想法时非常强而有力。	公司首席执行官、管理咨询顾问、政治家、房产开发商、投资顾问、法官、教育咨询顾问

附：MBTI 职业性格测试网址：http：//www. apesk. com/mbti/dati. asp

附：MBTI 职业性格测试题

迈尔斯—布里格斯类型指标

MBTI 测试前须知

1. 参加测试的人员请务必诚实、独立地回答问题，只有如此，才能得到有效的结果。

2.《性格分析报告》展示的是你的性格倾向，而不是你的知识、技能、经验。

3. MBTI 提供的性格类型描述仅供测试者确定自己的性格类型之用，性格类型没有好坏，只有不同。每一种性格特征都有其价值和优点，也有缺点和需要注意的地方。清楚地了解自己的性格优劣势，有利于更好地发挥自己的特长，而尽可能的在为人处事中避免自己性格中的劣势，更好地和他人相处，更好地做重要的决策。

4. 本测试分为四部分，共 93 题；需时约 18 分钟。所有题目没有对错之分，请根据自己的实际情况选择。将你选择的 A 或 B 所在的○涂黑，例如●。

只要你是认真、真实地填写了测试问卷，那么通常情况下你都能得到一个确实和你的性格相匹配的类型。希望你能从中或多或少地获得一些有益的信息。

一、哪一个答案最能贴切的描绘你一般的感受或行为？

序号	问题描述	选项	E	I	S	N	T	F	J	P
1	当你要外出一整天，你会 A 计划你要做什么和在什么时候做，B 说去就去	A							○	
		B								○
2	你认为自己是一个 A 较为随兴所至的人，B 较为有条理的人	A								○
		B							○	
3	假如你是一位老师，你会选教 A 以事实为主的课程，B 涉及理论的课程	A			○					
		B				○				
4	你通常 A 与人容易混熟，B 比较沉静或矜持	A	○							
		B		○						
5	一般来说，你和哪些人比较合得来？ A 富于想象力的人，B 现实的人	A				○				
		B			○					
6	你是否经常让 A 你的情感支配你的理智，B 你的理智主宰你的情感	A						○		
		B					○			
7	在处理许多事情上，你会喜欢 A 凭兴所至行事，B 按照计划行事	A								○
		B							○	
8	你是否 A 容易让人了解，或是 B 难于让人了解	A	○							
		B		○						
9	按照程序表做事， A 合你心意，B 令你感到束缚	A							○	
		B								○
10	当你有一份特别的任务，你会喜欢 A 开始前小心组织计划，B 边做边找需做什么	A							○	
		B								○
11	在大多数情况下，你会选择 A 顺其自然，B 按程序表做事	A								○
		B							○	
12	大多数人会说你是一个 A 重视自我隐私的人，B 非常坦率开放的人	A		○						
		B	○							
13	你宁愿被人认为是一个 A 实事求是的人，B 机灵的人	A			○					
		B				○				
14	在一大群人当中，通常是 A 你介绍大家认识，B 别人介绍你	A	○							
		B		○						

续表

序号	问题描述	选项	E	I	S	N	T	F	J	P
15	你会跟哪些人做朋友? A 常提出新主意的,B 脚踏实地的	A				○				
		B			○					
16	你倾向 A 重视感情多于逻辑,B 重视逻辑多于感情	A						○		
		B					○			
17	你比较喜欢 A 坐观事情发展才做计划,B 很早就做计划	A								○
		B							○	
18	你喜欢花很多的时间 A 一个人独处,B 和别人在一起	A		○						
		B	○							
19	与很多人一起会 A 令你活力培增,B 常常令你心力憔悴	A	○							
		B		○						
20	你比较喜欢 A 很早便把约会、社交聚集等事情安排妥当, B 无拘无束,看当时有什么好玩就做什么	A							○	
		B								○
21	计划一个旅程时,你较喜欢 A 大部分的时间都是跟当天的感觉行事, B 事先知道大部分的日子会做什么	A								○
		B							○	
22	在社交聚会中,你 A 有时感到郁闷,B 常常乐在其中	A		○						
		B	○							
23	你通常 A 和别人容易混熟,B 趋向自处一隅	A	○							
		B		○						
24	哪些人会更吸引你? A 一个思想敏捷及非常聪颖的人, B 实事求是,具丰富常识的人	A				○				
		B			○					
25	在日常工作中,你会 A 颇为喜欢处理迫使你分秒必争的突发 B 通常预先计划,以免要在压力下工作	A								○
		B							○	
26	你认为别人一般 A 要花很长时间才认识你,B 用很短的时间 便认识你	A		○						
		B	○							

二、在下列每一对词语中，哪一个词语更合你心意？请仔细想想这些词语的意义，而不要理会他们的字形或读音。

序号	问题描述	选项	E	I	S	N	T	F	J	P
27	A注重隐私B坦率开放	A		○						
		B	○							
28	A预先安排的B无计划的	A							○	
		B								○
29	A抽象B具体	A				○				
		B			○					
30	A温柔B坚定	A						○		
		B					○			
31	A思考B感受	A					○			
		B						○		
32	A事实B意念	A			○					
		B				○				
33	A冲动B决定	A								○
		B							○	
34	A热衷B文静	A	○							
		B		○						
35	A文静B外向	A		○						
		B	○							
36	A有系统B随意	A							○	
		B								○
37	A理论B肯定	A				○				
		B			○					
38	A敏感B公正	A						○		
		B					○			
39	A令人信服B感人的	A					○			
		B						○		
40	A声明B概念	A			○					
		B				○				

续表

序号	问题描述	选项	E	I	S	N	T	F	J	P
41	A 不受约束 B 预先安排	A								○
		B							○	
42	A 矜持 B 健谈	A		○						
		B	○							
43	A 有条不紊 B 不拘小节	A							○	
		B								○
44	A 意念 B 实况	A				○				
		B			○					
45	A 同情怜悯 B 远见	A						○		
		B					○			
46	A 利益 B 祝福	A					○			
		B						○		
47	A 务实的 B 理论的	A			○					
		B				○				
48	A 朋友不多 B 朋友众多	A		○						
		B	○							
49	A 有系统 B 即兴	A							○	
		B								○
50	A 富想象的 B 以事论事	A				○				
		B			○					
51	A 亲切的 B 客观的	A						○		
		B					○			
52	A 客观的 B 热情的	A					○			
		B						○		
53	A 建造 B 发明	A			○					
		B				○				
54	A 文静 B 爱合群	A		○						
		B	○							
55	A 理论 B 事实	A				○				
		B			○					

续表

序号	问题描述	选项	E	I	S	N	T	F	J	P
56	A 富同情 B 合逻辑	A						○		
		B					○			
57	A 具分析力 B 多愁善感	A					○			
		B						○		
58	A 合情合理 B 令人着迷	A			○					
		B				○				

三、哪一个答案最能贴切地描绘你一般的感受或行为。

序号	问题描述	选项	E	I	S	N	T	F	J	P
59	当你要在一个星期内完成一个大项目，你在开始的时候会 A 把要做的不同工作依次列出，B 马上动工	A							○	
		B								○
60	在社交场合中，你经常会感到 A 与某些人很难打开话匣儿和保持对话 B 与多数人都能从容地长谈	A		○						
		B	○							
61	要做许多人也做的事，你比较喜欢 A 按照一般认可的方法去做，B 构想一个自己的想法	A			○					
		B				○				
62	你刚认识的朋友能否说出你的兴趣？ A 马上可以，B 要待他们真正了解你之后才可以	A	○							
		B		○						
63	你通常较喜欢的科目是 A 讲授概念和原则的，B 讲授事实和数据的	A				○				
		B			○					
64	哪个是较高的赞誉，或称许为？ A 一贯感性的人，B 一贯理性的人	A						○		
		B					○			
65	你认为按照程序表做事 A 有时是需要的，但一般来说你不大喜欢这样做，或是 B 大多数情况下是有帮助而且是你喜欢做的	A								○
		B							○	

续表

序号	问题描述	选项	E	I	S	N	T	F	J	P
66	和一群人在一起，你通常会选 A 跟你很熟悉的个别人谈话，B 参与大伙的谈话	A		○						
		B	○							
67	在社交聚会上，你会 A 是说话很多的一个，B 让别人多说话	A	○							
		B		○						
68	把周末期间要完成的事列成清单，这个主意会 A 合你意，B 使你提不起劲	A							○	
		B								○
69	哪个是较高的赞誉，或称许为 A 能干的，B 富有同情心	A					○			
		B						○		
70	你通常喜欢 A 事先安排你的社交约会，B 随兴之所至做事	A							○	
		B								○
71	总的说来，要做一个大型作业时，你会选 A 边做边想该做什么，B 首先把工作按步细分	A								○
		B							○	
72	你能否滔滔不绝地与人聊天 A 只限于跟你有共同兴趣的人，B 几乎跟任何人都可以	A		○						
		B	○							
73	你会 A 跟随一些证明有效的方法，或是 B 分析还有什么毛病，及针对尚未解决的难题	A			○					
		B				○				
74	为乐趣而阅读时，你会 A 喜欢奇特或创新的表达方式，B 喜欢作者直话直说	A				○				
		B			○					
75	你宁愿替哪一类上司（或者老师）工作？ A 天性淳良，但常常前后不一的， B 言词尖锐但永远合乎逻辑的	A					○			
		B					○			
76	你做事多数是 A 按当天心情去做，B 照拟好的程序表去做	A								○
		B							○	
77	你是否 A 可以和任何人按需求从容地交谈，或是 B 只是对某些人或在某种情况下才可以畅所欲言	A	○							
		B		○						
78	要做决定时，你认为比较重要的是 A 据事实衡量，B 考虑他人的感受和意见	A					○			
		B						○		

四、在下列每一对词语中，哪一个词语更合你心意？

序号	问题描述	选项	E	I	S	N	T	F	J	P
79	A 想象的 B 真实的	A				○				
		B			○					
80	A 仁慈慷慨的 B 意志坚定的	A						○		
		B					○			
81	A 公正的 B 有关怀心	A					○			
		B						○		
82	A 制作 B 设计	A			○					
		B				○				
83	A 可能性 B 必然性	A				○				
		B			○					
84	A 温柔 B 力量	A						○		
		B					○			
85	A 实际 B 多愁善感	A					○			
		B						○		
86	A 制造 B 创造	A			○					
		B				○				
87	A 新颖的 B 已知的	A				○				
		B			○					
88	A 同情 B 分析	A						○		
		B					○			
89	A 坚持己见 B 温柔有爱心	A					○			
		B						○		
90	A 具体的 B 抽象的	A			○					
		B				○				
91	A 全心投入 B 有决心的	A						○		
		B					○			
92	A 能干 B 仁慈	A					○			
		B						○		
93	A 实际 B 创新	A			○					
		B				○				
每项总分										
			E	I	S	N	T	F	J	P

五、评分规则

1. 当你将●涂好后，把 8 项（E、I、S、N、T、F、J、P）分别加起来，并将总和填在每项最下方的方格内。

2. 请复查你的计算是否准确，然后将各项总分填在下面对应的方格内。

每项总分							
外向	E				I	内向	
实感	S				N	直觉	
思考	T				F	情感	
判断	J				P	认知	

六、确定类型的规则

1. MBTI 以四个组别来评估你的性格类型倾向："E－I"、"S－N"、"T－F"和"J－P"。请你比较四个组别的得分。每个子别中，获得较高分数的那个类型，就是你的性格类型倾向。例如：你的得分是 E（外向）12 分，I（内向）9 分，那你的类型倾向便是 E（外向）了。

2. 将代表获得较高分数的类型的英文字母，填在下方的方格内。如果在一个组别中，两个类型获同分，则依据下边表格中的规则来决定你的类型倾向。

评估类型					
同分处理规则假如 E＝I 请填上 I 假如 S＝N 请填上 N 假如 T＝F 请填上 F 假如 J＝P 请填上 P					

第三节　兴趣与职业选择

实训项目：测试自己的职业兴趣，选择与专业结合的职业。

一、兴趣与职业生涯发展的关系

兴趣是指一个人力求认识某种事物或从事某种活动的心理倾向。在实践活动中，兴趣能使人们工作目标明确，积极主动，从而能自觉克服各种艰难困苦，获取工作的最大成就，并能在活动过程中不断体验成功的愉悦。

显然，如果我们所从事的职业是自己所喜欢的，那我们的工作和生活会愉快得多，多半也会对这样的工作更有激情，更有可能在这样的工作中获得满足感。

兴趣与能力也有密切的关系。人们倾向于在他们感兴趣的事情上投入更多的时间，往往得以培养更强的能力。由于有较强的能力，人们在从事自己喜欢的事情时就会感到得心应手，因此增添了对这些事情的兴趣，从而形成良性循环。

大量的研究表明，兴趣和工作满意度、职业稳定性和职业成就感之间存在着明显的关联。正因为如此，生涯辅导界普遍将兴趣作为自我探索的一个重要方面，并研制出多种量表来测量人们的职业兴趣。同时，对于工作世界的分类，由于受霍兰德类型论的影响，在很大程度上也是参照对职业兴趣类型的划分来进行的。

不幸的是，很多时候，工作似乎变成了一种诅咒。许多人都不喜欢星期一，因为要结束周末回去上班，所以英文中有个说法，叫 blueMonday（蓝色的星期一，意即"忧郁的星期一"）。有人谈到这个时代的怪现状，认为许多人做着自己并不真正喜欢的事情，赚着自己并不真正需要的钱，讨好着自己并不真正关心的人。

研究调查也许最能说明这方面的问题。2004 年 4 月，北森测评网与原劳动和社会保障部劳动科学研究所、新浪网联合进行了"当代大学生第一份工作现状调查"，结果表明：找到第一份工作后，有 50% 的大学生选择在一年内更换工作；两年内，大学生的流失率接近 75% ，比例之高令人震惊。

如此高的辞职转业率说明：大多数大学毕业生对自己的第一份工作不满意。究其原因，恐怕与许多人抱持的"先就业后择业"的心态有关。同一项调查发现，33% 的大学生"先就业后择业"，认为第一份工作仅仅是由学校到社会的跳板；16.3% 的人"没有太多考虑"就"跟着感觉走地选择了第一份工作；而仅有 17.5% 的人在择业的同时考虑了"兴趣（爱好）"和未来的"发展空间"这两个因素。

所以，一方面，社会上关于大学毕业生找工作难的呼声越来越高，许多大学生认为自己没有资格挑挑拣拣，只能"先就业后择业"；另一方面，"刚就业，便择业"导致高流动率，而这给企业聘用大学生带来疑惑——一个恶性循环的怪圈就此形成。这份调查同样证明了许多其他研究得出的结论：兴趣与工作满意度、职业成就感和职业稳定性之间有着密不可分的关系。选择一份符合自己天赋与兴趣的职业，不仅能使占据自己人生最好时光的职业生活更加愉悦，而且能让自己在工作中取得成功。

当然，并不是所有的兴趣都应该或能够在自己的职业中得到满足。兴趣也可以通过兼职、志愿活动、参加社团、业余爱好等多种方式来实现，其关键在于工作和生活（不同的生活角色）之间的协调与平衡，以及工作与个人爱好的适度统一。在选择职业的时候，有必要将兴趣作为一个重要的因素考虑进去。在现实的基础上进行"择业"，是成功"就业"的前提和基础。

在实际生活中，兴趣与职业也往往交织在一起。虽然我们将兴趣划分为职业兴趣和非职业兴趣，但这二者之间往往很难划分，几乎每一种兴趣都可以与某种职业联系起来。例如，逛商场、购物的兴趣可以演变为采购或着装指导工作；饲养小动物的兴趣可以与动物饲养人员、宠物医生、野生动物保护专家挂钩。有很多人也的确将自己的业余爱好变成了自己的职业。例如，有的人因为喜欢收集地图而成为文物所的研究人员，也有的人因为爱好旅游而成立野外探险俱乐部并成为旅游器材经销商。这样的例子，比比皆是。

二、职业兴趣类型测试

(一) 兴趣类型

著名的生涯辅导理论家霍兰德自20世纪70年代以来，提出了一系列的研究假设。他认为：

（1）职业选择是人格的一种表现，某一类型的职业通常会吸引具有相同人格特质的人，这种人格特质反映在职业上就是职业兴趣。

（2）绝大多数人的职业兴趣可以归纳为六种类型，即实用型（Realistictype，简称R）、研究型（Investigativetype，简称I）、艺术型（Artistictype，简称A）、社会型（Socialtype，简称S）、企业型（Enterprisingtype，简称E）和事务型（Conventionaltype，简称C）。

（3）个人的职业兴趣往往是多方面的，很少只是集中在某一种类型上。大家可能或多或少地具备所有六种兴趣，只是偏好程度不同。

因此，为了比较全面地描绘个人的职业兴趣，通常用最强的三种兴趣的字母代码来表示一个人的兴趣，这个代码就称为"霍兰德代码"。这三个字母间的顺序表示了兴趣的强弱程度的不同。比如AIS的人具有相似的兴趣，但他们对同一类型事务的兴趣强弱程度是不同的。下表是霍兰德职业兴趣分类。

类型	喜欢的活动	重视	职业环境要求	典型职业
实用型 R（Realistic）	用手、工具、机器制造或修理东西。愿意从事实物性的工作、体力活动，喜欢户外活动或操作机器，而不喜欢在办公室工作	具体实际的事物，诚实，有常识	使用手工或机械技能对物体、工具、机器、动物等进行操作，与"事物"工作的能力比与"人"打交道的能力更为重要	园艺师、木匠、汽车修理工、工程师、军官、兽医、足球教练员
研究型 I（Investigative）	喜欢探索和理解事物，喜欢学习研究那些需要分析、思考的抽象问题，喜欢阅读和讨论有关科学性的论题，喜欢独立工作，对未知问题的挑战充满兴趣	知识，学习，成就，独立	分析研究问题、运用复杂和抽象的思考创造性地解决问题的能力，谨慎缜密，能运用智慧独立地工作，一定的写作能力	实训（验）室工作人员、生物学家、化学家、心理学家、工程设计师、大学教授
艺术型 A（Artistic）	喜欢自我表达，喜欢文学、音乐、艺术和表演等具有创造性、变化性的工作，重视作品的原创性和创意	有创意的想法，自我表达，自由，美	创造力，对情感的表现能力，以非传统的方式来表现自己，相当自由、开放	作家、编辑、音乐家、摄影师、厨师、漫画家、导演、室内装潢设计师
社会型 S（Social）	喜欢与人合作，热情关心他人的幸福，愿意帮助别人成长或解决困难，为他人提供服务	服务社会与他人，公正，理解，平等，理想	人际交往能力，教导、医治、帮助他人等方面的技能，对他人表现出精神上的关爱，愿意担负社会责任	教师、社会工作者、牧师、心理咨询师、护士
企业型 E（Enterprising）	喜欢领导和支配别人，通过领导、劝说他人或推销自己的观念、产品而达到个人或组织的目标，希望成就一番事业	经济和社会地位上的成功，忠诚，冒险精神，责任	说服他人或支配他人的能力，敢于承担风险，目标导向	律师、政治运动领袖、营销商、市场部经理、电视制片人、保险代理
事务型 C（Conventional）	喜欢固定的、有秩序的工作或活动，希望确切地知道工作的要求和标准，愿意在一个大的机构中处于从属地位，对文字、数据和事物进行细致有序的系统处理以达到特定的标准	准确，有条理，节俭，盈利	文书技巧，组织能力，听取并遵从指示的能力，能够按时完成工作并达到严格的标准，有组织有计划	文字编辑、会计师、银行家、簿记员、办事员、税务员和计算机操作员

　　请注意，"实用"、"事务"等只是霍兰德用来概括某一人格特征的词，在此有其特定的含义，与我们日常用语中的含义不完全等同。因此，不要受我们日常用语的褒贬含义误导。另外，在阅读每一种类型的描述时，要知道这些特质的描述是一种理想的、典型的形式，不可能恰好符合个人的情况。

　　请同学们阅读上表，在符合自己情况的语句下面画线，并思考自己日常生活中有哪些与之相符的事例使自己做出这样的判断。按一、二、三的顺序选出你认为最符合自己情况的三种类型，这有可能就是你的霍兰德代码。

(二) 职业环境类型

霍兰德认为：（1）同一职业群体内的人有相似的人格特质，因此对情境和问题会有类似的反应，从而产生特定的职业氛围亦即职业环境，它具有特定的价值观念、态度倾向和行为模式；（2）因此工作环境也可以分为六种类型，其名称及性质与兴趣类型的分类一致；（3）具体职业通常也采用上述三个字母代码的方式来描述其工作性质和职业氛围，例如，建筑师这一职业的代码是 AIR，律师是 EAS，而会计则是 CRI。

为了鉴别不同职业的代码，霍兰德及其同事做了一项非常庞大的研究并于 1996 年出版了《霍兰德职业代码字典》（Holland Career Index），为 12000 多个工作提供了霍兰德代码。

霍兰德提出了六角形模型（见下图）来解释六种职业类型之间的关系：在六角形模型中，任何两种类型之间的距离越近，其职业环境及人格特质的相似程度就越高。例如，企业型和社会型在六角形模型中是相邻的类型，它们的相似性也最高，因为这两种类型的人都比其他类型的人更喜欢与人打交道，只是他们打交道的方式不同而已。而事务型和艺术型处于对角线的位置上，它们就缺少一致性而具有相反的特质，事务型的人喜欢循规蹈矩，而艺术型的人则追求自由与个性化。六角形模型可以帮助我们对兴趣类型与职业环境类型之间的适配性（Congruence）进行评估。

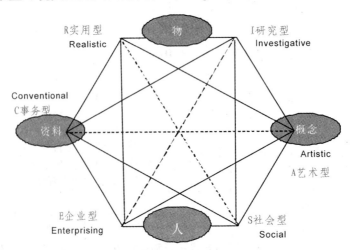

霍兰德提出：个人兴趣类型和职业环境之间的适配将增加个人的工作满意度、职业稳定性和职业成就感。因此，占主导地位的兴趣类型可以为个人选择职业和工作环境提供方向。可以使用霍兰德类型来了解并组织自己的兴趣，并根据它来探索及理解工作世界。通过自我探索活动或测评工具得出自己的兴趣代码后，就可以对照找出与之相匹配的职业，从而了解可能有哪些适合于自己的工作领域。

需要说明的是，在实际生活中，同时拥有相对的两种兴趣类型（如霍兰德代码为RSE，R 与 S 在六角形模型上处于对角线位置）的人并不少见。在寻找与这样的兴趣类型完全匹配的工作时往往会出现困难，因为同一个工作环境很少会包含相对立的两种状况（如既提供大量与人打交道的机会又提供大量个人单独工作的机会）。这种情况下，可以考虑从事包含自己某种兴趣类型的工作（如 RE 或 SE），而在业余生活中寻求在工作中未能满足的兴趣。

另外，人们常常因为客观条件的限制而感到难以单纯从事自己喜欢的工作。有不少大学生在选专业时由于缺乏对自我和专业的认知而未能选择与自己兴趣类型适配的专业，或由于父母的意见而被迫选择了与自己兴趣类型截然相反的专业。在现实情况下，能够改换专业的毕竟是少数人。许多大学生常常因此而感到痛苦，希望通过考研等手段换专业的人不在少数，甚至有人在就读研究生以后退学重新参加高考换专业。那么，面对这种情况，"适配"是否还是一个恰当的、可行的目标呢？

实际上，现实中的适配可以通过多种方式灵活地实现。首先，专业与职业并不是简单的一对一关系，同一个专业其实有相当多的职业可以从事。因此，专业类型的不适配并不一定意味着职业类型的不适配。比如，一个希望当律师帮助弱势群体的大学生，她最高的兴趣类型可能是社会型（S），而法律专业常见的职业如律师，第一位的兴趣类型则是企业型（E）。这时候，她可能感到自己所学的专业与自己的兴趣不完全匹配。但如果她将来从事"青少年法律援助"之类的工作，则完全可以满足她社会型的兴趣（助人）并很好地与她的专业知识相结合。

其次，专业类型可以与兴趣类型相结合，哪怕是相对的两种类型也是如此。比如，一个喜爱文学（艺术型兴趣较高）而学习计算机专业（实用型）的大学生，可以考虑在毕业后去《电脑世界》一类的杂志社工作，这样就可以将自己艺术型的兴趣与实用型的专业结合起来，在一定程度上满足自己的兴趣。

再次，当我们倡导在职业选择上寻求个人兴趣与职业环境之间的适配时，"完全的"适配只是我们不断接近的一个理想目标。现实中，我们做不到百分之百的适配，但不必因此而放弃对个人兴趣的重视。我们的职业至少应当在一定程度上体现我们的兴趣，可以是百分之九十，也可以是百分之四十，而其余的部分则可以在生活中的其他方面、通过其他活动（如业余爱好、志愿活动、辅修专业等）来实现。

最后，即使一个人从事与自己的兴趣类型不适配的工作，也没必要沮丧。具体的工作实际上千变万化，很难用简单的类型来划分。比如，像机械修理这样实用型的工作，也可以在其中加上社会型的元素，将它作为一项为客户提供满意服务的职业来从事。由于从事某一职业的典型人群通常都趋向于特定的兴趣爱好，这既是他们的长处也可能是他们的弱点。而一个与职业环境不太适配的人，则有可能成为这个群体中独树一帜的人，做出一些独特的贡献。当然，这个人也需要理解并能接受这样的现实：在这个职业环境中可能会感到格格不入。

附：霍兰德职业倾向测试题

霍兰德职业倾向测试题

本测验以美国著名职业教育专家霍兰德的人才测评理论为基础，结合中国广大学生和工作者的实际而编制。

根据霍兰德的研究成果和后人的分析论证，按照不同的职业特点和个性特征，一般可以将人分为六类：实用型（R）、探索型（I）、艺术型（A）、社会型（S）、管理型（E）和常规型（C）。这六种类型的人具有不同的典型特征，每种类型的人对相应职业类型感兴趣，人格特征和职业需求具有合理搭配的特点。

同时，人们在择业时主要受三个因素的影响：兴趣（你想做什么——兴趣倾向）、能力（你能做什么——个人经历）和人格（你适合做什么——人格倾向）。以此为依据，本套试题由三部分组成：兴趣倾向问卷、个人经历问卷和人格倾向问卷，分别对测评者的兴趣、能力和人格特点进行测评。通过对测评结果的综合分析，可以帮助测评者发现和确定自己的职业兴趣和能力特长，使我们对与自身性格匹配的职业类别、岗位特质有更为明晰的认识，从而在我们就业、升学、进修或职业转向时，做出最佳的选择。

该测评适用于高中毕业生、在读大中专生、应届大中专毕业生，以及已参加工作但渴望转行，需发现和确定自己的职业兴趣和能力特长的人士。

请根据对每一题目的第一印象作答，不必仔细推敲，答案没有好坏、对错之分。具体填写方法是，根据自己的情况每一题回答"是"或"否"。

1. 我喜欢把一件事情做完后再做另一件事。
2. 在工作中我喜欢独自筹划，不愿受别人干涉。
3. 在集体讨论中，我往往保持沉默。
4. 我喜欢做戏剧、音乐、歌舞、新闻采访等方面的工作。
5. 每次写信我都一挥而就，不再重复。
6. 我经常不停地思考某一问题，直到想出正确的答案。
7. 对别人借我的和我借别人的东西，我都能记得很清楚。
8. 我喜欢抽象思维的工作，不喜欢动手的工作。
9. 我喜欢成为人们注意的焦点。
10. 我喜欢不时地夸耀一下自己取得的好成就。
11. 我曾经渴望有机会参加探险。
12. 当我一个独处时，会感到更愉快。
13. 我喜欢在做事情前，对此事情做出细致的安排。
14. 我讨厌修理自行车、电器一类的工作。

15. 我喜欢参加各种各样的聚会。

16. 我愿意从事虽然工资少、但是比较稳定的职业。

17. 音乐能使我陶醉。

18. 我办事很少思前想后。

19. 我喜欢经常请示上级。

20. 我喜欢需要运用智力的游戏。

21. 我很难做那种需要持续集中注意力的工作。

22. 我喜欢亲自动手制作一些东西，从中得到乐趣。

23. 我的动手能力很差。

24. 和不熟悉的人交谈对我来说毫不困难。

25. 和别人谈判时，我总是很容易放弃自己的观点。

26. 我很容易结识同性别朋友。

27. 对于社会问题，我通常持中庸的态度。

28. 当我开始做一件事情后，即使碰到再多的困难，我也要执著地干下去。

29. 我是一个沉静而不易动感情的人。

30. 当我工作时，我喜欢避免干扰。

31. 我的理想是当一名科学家。

32. 与言情小说相比，我更喜欢推理小说。

33. 有些人太霸道，有时明明知道他们是对的，也要和他们对着干。

34. 我爱幻想。

35. 我总是主动地向别人提出自己的建议。

36. 我喜欢使用榔头一类的工具。

37. 我乐于解除别人的痛苦。

38. 我更喜欢自己下了赌注的比赛或游戏。

39. 我喜欢按部就班地完成要做的工作。

40. 我希望能经常换不同的工作来做。

41. 我总留有充裕的时间去赴约会。

42. 我喜欢阅读自然科学方面的书籍和杂志。

43. 如果掌握一门手艺并能以此为生，我会感到非常满意。

44. 我曾渴望当一名汽车司机。

45. 听别人谈"家中被盗"一类的事，很难引起我的同情。

46. 如果待遇相同，我宁愿当商品推销员，而不愿当图书管理员。

47. 我讨厌跟各类机械打交道。

48. 我小时候经常把玩具拆开，把里面看个究竟。

49. 当接受新任务后，我喜欢以自己的独特方法去完成它。

50. 我有文艺方面的天赋。

51. 我喜欢把一切安排得整整齐齐、井井有条。

52. 我喜欢作一名教师。

53. 和一群人在一起的时候，我总想不出恰当的话来说。

54. 看情感影片时，我常禁不住眼圈红润。

55. 我讨厌学数学。

56. 在实训（验）室里独自做实验会令我寂寞难耐。

57. 对于急躁、爱发脾气的人，我仍能以礼相待。

58. 遇到难解答的问题时，我常常放弃。

59. 大家公认我是一名勤劳踏实的、愿为大家服务的人。

60. 我喜欢在人事部门工作。

职业人格的类型

计算方法：答对以下题号得1分，不对得.0分；得分多者属于该类型

实用型"是"（2, 13, 22, 36, 43），"否"（14, 23, 44, 47, 48）

研究型"是"（6, 8, 20, 30, 31, 42），"否"（21, 55, 56, 58）

艺术型"是"（4, 9, 10, 17, 33, 34, 49, 50, 54），"否"（32）

社会型"是"（26, 37, 52, 59），"否"（1, 12, 15, 27, 45, 53）

企业型"是"（11, 24, 28, 35, 38, 46, 60），"否"（3, 16, 25）

事务型"是"（7, 19, 29, 39, 41, 51, 57），"否"（5, 18, 40）

霍兰德的职业理论，其核心假设是——人可以分为六大类

R：实用型（Realistic）

I：研究型（Investigative）

A：艺术型（Artistic）

S：社会型（Social）

E：企业型（Enterprise）

C：事务型（Conventional）

R：实用型（Realistic）（技能现实）

【共同特点】

愿意使用工具从事操作性工作，动手能力强，做事手脚灵活，动作协调。偏好于具体任务，不善言辞，做事保守，较为谦虚。缺乏社交能力，通常喜欢独立做事。

【性格特点】感觉迟钝、不讲究、谦逊的。踏实稳重、诚实可靠。

【职业建议】

喜欢使用工具、机器，需要基本操作技能的工作。要求具备机械方面才能、体力、或

从事与物件、机器、工具、运动器材、植物、动物相关的职业有兴趣，并具备相应能力。

如：技术性职业（计算机硬件人员、摄影师、制图员、机械装配工），技能性职业（木匠、厨师、技工、修理工、农民、一般劳动）。

I：研究型（Investigative）

【共同特点】

思想家而非实干家，抽象思维能力强，求知欲强，肯动脑，善思考，不愿动手。喜欢独立的和富有创造性的工作。知识渊博，有学识才能，不善于领导他人。考虑问题理性，做事喜欢精确，喜欢逻辑分析和推理，不断探讨未知的领域。

【性格特点】坚持性强，有韧性，喜欢钻研。为人好奇，独立性强。

【职业建议】

喜欢智力的、抽象的、分析的、独立的定向任务，要求具备智力或分析才能，并将其用于观察、估测、衡量、形成理论、最终解决问题的工作，并具备相应的能力。

如：科学研究人员、教师、工程师、电脑编程人员、医生、系统分析员。

注：工作中调研兴趣强的人做事较为坚持，有韧性，善始善终，调研兴趣弱的如 <20% 通常做事容易浅尝辄止，常性也弱。

A：艺术型（Artistic）

【共同特点】

有创造力，乐于创造新颖、与众不同的成果，渴望表现自己的个性，实现自身的价值。做事理想化，追求完美，不重实际。具有一定的艺术才能和个性。善于表达，怀旧，心态较为复杂。

【性格特点】有创造性，非传统的，敏感，容易情绪化，较冲动，不服从指挥。

【职业建议】

喜欢的工作要求具备艺术修养、创造力、表达能力和直觉，并将其用于语言、行为、声音、颜色和形式的审美、思索和感受，具备相应的能力。不善于事务性工作。

如：艺术方面（演员、导演、艺术设计师、雕刻家、建筑师、摄影家、广告制作人）、音乐方面（歌唱家、作曲家、乐队指挥）、文学方面（小说家、诗人、剧作家）。

注：艺术兴趣高的人倾向于理想化，做事追求完美。一般情况下，艺术的测试不指做艺术工作，而是工作中的艺术，倾向于将事情做得漂亮、有美感、有情调，锦上添花，追求完美。

S：社会型（Social）

【共同特点】

喜欢与人交往、不断结交新的朋友、善言谈、愿意教导别人。关心社会问题、渴望发挥自己的社会作用。寻求广泛的人际关系，比较看重社会义务和社会道德。

【性格特点】为人友好、热情、善解人意、乐于助人。

【职业建议】

喜欢要求与人打交道的工作，能够不断结交新的朋友，从事提供信息、启迪、帮助、培训、开发或治疗等事务，并具备相应能力。

如：教育工作者（教师、教育行政人员）、社会工作者（咨询人员、公关人员）。

E：企业型（Enterprise）

【共同特点】

追求权力、权威和物质财富，具有领导才能。喜欢竞争、敢冒风险、有野心/抱负。为人务实，习惯以利益得失、权利、地位、金钱等来衡量做事的价值，做事有较强的目的性。

【性格特点】善辩、精力旺盛、独断、乐观、自信、好交际、机敏、有支配愿望。

【职业建议】

喜欢要求具备经营、管理、劝服、监督和领导才能，以实现机构、政治/社会及经济目标的工作，并具备相应的能力。

如：项目经理、销售人员、营销管理人员、政府官员、企业领导、法官、律师。

注：工作中通常要求管理人员和销售人员要有较强的企业兴趣，企业兴趣强则做事目的性强，务实、推动性也较强，若企业兴趣弱<40%则做事的推动性较弱，速度较慢。

C：事务型（Conventional）

【共同特点】

尊重权威和规章制度，喜欢按计划办事，细心、有条理，习惯接受他人的指挥和领导，自己不谋求领导职务。喜欢关注实际和细节情况，通常较为谨慎和保守，缺乏创造性，不喜欢冒险和竞争，富有自我牺牲精神。

【性格特点】有责任心、依赖性强、高效率、稳重踏实、细致、有耐心。

【职业建议】

喜欢要求注意细节、精确度、有系统有条理，具有记录、归档、据特定要求或程序组织数据和文字信息的职业，并具备相应能力。

如：秘书、办公室人员、记事员、会计、行政助理、图书馆管理员、出纳员、打字员、投资分析员。

注：事务型的人做事有耐心、细致，如果人的常规兴趣弱，若<20%通常表现做事较为粗心，容易丢三落四，不够踏实。

相邻关系 RIIRIAAIASSASEESECCERCCR，属于相邻关系的两种类型的个体间共同点较多。

相隔关系 RAREICISARAESISCEAERCICS，属于相隔关系的两种类型个体之间共同点比相邻关系较少。

相对关系 RSIEACSREICA，相对关系人格类型共同点少，一个人同时对处于相对关系的两种职业环境都兴趣很浓的情况较为少见。

三位组合兴趣组型对应职业

说明：以分数的高低依次排列，得分居前三位组合构成其兴趣组型。寻找对应的职业，也比较适合你的兴趣。

RIA：牙科技术员、陶工、建筑设计员、模型工、细木工、制作链条人员。

RIS：厨师、林务员、跳水员、潜水员、染色员、电器修理、眼镜制作、电工、纺织机器装配工、服务员、装玻璃工人、发电厂工人、焊接工。

RIE：建筑和桥梁工程、环境工程、航空工程、公路工程、电力工程、信号工程、电话工程、一般机械工程、自动工程、矿业工程、海洋工程、交通工程技术人员、制图员、家政经济人员、计量员、农民、农场工人、农业机械操作、清洁工、无线电修理、汽车修理、手表修理、管工、线路装配工、工具仓库管理员。

RIC：船上工作人员、接待员、杂志保管员、牙医助手、制帽工、磨坊工、石匠、机器制造、机车（火车头）制造、农业机器装配、汽车装配工、缝纫机装配工、钟表装配和检验、电动器具装配、鞋匠、锁匠、货物检验员、电梯机修工、装配工、托儿所所长、钢琴调音员、印刷工、建筑钢铁工作、卡车司机。

RAI：手工雕刻、玻璃雕刻、制作模型人员、家具木工、制作皮革品、手工绣花、手工钩针纺织、排字工作、印刷工作、图画雕刻、装订工。

RSE：消防员、交通巡警、警察、门卫、理发师、房间清洁工、屠夫、锻工、开凿工人、管道安装工、出租汽车驾驶员、货物搬运工、送报员、勘探员、娱乐场所的服务员、起卸机操作工、灭害虫者、电梯操作工、厨房助手。

RSI：纺织工、编织工、农业学校教师、某些职业课程教师（诸如艺术、商业、技术、工艺课程）、雨衣上胶工。

REC：抄水表员、保姆、实训（验）室动物饲养员、动物管理员。

REI：轮船船长、航海领航员、大副、试管实验员。

RES：旅馆服务员、家畜饲养员、渔民、渔网修补工、水手长、收割机操作工、搬运行李工人、公园服务员、救生员、登山导游、火车工程技术员、建筑工作、铺轨工人。

RCI：测量员、勘测员、仪表操作者、农业工程技术、化学工程技师、民用工程技师、石油工程技师、资料室管理员、探矿工、煅烧工、烧窑工、矿工、炮手、保养工、磨床工、取样工、样品检验员、纺纱工、漂洗工、电焊工、锯木工、刨床工、制帽工、手工缝纫工、油漆工、染色工、按摩工、木匠、农民建筑工作、电影放映员、勘测员助手。

RCS：公共汽车驾驶员、一等水手、游泳池服务员、裁缝、建筑工作、石匠、烟囱修建工、混凝土工、电话修理工、爆炸手、邮递员、矿工、裱糊工人、纺纱工。

RCE：打井工、吊车驾驶员、农场工人、邮件分类员、铲车司机、拖拉机司机。

IAS：普通经济学家、农场经济学家、财政经济学家、国际贸易经济学家、实验心理学家、工程心理学家、心理学家、哲学家、内科医生、数学家。

IAR：人类学家、天文学家、化学家、物理学家、医学病理、动物标本剥制者、化石修复者、艺术品管理者。

ISE：营养学家、饮食顾问、火灾检查员、邮政服务检查员。

ISC：侦察员、电视播音室修理员、电视修理服务员、验尸室人员、编目录者、医学实验室技师、调查研究者。

ISR：水生生物学者、昆虫学者、微生物学家、配镜师、矫正视力者、细菌学家、牙科医生、骨科医生。

ISA：实验心理学家、普通心理学家、发展心理学家、教育心理学家、社会心理学家、临床心理学家、目标学家、皮肤病学家、精神病学家、妇产科医师、眼科医生、五官科医生、医学实训（验）室技术专家、民航医务人员、护士。

IES：细菌学家、生理学家、化学专家、地质专家、地理物理学专家、纺织技术专家、医院药剂师、工业药剂师、药房营业员。

IEC：档案保管员、保险统计员。

ICR：质量检验技术员、地质学技师、工程师、法官、图书馆技术辅导员、计算机操作员、医院听诊员、家禽检查员。

IRA：地理学家、地质学家、声学物理学家、矿物学家、古生物学家、石油学家、地震学家、声学物理学家、气象学家、原子和分子物理学家、电学和磁学物理学家、设计审核员、人口统计学家、数学统计学家、外科医生、城市规划家、气象员。

IRS：流体物理学家、物理海洋学家、等离子体物理学家、农业科学家、动物学家、食品科学家、园艺学家、植物学家、细菌学家、解剖学家、动物病理学家、作物病理学家、药物学家、生物化学家、生物物理学家、细胞生物学家、临床化学家、遗传学家、分子生物学家、质量控制工程师、地理学家、兽医、放射性治疗技师。

IRE：化验员、化学工程师、纺织工程师、食品技师、渔业技术专家、材料和测试工程师、电气工程师、土木工程师、航空工程师、行政官员、冶金专家、原子核工程师、陶瓷工程师、地质工程师、电力工程师、口腔科医生、牙科医生。

IRC：飞机领航员、飞行员、物理实训（验）室技师、文献检查员、农业技术专家、生物技师、动植物技术专家、油管检查员、工商业规划者、矿藏安全检查员、纺织品检验员、照相机修理者、工程技术员、编计算机程序者、工具设计者、仪器维修工。

CRI：簿记员、会计、记时员、铸造机操作工、打字员、按键操作工、复印机操作工。

CRS：仓库保管员、档案管理员、缝纫工、讲述员、收款人。

CRE：标价员、实训（验）室工作者、广告管理员、自动打字机操作员、电动机装配工、缝纫机操作工。

CIS：记账员、顾客服务员、报刊发行员、土地测量员、保险公司职员、会计师、估价员、邮政检查员、外贸检查员。

CIE：打字员、统计员、支票记录员、订货员、校对员、办公室工作人员。

CIR：校对员、工程职员、海底电报员、检修计划员、发报员。

CSE：接待员、通讯员、电话接线员、卖票员、旅馆服务员、私人职员、商学教师、旅游办事员。

CSR：运货代理商、铁路职员、交通检查员、办公室通信员、薄记员、出纳员、银行财务职员。

CSA：秘书、图书管理员、办公室办事员。

CER：邮递员、数据处理员、办公室办事员。

CEI：推销员、经济分析家。

CES：银行会计、记账员、法人秘书、速记员、法院报告人。

ECI：银行行长、审计员、信用管理员、地产管理员、商业管理员。

ECS：信用办事员、保险人员、各类进货员、海关服务经理、售货员、购买员、会计。

ERI：建筑物管理员、工业工程师、护士长、农场管理员、农业经营管理人员。

ERS：仓库管理员、房屋管理员、货栈监督管理员。

ERC：邮政局长、渔船船长、机械操作领班、木工领班、瓦工领班、驾驶员领班。

EIR：科学、技术和有关周期出版物的管理员。

EIC：专利代理人、鉴定人、运输服务检查员、安全检查员、废品收购人员。

EIS：警官、侦察员、交通检验员、安全咨询员、合同管理者、商人。

EAS：法官、律师、公证人。

EAR：展览室管理员、舞台管理员、播音员、驯兽员。

ESC：理发师、裁判员、政府行政管理员、财政管理员、工程管理员、售货员、职业病防治、商业经理、办公室主任、人事负责人、调度员。

ESR：家具售货员、书店售货员、公共汽车驾驶员、日用品售货员、护士长、自然科学和工程行政领导。

ESI：博物馆管理员、图书馆管理员、古迹管理员、饮食业经理、地区安全服务管理员、技术服务咨询者、超级市场管理员、零售商品店店员、批发商、出租汽车服务站调度。

ESA：博物馆馆长、报刊管理员、音乐器材售货员、广告商售画营业员、导游、（轮船或班机上的）事务长、飞机上的服务员、船员、法官、律师。

ASE：戏剧导演、舞蹈教师、广告撰稿人、报刊专栏作者、记者、演员、英语翻译。

ASI：音乐教师、乐器教师、美术教师、管弦乐指挥、合唱队指挥、歌星、演奏家、哲学家、作家、广告经理、时装模特。

AER：新闻摄影师、电视摄影师、艺术指导、录音指导、丑角演员、魔术师、木偶戏演员、骑士、跳水员。

AEI：音乐指挥、舞台指导、电影导演。

AES：流行歌手、舞蹈演员、电影导演、广播节目主持人、舞蹈教师、口技表演者、喜剧演员、模特。

AIS：画家、剧作家、编辑、评论家、时装艺术大师、新闻摄影师、男演员、文学作者。`

AIE：花匠、皮衣设计师、工业产品设计师、剪影艺术家、复制雕刻品大师。

AIR：建筑师、画家、摄影师、绘图员、雕刻家、环境美化工、包装设计师、绣花工、陶器设计师、漫画工。

SEC：社会活动家、退伍军人服务官员、工商会事务代表、教育咨询者、宿舍管理员、旅馆经理、饮食服务管理员。

SER：体育教练、游泳指导。

SEI：大学校长、学院院长、医院行政管理员、历史学家、家政经济学家、职业学校教师、资料员。

SEA：娱乐活动管理员、国外服务办事员、社会服务助理、一般咨询者、宗教教育工作者。

SCE：部长助理、福利机构职员、生产协调人、环境卫生管理人员、戏院经理、餐馆经理、售票员。

SRI：外科医师助手、医院服务员。

SRE：体育教师、职业病治疗者、体育教练、专业运动员、房管员、儿童家庭教师、警察、引座员、传达员、保姆。

SRC：护理员、护理助理、医院勤杂工、理发师、学校儿童服务人员。

SIA：社会学家、心理咨询者、学校心理学家、政治科学家、大学或学院的系主任、大学或学院的教育学教师、大学农业教师、大学法律教师、大学工程和建筑课程教师、大学数学教师、医学教师、物理教师、大学社会科学教师、大学生命科学教师、研究生助教、成人教育教师。

SIE：营养学家、饮食学家、海关检查员、安全检查员、税务稽查员、校长。

SIC：描图员、兽医助手、诊所助理、体检检查员、娱乐指导者、监督缓刑犯的工作者、咨询人员、社会科学教师。

SIR：理疗员、救护队工作人员、手足病医生、职业病治疗助手。

第四节　技能与职业选择

一、能力与职业生涯发展的关系

心理学家罗圭斯特与段维斯在对个体的工作适应问题进行多年研究以后，提出了明尼苏达工作适应论。他们认为：当工作环境能够满足个人的需求时，个人会感到"内在满意"；而当个人能够满足工作的要求时，个人能够达到"外在满意"（即令自己的雇主、同事感到满意）。当个人能够同时达到内在和外在满意时，个人与环境之间的关系就比较协调，个人的工作满意度会比较高，在该工作领域也能持久发展。

而在对"内在满意"和"外在满意"这两个指标的衡量当中，能力都占有很重要的地位。罗圭斯特与戴维斯认为："外在满意"主要可以通过衡量个人职业技能与工作技能要求之间的配合程度来进行评估，而在"内在满意"方面，则主要通过衡量个人价值观与企业文化及奖惩制度之间的适配性来评估。我们不难看到：做自己能够胜任的工作，培养和发展自己的能力，发挥个人的潜能，常常是个人选择职业时希望能够得到满足的及职业稳定性具有直接的相关关系。

二、能力的分类

当一个人的能力和工作的要求相匹配时，最容易发挥自己的潜能，并且获得一种满足的感觉。相反，当一个人去做自己力所不及的工作时，就会感到焦虑，甚至产生挫败感。而当一个人能力超出工作要求太多时，又容易感到工作缺乏挑战，比较乏味。因此，在选择职业时，我们同样要寻求个人能力与职业技能要求的适配。我们需要清楚能力有哪些分类，从而清楚自己具备什么样的能力，职业又要求什么样的能力。

下面做一个练习：请同学们夸夸自己。

请在 5 分钟内尽可能多地写下自己所拥有的能力，并与你的同伴分享，看看谁写的多。

大家写的一样吗？有什么不同？

汇总大家所写的能力，可以将它们分类吗？可以分为几类？

能力按照其获得的方式（先天具有与后天培养），可以分为"能力倾向"和"技能"两大类。

能力倾向（aptitude）是指上天赋予每个人的特殊才能，如音乐、运动能力等，它是与生俱来的，不过也有可能因未被开发而荒废，因此，这是一种潜能。比如，在中国 13 亿人中，虽然不是每个人都能像刘翔一样跑得那么快，但一定有一些人同样具备像刘翔那么好的节奏感和身体协调能力，只是他们从来没有机会去发展这方面的天资。遗传、环境和文化都可以影响到天赋的发展。

技能（skill）则是指经过后天学习和练习而培养形成的能力，如阅读能力、人际交往能力、表达能力等。在个人成长的过程中，从什么也不会做的小婴儿到一个生活自理，能够看、听、说、行走、阅读、写字的普通成年人，其实我们每个人都已经学会了无数的技能。

在现实生活中，个人的能力水平往往是能力倾向和技能两方面的结果。比如，刘翔取得跨栏比赛的奥运会冠军，这中间既有他先天良好的个人身体素质的原因，也离不开他后天勤奋刻苦的技能训练。但同时，我们要注意不要将两者混为一谈。比如，我们常常会听某人说"我这方面的能力不行"，那么，是真的不具备这方面的天赋，还是由于缺乏机会培养和练习。事实上像交往能力、沟通能力等，主要有赖后天的练习。许多人际交往技能不佳的人，往往是由于其在青少年时期家庭教育不当、只注重学习成绩而不注重其他技能的培养造成的。在成年以后，他们可以通过听讲座、看书、向人请教乃至心理咨询等方式改善自己这些方面的技能。正如中国古话所讲的，"勤能补拙"，先天的不足可以通过后天的努力得到弥补。比如邓亚萍，虽然作为乒乓球运动员的先天条件并不好，但通过后天的刻苦训练还是取得了惊人的成就。其实，每个人都有无限的学习、成长的能力，但许多人成年以后就开始故步自封了。我们如果能像孩子一样的勇于、勤于学习，并且不怕失败和挫折，那么很多技能是可以通过练习而获得的。就像《卖油翁》中所讲的："无他，唯手熟耳。"

与能力相关的还有一个重要概念，就是自我效能感（self-efficacy）。所谓自我效能感，是指个人对自己的能力，以及运用该能力将得到何种结果所持的信心或把握程度。

研究发现，在实际生活和工作中，对个人行为起决定作用的往往不是个人的实际能力，而是个人的自我效能感。比如一份关于男女薪酬差异的调查指出：男女两性在薪酬上的差异部分来自于女性的数学水平普遍低于男性，通常薪酬高的职业会要求比较高的数学能力。而女性在数学学习上的弱势并非由于女性天生不擅长学习数学，更主要的原因是相对男性而言，女性对自身学习数学的能力缺乏信心而倾向于在该科目上花更少的时间。

同样，成人学习人际交往技能或学习英语并不比孩子学走路或学说中国话更难，唯一的区别可能只在于：我们从来不会认为有哪一个孩子学不会走路或说中文，但我们却常常怀疑自己能否学会与人交往或娴熟地使用外语。在心理咨询中，我们也常见到有的人本来能力很不错，也得到了他人的很多肯定，却由于自卑的原因而束缚了自己，做事畏首畏尾，不能充分发挥自己的才能。这些，都充分说明了自我效能感对个人发展的影响。

下面做一个实验：你能用一根吸管一下子插穿一个土豆吗？你是否会在心里对自己说：我的力气太小了，要力气大的人才穿得过去？或者我是女生，恐怕只有男士才能做到。如果我告诉你每个人都能插得过去，你愿意试试吗？如果你看到一个与你同性别并且体格差不多的人成功地戳穿了土豆，你是否会更有信心一些？其实，整个过程中，你的心理活动或多或少地反映了你的自我效能感，即：你对自己能力的信心会在极大程度上影响你的行为。再想想：在平时的生活中，你在各种事情上的自信程度是否真实地反映了你的相关能力？最好与周围熟悉你的人讨论一下，别人往往能看到你自己没有意识到的不一致之处。当你了解到在某些事情上或许不是你的能力不够，而是自己的自我效能感较低时，你是否愿意下一个决定：改变对于自身能力的信念，让它更符合实际的情形？试试看，在新的信念的基础上去生活和工作。

三、能力倾向的分类：多元智力论

关于人的天赋，传统的智力理论通常以语言能力和数理逻辑能力为整体评判的标准，也就是人们常说的 IQ。1993 年，美国哈佛大学教授、发展心理学家加德纳提出了多元智力论。他认为，智力是多元的——是由同样重要的多种能力而不是一两种核心能力构成的，而且各种能力不是以整合的形式存在，而是以相对独立的形式表现出来的。他的研究表明，人类至少有七种不同的智能：言语——语言智力、逻辑——数理智力、视觉——空间智力、音乐——节奏智力、身体——动觉智力、交往——交流智力和自知——自省智力。这七种智力在个人的智力结构中处于同等重要的地位，每个人都同时拥有这七种智力，但它们在每个人身上以不同的方式、不同的程度组合，从而使得每个人的智力各具特点。例如，周恩来、爱因斯坦、贝多芬、达·芬奇、姚明、奥黛莉·赫本和特蕾莎修女这些在各自领域做出杰出贡献的著名人物之间很难比较谁更聪明，我们只能说他们各自在不同的领域，以不同的表现方式，将自己天生的聪明才智发挥到了极致。

从这个意义上说，加德纳的多元智力理论告诉我们：对于世界上的每一个人来说，不存在谁更聪明的问题，只存在不同个体在哪个方面聪明的问题。每个人都是独特的，正如中国古人所言："天生我材必有用。"如果个人能将自己独特的天赋充分发挥出来，那么，每个人都可以是出色的。

四、技能的分类

表达技能的词汇，也就是用来说服雇主给自己工作的词汇。无论是简历还是面试，其实要达到的目标都是试图向雇主证明：我有良好的能力，足以胜任这份工作。因此，面对"我为什么要雇你"这样的问题，你在简历和面试中的回答都应当以自己与工作相关的能力为主线。你所谈到的任何能证明你能力的事情，都将增加你得到工作的机会。要做到这一点，你需要对自己拥有什么样的能力有清楚的认识，同时还要了解具体职业所要求的技能是什么。最后，你还需要在简历和面试中将自己与职业相关的技能以恰当的语言和事例充分地表达出来。

对个人技能的认识，建立在对技能分类的了解上。辛迪·梵与理查德·鲍尔斯（Sidney Fine & Richard Bolles）将技能分为三种类型：（1）知识技能；（2）自我管理技能；（3）可迁移技能（或称通用技能）。通常人们比较容易想到自己所具有的知识技能，但实际上后两种技能更为重要。它们使我们有可能不局限于自己所学的专业，可以在更广的范围内选择职业；它们对于我们在竞争中胜出具有关键性的作用，并且使我们能够在工作中得以更长久地发展，而雇主们对它们的重视程度，也往往超过了对单纯知识技能的重视。

(一) 知识技能

知识技能是指那些需要通过教育或者培训才能获得的特别的知识或能力，也就是个人所学习的科目、所懂得的知识。比如：你是否掌握外语、中国古代历史、电脑编程或化学元素周期表等知识？知识技能一般用名词来表示。

知识技能不可迁移，也就是说，它们是一些特殊的语汇、程序和学科内容，必须经过有意识的、专门的培训才能掌握。它们常常与我们的专业学习或工作内容直接相关。正因为如此，许多大学生由于不喜欢自己的专业，在找工作时往往陷入两难的境地：一方面，他们认为找工作必须"专业对口"，但是又不喜欢自己的专业，不想将之作为从事一生的职业；另一方面，如果"专业不对口"，自己不是"科班出身"，则担心自己与专业出身的应聘者相比缺乏竞争力，甚至觉得很难跨越专业的鸿沟。在这种情况下，似乎唯一可行的方式就是通过考研来改换专业。

事实上，知识技能并非只有通过正式的专业教育才能获得。除了学校课程，课外培训、专业会议、讲座、研讨会、自学、资格认证考试等方式都可以帮助个人获得知识技能。此外，很多公司也为新员工提供相关的上岗培训。例如，某著名的会计师事务所在对新员工的培训中，第一年的主要内容就是针对非专业学生补充财会基础。由此可见，即使是一些专业要求较高的职业如会计师等，其专业技能也可以在就职后的培训中获得。实际上，越是大的公司，越是看重个人的综合素质（也就是"自我管理技能"与"可迁移技能"），而不那么在意个人是否已经具备专业知识。不少外企在校园招聘时都已不再区分学生的专业背景。

因此，如果想从事本专业之外的工作而又不愿或不能重新选修一个专业的话，仍然有许多途径可以帮助我们获得相关的知识技能。在招聘中，专业知识技能绝对不是用人机构所重视的唯一。当前现存的状况是知识技能的重要性被夸大，以至于许多学生在校内选修很多的课程、在校外参加各种培训班并考取一大堆认证，他们在简历上以大篇幅列举的学习成绩、获得的证书、拿到一等奖学金等所有这一切，无非都只证明了个人的知识技能。殊不知一大堆互不相干的知识技能堆砌在简历上，只能给人以庞杂的感觉，不能让招聘人员明白它们与所要应聘的职位之间有多大关系。实际上，所有得到面试机会的人，应该说其简历上表述的知识技能都已基本达到了应聘职位的要求（当然，这一点还需要在面试中加以审核）。而进入最后一轮面试的人，实际上都是能够胜任该职位专业技能要求的人。而最终使人获得工作机会，并在工作中能够长久发展的，还是自我管理技能和可迁移技能。

现实中，大学生就业难在一定程度上也与此有关系，因为大学生在校时往往更重视专业知识的学习，而忽视了自我管理技能和可迁移技能的培养。事实上，作为接受过国家正规高等教育的合格大学生，就专业知识而言，都应该能够达到工作的要求。但为什么企事业单位普遍对刚毕业的大学生不满意呢？在庞大的毕业生群体中，极少有人具备从事服务业的必备技能；中国工程类职位的求职者存在的主要缺点是教育体系偏重理论，缺乏参与项目或团队协作的实际经验。实践经验和英语口语水平的欠缺，使求职者中不到10%能够满足跨国公司的要求。从用人单位对大学生的反馈中我们可以看出：大学生们通常不乏知识技能，但常常缺少敬业精神、沟通能力等自我管理技能和可迁移技能。因此，大学生在校期间，一定要在学好专业知识的基础上，加强对自我管理技能和可迁移技能的培养。

请同学们对下面的经历进行分析，尽可能全面地列出你所掌握的知识技能，再从中分别挑选出你自己感觉比较精通的和你在工作中应用或希望应用的知识技能，最后排列出对你来说最重要的五项知识技能。

在学校课程中学到的：如英语、地理等。

在工作（包括兼职和暑期工作）中学到的：如电脑制图等。

从课外培训、辅导班、研讨班学到的：如绘画等。

从专业会议中学到的：如心理学在现代生活中的应用等。

从志愿者工作中学到的：如小动物饲养等。

从爱好、娱乐休闲、社团活动、家庭职责中学到的：如摄影、缝纫等。

通过阅读、看电视、听磁带、当家教等方式学到的：如钢琴演奏、PPT制作等。

请家人和同学帮助你回忆你在校内外都学习过一些什么专业知识（不管程度如何）。

在小组中，每人轮流说出一样自己具备而别人还没有说过的知识技能。

在盘点了自己现有的知识技能以后，把你的思绪转向未来，想想有哪些知识技能你目前还不具备但希望自己拥有，可以通过一些什么样的途径来获得这些知识。

我尚不具备但希望拥有的知识技能是：

需要注意的是，技能的组合更为重要。通常我们所说的"复合型人才"正是指具有不同知识技能的人。技能的组合使得我们在人才市场上更具有竞争力，也更有可能将工作完成好。例如，如今懂英语的人很多，但既精通英语又精通建筑专业知识的人就不那么多了。而在大型合资建筑工程中，非常需要能与外国专家进行良好沟通的专业人才。从这个角度来说，不论你现在学习的专业是否是你所喜爱的，或是你将来要从事的，你从中获得的专业知识在某个时候都有可能派上用场。甚至一些看上去似乎并不那么起眼的知识，都有可能使你在面试的时候显得与众不同、比他人略胜一筹。比如，小时候学的绘画可能会使你更具创意和美感，而这样的创意也许正是招聘者所需要的。

下面做一个练习：

想一想，在上一个练习中你所列出的知识技能之间可以相互结合吗？它们的组合能够使你更好地完成什么样的工作？

我的知识技能组合：

与你的同学相比，除了你们共同的专业以外，你还掌握什么其他的知识是他们所没有的吗？你有特别擅长的吗？无论这些知识是大是小，都请不要忽略它们，因为也许就是这小小的一点独特之处，有助于你在竞争中胜出。思考一下：这些知识是否有可能应用在你将来的专业工作中。

我独特的知识技能：

(二) 自我管理技能

自我管理技能经常被看做个性品质而非技能，因为它们被用来描述或说明人具有的某些特征。它涉及个体在不同的环境下如何管理自己：是勇于创新还是循规蹈矩，是认真还是敷衍了事，能否在压力下保持镇定，是否对工作有热情，是否自信，等等。

良好的自我管理技能能够帮助个体更好地适应周围的环境、应对工作中出现的问题，因此它也被称为"适应性技能"。一个人是如何使用自己的专业知识、是以什么样的态度从事工作的，这甚至比工作内容本身更为重要。正是这样一些品质和态度，将个人与许多其他具有相同知识技能的候选人区别开来，最终得到一份工作，并能够适应新的环境和规则，在工作中取得成就，获得加薪和晋升的机会。因此，有人称它们为"成功所需要的品质、个人最有价值的资产"。

事实上，更多的时候人们被解雇或离职是因为缺乏自我管理技能，而不是因为缺乏专业能力（比如，由于个性上的原因易与他人发生摩擦等）。在用人单位对刚毕业大学生的意见中，经常听到的就是"缺少敬业精神、没有服务意识、眼高手低、不认真不踏实、没有主动进取精神"等，而这些都是与自我管理技能相关的。很多大学生因为从小受到父母、老师的呵护，缺乏这方面的意识，在处理工作问题和人际关系上往往显得不成熟，以自我为中心。他们没有认识到：企业要求员工是成熟、能负责、能独立解决问题的成年人。可以说，在大学生从校园走向社会之前，培养良好的自我管理技能，学会如何为人处世，是至关重要的。自我管理技能无论是一个人先天具有的还是后天习得的，都需要练习，它们可以从非工作（生活）领域迁移转换到工作领域。也就是说，耐心、负责、热情、敏捷这些技能并不是通过专门的课程学习到的，而是在日常生活中随时随地培养的。例如，一位同学在回顾自己的实习经历后写道：

"这段经历为我毕业后进入社会做了良好的准备。在这次实习中，我懂得了在工作中不仅要具备良好的知识技能，还要具备良好的社交能力，才能在工作中营造良好的和谐的工作氛围。在工作中要积极主动，要虚心地向同事、前辈请教；要知难而上，不能遇到一点困难就放弃；要严格要求自己，不为自己的失职找借口。平时要和同事多多交流，和谐相处。"

下面做一个练习，看看自己愿意与什么样的人共事。

请列出你愿意与之共事的人的特质，并在小组中进行讨论，看看大家最重视的特质都有哪些。

请思考：我是这样的人吗？是符合大家所描述的理想同事吗？我的个性特征会怎样影响到我的生涯发展？

你通常以什么样的态度从事工作或学习？你是怎样与人交往的？与你的同学或朋友相比较，你有何与之不同的特点？根据你对自己的了解，试着写下用来描述自己的形容词，写的越多越好。

下面再来看看他人眼中的我。

通过他人对自己的反馈了解自己是一个很好的方式。向你身边的亲朋好友询问一下：如果让他们用三到五个词来形容一下你，他们会说什么？你可以通过面谈、打电话、发短信或电子邮件等多种方式来完成这个练习。请询问至少 10 个以上的人。

得到他人的反馈以后，看一看他们对你的描述中，有哪些是你知道的，有哪些是你以前没有想到过的。他们所说的符合你对自己的评价吗？哪些方面是你的长处？哪些地方你需要改进？

通过这个练习，你对自己有什么新的认识？

在大学阶段，多参加一些社团活动和社会实践，有助于大学生在实际工作中更好地认识自己，了解自己的长处和不足。还可以通过与他人的比较、听取他人的反馈来更恰当地评价自己。

(三) 可迁移技能

可迁移技能就是一个人会做的事，比如教学、组织、说服、设计、安装、帮助、计算、考察、分析、搜索、决策、维修等。

可迁移技能的特征是它们可以从生活中的方方面面，特别是工作之外得到发展，却可以迁移应用于不同的工作之中。比如在宿舍里发生大家争用电话的矛盾时，宿舍长可以组织室友们一起开会讨论，协商解决如何平等地使用电话的问题。在这里面，就用到了组织、商讨、解决问题、管理等重要的可迁移技能。几乎在所有的工作中，都或多或少地会用到这些技能，因此，可迁移技能也被称为"通用技能"。

基于这样的原因，可迁移技能也是个人最能持续运用和最能够依靠的技能。随着信息时代的到来、新技术日新月异的发展，知识的更新换代不断加快，这意味着个体需要不断学习新的知识技能才能跟上时代的发展。例如，二三十年前，我们对手机、电脑还几乎闻所未闻，但如今它们却在我们的生活中占据了极其重要的位置，而与它们相关的行业知识也都是近些年来才出现，并且处于飞速的发展变化中。正因为如此，当今的时代越来越强调"终身学习"。"学习能力"（可迁移技能）已经比拿到某个专业的硕士学位（知识技能）更为重要。

与知识技能相比，可迁移技能无所谓更新换代，而且无论你的需求和工作环境有什么样的变化，它们都可以得到应用。随着我们工作经验和生活阅历的增加，可迁移技能还会得到不断的发展。既然它们在许多工作中都会用到，它们的重要性不容忽视。索尼技术中心会计部经理曾说："我在聘用一个人时，最为看重的是他的人际沟通能力。这项能力极其重要，因为必须有能力与人交谈才能获得需要的信息……我把80%的时间用在与索尼其他部门打交道上，我的员工也花费大量时间与本部门之外的人打交道。"

事实上，知识技能的运用都是在可迁移技能基础之上的。举例来说，你的知识技能也许是动物学，但你将怎样运用它呢？是"教授"动物学，还是当宠物医生"治疗"宠物，或是"写作"科普文章宣传爱护野生动物的知识，抑或是在流浪小动物协会帮助"照料"小动物？这些加引号的词都是可迁移技能。你以前可能没有正式当过教师，但是通过当家教、在课堂上汇报讲解小组科研项目等经历，你已经具备了"教学"的技能。当你把"教学"技能与"动物学"知识结合在一起时，你就可以去应聘相关的职位了。

从这个意义上说，在求职的时候，尽管你从来没有从事过某个职务，但只要你实际上具备这个职务所要求的种种技能，你就可以证明自己有资格去从事它。因此，如果你并不是"科班"出身，仍然有可能跨专业从事你想从事的职业，尤其是那些对知识技能要求并不是很高而可迁移技能占重要地位的职业。比如，也许你并不是营销专业的学生，但凭着良好的人际交往技能，你曾经担任过某杂志的校园代理，并在地区销售评比中取得过第二名的好成绩。从可迁移技能的角度看，这样的经历足以使你成功地应聘一个公司的销售职位。

学习文学、历史、哲学等人文专业的学生常常感到苦恼，因为他们所学的专业似乎不如计算机、建筑、机械等理工科的专业实用。事实上，人文专业的学习除了使他们具备一些专业知识以外，也使他们掌握了许多可迁移技能，例如沟通技能（在课堂上有效地倾听、小组讨论、写作论文）、问题解决技能（分析和抽象思维，找出同一问题不同的解决方案，说服他人按既定的方案行动）、人际关系技能（与同学合作去完成老师布置的任务，与宿舍的同学相处）、研究技能（搜索数据库或检索书面参考资料、发现和形成主题、收集和分析数据、调查问题），等等。

下面请同学们做一个练习，撰写成就故事。

请写下生活中令你有成就感的具体事件然后对其进行分析，看看你在其中使用了哪些技能（尤其是可迁移技能）。

这些"成就事件"不一定是工作或学习上的，也可以是课外活动或家庭生活中发生的，比如同学聚会、一次美好而难忘的旅游，等等。它们不必是惊天动地的大事，只要符合以下两条标准，就可以被视为"成就"：（1）你喜欢做这件事时体验到的感受；（2）你为完成它所带来的结果感到自豪。如果同时你还获得了他人的认可和表扬那就更好了，不过这并不重要。

在撰写成就故事时，每一个故事都应当包含以下要素：

（1）你想达到的目标，即需要完成的事情；

（2）你面临的障碍、限制或困难；

（3）你的具体行动步骤，即你是如何一步步克服障碍、达成目标的；

（4）对结果的描述，即你取得了什么成就，最好能够量化评估（用某种方法衡量或以数据说明）。

至少写出七个故事（越多越好）。如果有条件的话，请和两三个同伴一起逐一进行分析讨论，在其中你都使用了一些什么样的技能，最后看看在这些故事中是否有重复出现的技能排列。

(四) 用人单位最重视的技能

用人单位通常在大学毕业生身上寻求的、也是使得这些学生有资格担任某一职位的东西包括了他们的教育背景、经验和态度的综合素质。有些领城需要专门的知识或证书（如医学、程序设计、化工等），但大部分职业并不要求有什么特殊的知识技能，而需要的是一些更为普遍、一般性的技能和素质（即可迁移技能和自我管理技能）。根据美国"全国大学与雇主协会（National Association of Colleges and Employers）"的调查，美国雇主们最为重视的技能和个人品质按顺序排列如下：

（1）沟通能力

（2）积极主动性

（3）团队合作精神

（4）领导能力

（5）学习成绩

（6）人际交往能力

（7）适应能力

（8）专业技术

（9）诚实正直

（10）工作道德

（11）分析和解决问题的能力

我们可以看到，其中的第（1）、（4）、（6）、（7）、（11）都属于可迁移技能，第

（2）、（3）、（9）、（10）都是自我管理技能，而知识技能排在第（5）和第（8）。

美国劳工部及美国生涯咨询和发展协会（National Career Development Association）对雇主进行的另一份调查结果也显示：雇主们非常重视员工的自我管理技能和可迁移技能。具体如下：

（1）善于学习

（2）读、写、算的能力

（3）良好的交流能力，包括听、说能力

（4）创造性思维和解决问题的能力

（5）自尊、积极、有奋斗目标

（6）有个人和事业开拓能力

（7）交际、谈判能力及团体精神

（8）良好的组织和领导能力

事实上，中国的用人单位所看重的同样是这些能力。许多企业在招聘人才时不仅看其学习成绩，更重视其他的综合能力，如良好的沟通、表达能力，较强的分析、组织能力及领导能力，尤其是团队精神。

第五节　价值观与职业选择

武新已经大三了，很快就面临毕业找工作的问题：是找一份收入一般但稳定且福利好的工作，还是找一份薪水较高但挑战很大且极不稳定的工作？

程明是武新的同学，也在考虑找工作的问题。他看到自己的表哥在一家外企工作，表面上风光无限，其实累得要命，加班到深夜两点是常有的事。他很疑惑：是否一定要找一份收入很好但很累的工作来满足自己的虚荣心？

王宇是一名外语系的学生，想到大学毕业后的前途，她觉得很迷茫。一方面，她觉得做一名翻译也许挺适合自己，另一方面，她又不满足于只给别人打工，希望能有自己的天地。从小她的心气就比较高，好强的性格促使她想去拼搏一番，不过，她又觉得很没底。究竟自己将来能做到什么程度呢？能让自己满意吗？她很困惑。

"鱼与熊掌，我要的到底是什么？或者，哪个是鱼，哪个是熊掌？""什么是好工作？什么是最适合自己的工作？""在哪项工作中，我能真正开开心心地投入并实现自己的价值？"这些可能是许多人在择业时会面对的问题。下面请同学们做一个练习，有关"工作"的一分钟联想。

请在纸上写下"我希望做……工作"。在一分钟的时间内尽可能多地写下你头脑中所联想到的任何短语。

请思考：你在工作中寻找的是什么？你判断工作"好"、"坏"的标准是什么？请将你所写的内容、你的思考与同伴分享。

下面是一些大学生所写的例子。

能激发我的灵感，具有创造性；有较大成就感，不要总是重复、单调（多样性）。

可以发挥自己的才能潜质，能够从中学习到很多东西，受人尊重，有一定社会地位；机会多。

有挑战性，不沉闷单调。是我所热爱的，可以成为生活的乐趣。有发展前途。不要太累，让我有足够的自由支配时间，能够劳逸结合。可以让我快乐，有成就感。

能更多地与年轻人接触，富于交流的乐趣。尽量贴近自然，而不是成天面对电脑或文件；健康的，不会带来身心伤害；能够帮助别人，感到提供帮助的快乐。

在一个和谐的气氛中，没有人发号施令，没有人以自己的身份压制别人的想法，人们之间互相尊重，互相欣赏，所有人平等，都自愿协作，为最终要完成的工作尽一份力。结果或许都不重要，每个人在工作过程中都能感到自己被需要，自己有价值。

轻闲，离家近，赚钱多，时间短，环境优越，单位领导正直，单位同事心地善良，工作稳定，不用东奔西走。

请大家注意用下画线标出的词语，它们都反映了个人在工作中所寻找的是什么、需要的是什么、用什么样的标准来判断工作的"好"与"坏"等。它们就是我们的工作价值观。

一、价值观概述

价值观就是我们在生活和工作中所看重的原则、标准或品质，它指向我们一生中最重要的东西，因此它也是一套自我激励机制。

生涯大师舒伯（1970）认为，职业价值观是个人追求的与工作有关的目标，亦即个人在从事满足自己内在需求的活动时所追求的工作特质或属性，它是个体价值观在职业问题上的反映。

二、价值观的激励作用

马斯洛提出，人有五个层次的需求：生理需求、安全需求、归属需求、尊重需求和自我实现的需求。只有当低层次的需求得到基本满足后，个人才能关注并致力于满足下一层次的需求。这些需求是强大的内在驱动力，我们所做的事情正是为了满足这些需求。它们在我们的生活中反映出来，就体现为我们的价值观。比如：有些学生会比较重视工作能带给自己多少收入，而有些学生可能更多地考虑要做自己喜欢的工作。这两者的不同在很大程度上可以归结于他们所处的需求层次不同。前者在"生理"、"安全"的层次上，而后者是在较低层次的需求已经得到满足的情况下，追求对"归属"、"自我尊重"、"自我实现"的需要。下表标示出了不同层次需求所对应的价值观。

需求层次	需求内容	价值观
1	生理需求	经济保障　工资待遇
2	安全需求	工作稳定性　工作条件
3	归属需求	人际关系　团队合作
4	自我尊重需求	成就　地位　声望　自主性
5	自我实现的需求	发展　成长　兴趣　创造性、社会意义

请同学们对照需求层次表，想一想你处在哪一级需求层次上？你最希望在工作中获得对哪个层次需求的满足？什么因素能够带给你满足感、激励你更好地工作？

三、价值观与职业选择的关系

价值观是人们在考虑问题时所看重的原则和标准，是人们内在的驱动力。因此，价值观在人们的生涯发展中往往起到极其重要的、决定性的作用，甚至可能超过了兴趣和性格对个人的影响。比如，著名歌星席琳·迪翁在其歌唱事业的巅峰时期退出乐坛相夫教子，就是由于她在丈夫生病住院后深刻地认识到，与家人相处的时光是有限的，而且比事业更宝贵——这成为她的价值观，并导致她做出了对自己的职业发展产生重大影响的选择。麦肯锡管理咨询公司的合伙人、被业界尊称为"中国咨询业第一人"的潘望博，放弃名利，做没有酬劳的传教人，同样也是出于他的价值判断和选择（信仰是一个人核心价值观的体现）。这些事例都充分说明了价值观对一个人职业选择的深刻影响。

在我们的日常生活中，同样可以看到价值观对我们的巨大影响。比如，你的父母是不是常常用他们的价值标准来影响你进行专业、职业方面的选择？而当你的观点与他们的意见发生分歧的时候，这种冲突是否也是不同价值观之间矛盾冲突的体现？

下面请同学们回顾在以往生活中所做出的重大决策，以及决策之前围绕这一事件所产生的不同意见（自己的，父母、师长、朋友或其他重要人的）。想一想：在这些意见的背后，是否体现着不同的价值观？试着把这些价值观写下来。

除了个人的价值观，文化的价值观也会影响我们的生活和职业发展。著名的职业辅导理论家高特弗莱德森提出了职业选择上的"限制与妥协"理论。她认为：人们在遇到环境限制时，在职业选择上通常最先放弃的是兴趣，其次是社会地位，最后是性别角色（即人们传统上认为适合男性或女性担任的职业，例如，男性很少会从事护理专业）。但事实上，对美籍华人和中国人的调查都表明，他们最后放弃的是社会地位。"社会地位"、"兴趣"或"性别角色"在人们心目中的重要程度，体现了社会群体的价值观。由于个人是生活在社会群体当中的，所以文化价值观很容易为个人所采纳，从而对个人的生活产生影响。

四、价值观的变化

从舒伯的生涯发展理论和马斯洛的需求层次理论可以看出，个人由于所处的生涯发展阶段、社会环境的不同，他的需求会发生改变，从而可能导致价值观的变化。比如，有很多刚毕业的大学生都希望进外企，做白领，把赚钱当做自己的首要目标。因为在这个阶段，他们面临买房、成家等任务，这些都需要经济支持。而在工作十余年、有了一定经济基础的人群中，则有不少人意识到，仅仅为了钱而从事自己不喜欢的工作是一件痛苦的事情。所以，他们在考虑职业选择的时候，薪酬就不再是排首位的价值观了。寻找一个适合于自己兴趣爱好的、能够兼顾家庭的工作就成为他们的目标。他们的需求发生了改变，他们在职业上所看重的东西（即工作价值观）也随之变化了。

此外，由于我们身处的时代是一个多元社会，多种价值观的冲击也会导致原有价值体系的混乱乃至改变。仅以个人的职业发展而言，在计划经济体制时期，讲的是"干一行，爱一行"、"我是革命的一块砖，哪里需要往哪里搬"。而如今在改革开放的大潮下，"尊重个体的差异和独特性、充分发挥个人才能"已经成了社会所推崇的理念，并成为生涯规划这一行业发展的契机。

由于时代的巨大变迁、多元价值体系的冲击，以及个人的成长和发展所带来的变化，个人的价值观常常变得混乱。因此，个人需要对自己的价值观进行探索。一个人越清楚自己的价值观，越了解自己在工作和生活中想要寻求什么、什么对自己来说是最重要的，他的生涯发展目标也就越清晰。而当现实环境与理想发生冲突、鱼与熊掌不可得兼时，他也更容易做出决策，因为他清楚哪些东西是可以放弃的，哪些是不可或缺的。不同的价值观会产生不同的行动选择，而价值观不清晰的人，往往会陷入混乱，难以抉择。

第三篇 就业指导

第五章　就业理念

【教学目标】

1. 学会使用自我认知与个人分析工具。

2. 了解高职生就业定位的优势、挑战、机遇、威胁。

3. 了解就业定位的类型、原则、方法。

4. 树立正确的就业观。

【实践任务】

1. 结合自身实际情况，运用 SCOT 分析法分析自己的就业定位。

2. 假如你有一位朋友想在武汉就业，请你向其分析在武汉就业发展的优势。

3. 结合就业的定义，讨论自己摆地摊是不是就业。

4. 谈谈自己的就业观念。

5. 对当代大学生的就业观自选角度进行社会调查，然后根据自己的调查情况，撰写心得体会或者调查报告。

6. 分组讨论专业学习与未来就业的关系。

第一节　就业定位与择业原则

就业是民生之本，大学生的就业涉及面极广，既牵涉到大学生本人和千家万户的利益，又牵涉到用人单位及国家和社会的利益；既牵涉到大学生的思想情感，又牵涉到大学生的经济收入及事业发展。每个大学生都要面临就业的现实，都希望能顺利就业。大学生就业难乃是全球共有的现象。而我国是世界上人口最多的国家，随着社会主义市场经济的不断发展和完善以及各项改革事业的深入，大学生的就业压力日益突出。为了缓解就业压力，提供更多的就业机会，近年来国家采取了积极的就业政策，确立了"劳动者自主就业，市场调节就业，政府促进就业"的就业方针，坚持通过发展经济、调整经济结构、深化改革、协调发展城乡经济以及完善社会保障体系促进就业。并采取各种有效措施，千方百计增加就业，扩大就业规模，在政策方面对高校毕业生予以支持，为大学生创造就业条件。大学生也应更新就业理念，早日明确就业定位，树立科学的就业观，提高自己的就业能力，结合自身实际和社会需求做出理性选择，积极主动地在社会这个大舞台中找到能够充分发挥自己才干、实现人生价值的位置。

一、高职生就业定位

成功的人生离不开成功的事业，成功的事业需要适当的、良好的工作平台。拥有良好的工作平台离不开正确的就业定位。就业定位，是指就业主体根据自己的特点、就业条件及经济社会发展各方面因索，在职业设计和选择中对自己的职业发展方向及范围进行综合考虑并设定位置。正确合理的就业定位基于对自己和对环境有清晰的认识、准确的判断和合理的把握。我是一个什么样的人？我的性格特征、兴趣爱好适合做哪一类职业？我的专业背景如何？我认为工作有什么价值和意义？只有一切从实际出发，合理准确的评估自己，判断需求，不断调整自己的认知和行为，大学生的就业定位才可能合理，才有努力的方向，并顺利就业。

刘某，某高职学院工程测量专业毕业，曾想"专升本"，因基础知识不扎实未果。找工作一直不急，快毕业时，他才开始四处寻找工作，在网上也投递了多份简历，多是应聘从事各种工程建设中的测绘工作等岗位，但由于未重视实践动手能力培养机会，缺乏工作经验，很少有面试的机会。一家销售测量仪器的公司给予了他面试机会，但因专业不对口，无销售工作经验，吃不下苦，最终放弃。后来他找了一份打接电话的工作，这份工作很吃力，这时王某感觉到若长期如此，不但3年所学非所用，而且自己的职业发展也没有前景，终于决定去接受职业指导。经过几次职业指导，王某的就业观念逐渐转变，借助一些SCOT分析工具，全面客观地分析了自己的情况和社会环境情况，最后到某测量公司上班。在那里，他态度诚恳，勤于做事，不懂就问，工作氛围和工作成效都令他满意。在这个案例中可以看出，大学生的就业定位很重要。在大学阶段应该对就业定位有一定的认知，在职业发展的初期，应该制定出合理的职业规划以及相应的职业定位，并根据实际情况不断地加以调整。在就业求职和职业发展中，要在确立职业理想的基础上，客观分析情况，对自己的职业合理定位，并不断地加以调整，制定通过努力能够实现的目标和计划，一步一步健康成长，最终实现人生理想。

(一) 定位分析工具——SCOT 分析

自我认知与分析是进行清晰的自我定位，特别是就业定位的基础，对一个人的成长和发展具有极其重要的作用。SWOT分析法由哈佛商学院的K. J. 安德鲁斯教授于1971年在其《公司战略概念》一书中提出，原来主要用于比较客观而准确地分析和研究一个组织的现实情况，现在也被作为一种极为有用的自我认知与个人分析的工具。SWOT 为首字母缩略词（Internal strengths and weaknesses wellasexternal opportunities and threats），是指组织的内在优势和劣势，以及外部的机遇和威胁。从整体上看，此分析首先从组织内部入手，分析其优势和劣势，然后转向组织所依存的外部环境，分析其机遇和威胁，进而确定合理的策略。

本书拟将劣势（weaknesses）换为挑战（challenges），提出"SCOT"概念，因为局限、缺点、劣势没必要被视为消极的方面：它们仅是人们的一个特点，是人们跳出思维定势和完善自身的暂时障碍。同时，"SCOT"分析还将分析的对象从传统的组织扩大到包括组织和个人。利用这种方法和思路可以从自身内外找出对己有利的、值得利用和发展的因素，以及对己不利的、需要回避的东西，从而发现存在的问题，找出解决办法，并明确自身定位，以利长远发展。

在 SCOT 分析中，优势挑战分析主要是着眼于组织或个人自身的实力及其与竞争对手的比较，而机会和威胁分析将注意力放在外部环境的变化及对组织或个人的可能影响上。如果能够将组织或个人的优势和即将来临的机会很好地进行匹配，那么组织或个人会在未来的竞争中处于极为有利的地位。把 SCOT 分析中的四个维度综合起来考虑，即可以建构 SCOT 表格（见下表）。在完成环境因素分析和 SCOT 矩阵的构造后，便可以根据情况，明确自身定位，制定出相应的行动计划。制定计划的基本思路，一是发挥优势，迎接挑战，利用机会，化解威胁。二是考虑过去，立足当前，着眼未来。三是组织或个人要把握并顺应社会发展趋势。

SCOT 表格

		内部环境	
		优势 Strengths	挑战 Challenges
外部环境	机会 Opportunities	S—O 战略	C—O 战略
	威胁 Threats	S—T 战略	C—T 战略

（二）高职生就业定位分析

高职毕业生就业应面向生产、建设、服务和管理第一线，面向基层。

高等职业教育作为高等教育发展中的一个类型，肩负着培养面向生产、建设、服务和管理第一线需要的高端技能型专门人才的使命。这明确了高等职业教育人才培养目标，也是高职大学生明确自身定位、确定发展目标必须着重考虑的。这其中要注意以下几点。（1）高职教育是高等教育的重要组成部分，但不能把高职教育与普通高等本科教育等同。前者属于职业类教育，以培养技术型、技能型人才为宗旨。高职教育是相对于初等职业教育和中等职业教育而言的，是一种职业特征鲜明的高层次职业技术教育类型，在人才培养目标确定上，应体现德智体全面发展的高级专门人才的特征。（2）高职专业人才培养目标应当突出职业性、行业性的特点，培养技术应用型人才是高职专业人才培养目标的基本内涵。高等职业教育的主体是培养将科学、工程、设计转化为现实生产力的高等技术专门人才。（3）高职教育是直接为地方或行业经济发展服务的，要面向地方区域经济的行业职业岗位的需要。高等职业教育必须研究一个地区经济发展所需要的"专才"岗位实际能力问题，而绝不能搞全国"一刀切"。每一所职教院校在确定其培养目标时，都应该充分考虑学校所在地的区域经济，把区域性作为高职培养目标定位的地方特色，因地制宜地确定培养目标。

基层就业空间广阔，高职学生到基层就业大有作为。随着时代变迁，非基层人才需求日益饱和，发展空间有限，而基层对人才的需求越来越大、越来越迫切，人才发展空间也很大。高职院校毕业生到社会主义新农村、城乡社区、军队国防、各类中小企业和非公有制企业等基层工作岗位就业，一方面能够有效改善基层劳动从业人员素质结构和提高部队战斗力，维护社会稳定，而且更有利于促进自身的健康成长。高职毕业生面向基层就业，有利于迅速找到人生新起点，在基层工作岗位上发挥所学，打牢自己的生存基础；有利于发挥自己的年龄优势，锻炼学习能力，从小事做起，在做中学，逐步积累自己的人生阅历、宝贵的基层工作经验和各项资源，不断提升自身能力，创造美好的未来。近几年公务员和事业单位人员招考中，用人单位对于求职者的基层工作经验非常重视。

基层一线是了解国情、增长本领的最好课堂；是磨练意志、汲取力量的火热熔炉；是施展才华、开拓创业的广阔天地。而且大量基层单位主动地为大学生就业创造了良好的条件，对于高职大学生来说，面向基层就业，让青春在基层闪光，是一个利国利己的选择。

1. 优势分析

高职大学生的最大优势是面向行业，学有一技之长，具有较强的动手能力和实际操作能力。优势总是相对的，现主要分析与普通高等本科大学生相比较的情况。高等职业教育与普通高等本科教育虽同属高等教育，但高等职业教育属于职业类教育，采用以职业技能能力为中心的人才培养模式，按照社会实际需求设置专业，培养技术型、技能型人才；而普通高等本科教育属于研究类教育，强调知识理论学科的地位，培养科研型、学术型人才。就高职来说，开设的专业其职业指向明确，注重技能性，如计算机应用与维护、会计电算化等专业；面向工作过程，根据毕业生未来职业岗位（群）职业活动范围的实际要求确定培养目标，强调操作技能的训练，以实现培养实用型技术人才为目标；课程设置上，既开设公共课以实现高职大学生以后的科学发展，又重视专业技能课程及相应实践课程的开设，在教学中强调实用性、技能性，注重动手能力的培养，还注重实习基地的建立，加强学生实习。采用产学结合、工学交替的教育教学模式使学校学生与市场、企业保持密切联系。这令高职教育具有了职业性、技术性、前瞻性、行业性和灵活性等特色。

高等职业教育实行双证书制度。高职大学生毕业拥有双证书，这是普通高等本科大学毕业生所欠缺的。高等职业院校的毕业生应取得学历和技术等级或职业资格两种证书，这是高等职业教育根据自身的特性、社会的需要以及服务于学生就业而采用的制度。随着社会主义市场经济的发展，社会对从业人员特别是对高级实用型人才的素质要求越来越高，要求求职人员职业能力强，上岗速度快。这就要求高等职业院校的毕业生，在校期间要完成上岗前的职业训练，具有独立从事某种职业岗位工作的能力。双证书制度正是为此目的而探索的教育模式。双证书是实用型人才的知识、技能、能力和素质的体现和证明，技术等级证书或职业资格证书是高等职业院校毕业生能够直接从事某种职业的凭证。要获得这些证书，必须具备相应的理论基础及实践操作能力；持有这些证书，直接体现相应能力，就业机会较多。

具体到个人优势，可以从身体、头脑以及思想三个方面进行分析。可以借助以下关键问题进行思考：自己具备哪些身体优势？喜欢参加哪些体育运动？拥有哪些才智或天赋？具备哪些技能和特长？在人生观和价值观方面有哪些积极的因素？获得过哪些荣誉？有哪些成功经历？具有哪些良好的习惯？喜欢阅读什么书籍、报刊杂志？与他人和集体的关系怎样？

2. 挑战分析

有人认为，高职大学生与本科学生相比，整体素质较差，这是就业时一大劣势。具体来说，高职大学生学习基础差、自制能力弱、学习习惯差、学习的主动性不够，很难适应当今社会的发展。其实，关于高职大学生的这些特点，与其说是劣势，不如说是挑战，是需要去改进、提高的地方，是需要学会如何接纳这些特点并有效利用的方面。当然，高职大学生应更自信。2013年，中国高等教育的毛入学率已达30%，从某种意义上来说，这意味着包括高职大学生在内的大学生在规定年龄组中是属于前30%的成功者。自信起来吧！高职大学生！

无论如何，同学们要去分析并迎接面临的挑战。说到优势时，同学们可能很高兴，提及挑战就可能令人畏缩、害怕面对。挑战分析要求我们对自己进行全面分析、反省，同时要持有诚实和开放的态度。我们每个人都有自己不满意的缺陷、遗憾与弱点，都会犯错误、面临挑战。"世界上不犯错误的人只有两类：一类是已经死去的人；一类是还没有出生的人。"敢于面对挑战，就能不断改进、不断完善。同学们应经常思考下列问题：高职毕业生最大的挑战是什么？我最大的个人挑战又是什么？我应如何面对挑战？我的老师、亲人、朋友如何看待我所面临的挑战？我在身体、头脑、思想、技能、素质等方面所面临的具体挑战是什么？如何克服它们？同学们要正视现实，共同努力，不但抓好技能培养、提高动手能力，同时采取有效措施，提高综合素质，以解决由于基本素质不高，发展后劲不强，从而影响到就业及发展前景的问题，为自身全面发展、可持续发展打下坚实的基础。

3. 机遇分析

高职大学生就业面临的最大机遇是旺盛的社会需求。世界经济全球化，中国实行改革开放，由此产生的旺盛的社会需求，为高职大学生就业提供了自主选择的机会，扩大了自主就业的范围。高职教育发展的最大动力是社会需求。随着改革开放不断推进，社会主义市场经济体制的确立与发展，我国经济结构不断优化、经济活力不断增强、经济质量与效益不断提高，特别是随着我国走新型工业化道路、建设社会主义新农村和创新型国家对高端技能型专门人才要求的不断提高，国家和社会提供的就业岗位包括创业机会大为增加，这为高职大学生就业提供了千载难逢的良机。产业结构调整带动就业结构的转变。在加快经济增长方式转变，优化产业结构，促进产业升级的大背景下，第一产业就业比重明显下降，就业重心逐渐向第二、第三产业转移，特别是第三产业增速明显。中国现在是制造业、服务业的大国，高职培养人才的方向与我国的产业发展情况相切合。博士易找，技术工人难求，说明了社会对培养高端技能型专门人才的巨大需求，而高等职业教育正好肩负着培养面向生产、建设、服务和管理第一线需要的高端技能型专门人才的使命。

就业创业机制与政策环境不断健全完善，为高职大学生自主择业与创业创造了良好的条件。近年来国家采取了积极的就业政策，确立了"劳动者自主就业，市场调节就业，政府促进就业"的就业方针，坚持通过发展经济、调整经济结构、深化改革、协调发展城乡经济以及完善社会保障体系促进就业，并采取各种有效措施，千方百计增加就业，扩大就业规模，在政策方面对高校毕业生予以支持，为大学生创造就业条件。国家还规定各省级主管部门要积极协调并配合有关部门为大学生自主创业提供新的支持平台，给予制度、政策、资金等方面的支持。

社会对高职教育、高职学生的整体认同度在提升。我国高等职业院校招生人数，约占普通高等学校招生总数的一半，基本实现了教育结构调整的战略意图。在扩大招生规模的同时，职业教育的体制、机制和模式改革也取得显著进展，质量逐步提高，较好地满足了经济社会发展和人民群众的需求，社会对高职教育、高职学生的整体认同度逐步提升。这从整体上对高职学生就业有利。

作为高职学生中的一员，同学们要结合自身实际，分析对自己有利的机遇，要思考如何才能最大限度地发挥自己的身体优势、头脑优势、思想优势与专业优势。

4. 威胁分析

在SCOT分析时，随着认识的加深，威胁可能被视为天赐良机。"危机"一词本就是由"危险"和"机遇"组成。高职学生就业至少面临着以下威胁。一是当前高校毕业生就业压力巨大，整个社会就业形势比较严峻。从总体上看，我国目前已进入劳动年龄人口增长高峰期，社会新增就业岗位不足。二是社会上还存在一些对高职大学生的偏见。"重学历，轻能力"的观点仍有一定市场，高职毕业生在求职乃至工作过程中仍会受到一些影响。三是高职学生整体学有一技之长，具有较强的动手能力和实际操作能力，但其中仍有一部分个体实践观念不强，面向基层的意识和服务观念有待进一步强化。高职学生应明确自己面临的威胁，分析自己要解决哪些问题，处理好哪些关系，在哪些方面寻求突破等，借以明确奋斗目标和努力方向。

(三) 就业定位类型

根据美国著名的职业指导专家埃德加·H. 施恩（Edgar H. Schein）教授的相关研究，可将就业定位分为以下八种。

1. 技术/职能型（Technical Functional Competence）

技术/职能型的人，追求在技术/职能领域的成长和技能的不断提高，以及应用这种技术/职能的机会。他们对自己的认可来自他们的专业水平。他们喜欢面对来自专业领域的挑战。他们一般不喜欢从事一般的管理工作，因为这将意味着他们放弃在技术/职能领域的成就。

2. 管理型（General Managerial Competence）

管理型的人追求并致力于工作晋升，倾心于全面管理，独自负责一个部门，可以跨部门整合其他人的努力成果，他们想去承担整个部门的责任，并将公司的成功与否看成自己的工作。具体的技术/功能工作仅仅被看做是通向更高、更全面管理层的必经之路。

3. 自主/独立型（Autonomy Independence）

自主/独立型的人希望随心所欲安排自己的工作方式、工作习惯和生活方式，追求能施展个人能力的工作环境，最大限度地摆脱组织的限制和制约。他们情愿放弃提升或工作扩展机会，也不愿意放弃自由与独立。

4. 安全/稳定型（Security Stability）

安全/稳定型的人追求工作中的安全与稳定感。他们可以预测将来的成功从而感到放松。他们关心财务安全。稳定感包括诚言、忠诚，以及完成老板交代的工作。尽管有时他们可以达到一个高的职位，但他们并不关心具体的职位和具体的工作内容。

5. 创业型（Entrepreneurial Creativity）

创业型的人希望使用自己的能力去创建属于自己的公司或创建完全属于自己的产品（或服务），而且愿意去冒风险，并克服面临的障碍。他们想向世界证明公司是他们靠自己的努力创建的。他们可能正在别人的公司工作，但同时他们在学习并评估将来的机会。一旦他们感觉时机到了，他们便会自己走出去创建自己的事业。

6. 服务型（Service Dedicationtoa Cause）

服务型的人指那些一直追求他们认可的核心价值，例如帮助他人，改善人们的安全，通过新的产品消除疾病。他们一直追寻这种机会，即使这意味着变换公司，他们也不会接受不允许他们实现这种价值的工作变换或工作提升。

7.挑战型（Pure Challenge）

挑战型的人喜欢解决看上去无法解决的问题、战胜强硬的对手、克服无法克服的困难障碍等。对他们而言，参加工作或职业的原因是工作允许他们去战胜各种不可能。新奇、变化和困难是他们的终极目标。如果事情非常容易，它马上变得非常令人厌烦。

8.生活（Lifestyle）

生活型的人是喜欢允许他们平衡并结合个人、家庭和职业的需要的工作环境。他们希望将生活的各个主要方面整合为一个整体。正因为如此，他们需要一个能够提供足够的弹性，让他们实现这一目标的职业环境，甚至可以牺牲他们职业的一些方面，如提升带来的职业转换。他们将成功定义得比职业成功更广泛。他们认为自己在如何去生活、在哪里居住、如何处理家庭事情及在组织中的发展道路是与众不同的。

总的说来，高职大学生可以灵活运用 SCOT 分析法，全面客观观察和分析自己的实际情况，根据自己的能力、气质、性格、兴趣、价值观、专业等因素，结合经济社会发展情况，面向生产、建设、服务和管理第一线，早日明确自身就业定位。

二、高职生择业原则

就业是一个职业选择过程。职业选择是就业择业主体根据自己对职业的认知、意向、评价及就业观、就业定位等，从社会现有的职业中进行选择的过程。高职大学生在进行职业选择时，应遵循以下原则。

（一）择世所需原则

真正的就业，意味着找到了实现个人愿望、满足用人单位需要与服从国家需要的结合点。国家的经济社会发展是解决高职大学生就业问题的根本途径。高职大学生在择业时首先要认清经济社会发展趋势，服从国家和社会的需要。不论选择什么职业，同学们都要把个人的选择与奋斗志向同国家和民族的前途命运紧密联系在一起，用自己的实际行动推进中国特色社会主义伟大事业。国家和社会的需要会体现到用人单位的人才需求上，因此在择业时，同学们要考虑自己能否满足用人单位的岗位技能和其他要求，进而结合自身的实际情况，选择出合适的职业岗位就业。目前国家和社会急需生产、建设、服务和管理第一线的高技能人才，高职毕业生应坚持择世所需原则，在提高自己综合素质和专业能力的同时，积极关注经济社会发展、国家法律政策，把握社会发展趋势，在择业时顺应发展规律，满足国家和社会需要。

（二）择己所长所好原则

一个人能从事个人兴趣、爱好所在的工作，能从事自己所擅长的工作，对其成功能起到事半功倍的效果。同学们要真正实现自身价值，为国家和社会做出更大贡献，在选择职业时，必须在遵循择业所需原则的基础上，考虑自己的价值观、兴趣爱好、能力、特长，力争做到人职匹配，以扬长避短，在工作中最大限度地发挥自己的特长。这就是择己所长所好原则。在大学学习时，应将兴趣爱好、能力与专业学习结合起来；在职业选择及工作中，提倡"干一行爱一行，爱一行钻一行，精益求精，尽职尽责"的同时，也要注意"爱一行选一行，选一行钻一行"。

（三）面向未来有利发展原则

在现在就业存在较大挑战的情况下，高职毕业生在选择职业时，不宜要求一步到位，寄希望在第一次就业时，就找到一个现在工资高、待遇好，以后发展前途又好的工作，否则就不就业。一是因为现在就业相对困难；二是因为眼前利益和长远利益不一致的情况总会发生；三是因为现在还很难具有相应的素质、能力和洞察力。

高职毕业生在就业中，一定不能只顾眼前，不顾长远，目光短浅，急功近利，从而影响自己的长远发展。在选择职业时，一要将及时就业放到首位，在就业、工作、得到锻炼提高的基础上，以利将来进行职业的再选择，即先就业后择业。二是坚持面向未来有利发展原则，分清主次，着眼长远，即使要选择的职业有这样那样的一些不如意，但只要其能够发挥自己潜能、有发展潜力，对自己对社会未来发展有利，就要及时果断做出选择。

第二节　树立正确的就业观

一、就业观概述

（一）就业观的含义

我们常说"找工作"，简单地说，工作就是职业，职业是社会分工的必然产物，是社会交换劳动、合理配置人力资源的主要途径。就业，通俗地说就是找到工作或有了职业，是指求职者为从事劳动找到合适的劳动岗位。就业观是指对求职就业所涉及到的职业与职业选择等问题的根本观念和基本看法，是个体在一定的人生观的指导下，对自己未来所从事职业及发展目标的基本认识和态度，是一个人的人生观、价值观、工作观、劳动观等在就业问题上的具体表现。就业观是由就业主体、就业动机、就业定位、就业选择、就业途径及方式等多种要素构成的有机整体。同学们平时对"以后要找什么样的工作"等问题的回答背后就隐含着自己的就业观。

（二）就业观的特征

就业观念是人类社会发展到一定阶段的历史产物，它随着社会职业的出现而产生，随着历史发展、时代变迁而不断丰富和发展。同时，人们的就业观念还受到个人所处的社会经济、政治形势、生活环境及个人经历、文化修养和道德水平等因素的影响和制约。因此，就业观具有社会性、实践性、个体差异性等特征。

1. 社会性

就业观具有社会性是由人的本质属性即社会性决定的。马克思指出：人是最名副其实的社会动物，不仅是一种合群的动物，而且是只有在社会中才能独立的动物。包括大学生在内的每个人，既是独立的个体，同时也是社会的一员。职业是社会分工的必然产物，是社会交换劳动、合理配置人力资源的主要途径，极为深刻地体现了人的社会性。选择一定的职业，从事相应的职业活动是人们参与社会的一个重要途径。就业观是在一定的社会条件下形成的，不同的社会发展阶段，社会生产方式的先进程度、社会经济发展程度、社会分工发达程度等因素对人们的影响，职业演化对人才规格的要求都是不同的。

就业观的这一特征要求当代青年大学生的就业观必须建立在符合客观现实、符合人类社会发展规律的基础上，并适应社会发展变化，不断与时俱进。否则，必将在现实面前碰得头破血流。

2. 实践性

就业观的实践性主要表现在：一方面，就业观对大学生的就业择业实践具有指导意义；另一方面，大学生的就业观不是凭空产生的，它来自于实践。正是在对未来就业、择业的展望中，在就业、择业的实践中，在对就业、择业实践和研究的思考中，大学生的就业观逐步形成并不断完善。

就业观的这一特征要求大学生应自觉地在实践、认识、再实践、再认识的反复循环中，加深对就业择业的了解和认识，不断修正就业观念的偏差，树立正确的就业观，升华、实现自己的职业理想。

3. 个体差异性

大学生的就业观，因人而异、因时而异、因专业而异，呈现出明显的个体差异。首先，由于大学生家庭环境、过往经历、现时选择等不同，其世界观、人生观、价值观有差异，必然导致其对职业的认识、选择及实践上有明显的个性化特征。其次，大学生自身知识结构、能力水平也影响着对职业的选择。最后，大学生的兴趣、爱好、性格、气质、心理素质等因素也对其就业观的形成有较大的影响。这些都使得大学生对职业的认识、职业理想、就业观念等存在差异性。

(三) 就业观的作用

大学生是国家的栋梁之才，以后要走上社会，选择职业，服务社会。大学生对未来的生活有着美好的憧憬，对未来的职业寄予厚望，期望自己将来在从事的职业岗位上有所建树。但是在现实生活中，有的人能在自己的岗位上建功立业，有的人却一辈子碌碌无为；有的人从事平凡的职业，却能受到社会的尊重，有的人名噪一时，却最终遭到人们的唾弃……造成这种截然不同的结局的原因是多方面的，但是最根本的一条是能否在正确的世界观、人生观、价值观指导下形成正确的就业观，并以实际行动去践行，因为就业观支配着大学生对就业的看法、心态，影响着大学生对择业目标的期望、定位、行动。

第一，正确的就业观能够指导大学生用正确的人生观、道德标准和行为规范适应社会，积极就业。就业不仅对大学生个人、家庭有重要意义，而且对他人、社会、国家的发展有积极意义，深刻理解这一点，就会积极就业。

第二，正确的就业观能够帮助大学生充分了解社会发展对人才的需求。只有深入了解自己，正确地理解了就业的意义，明白了顺利就业的要求，大学生才会去充分了解社会发展对人才的需求，进而深入了解自己，做到知己知彼，对择业目标进行准确定位、合理选择，以利顺利就业。

第三，正确的就业观能够激发大学生的学习动力，在平时的学习、生活中做充分的准备，善于抓住各种机会提高自己的能力，最终找到能发挥自己才能奉献社会的工作，实现真正就业。

第四，正确的就业观能够约束大学生的就业择业行为，保障就业择业工作有序进行，能调节就业择业活动中的各种社会关系，维护社会稳定。

错误的就业观将使大学生对择业目标产生过高或过低的期望，不利于发挥潜力，会影响择业目标的准确定位和合理选择，会降低择业行动的效果，进而影响就业，影响到国家经济和社会的可持续发展。

所以，大学生要自觉与错误的就业观做斗争，努力树立正确的就业观。

二、就业观念的变化

人类社会不断发展，为人们提供的职业种类越来越多。随着我国大学生就业制度的改革，大学生就业有了更多的主动权和选择权。而我国社会主义市场经济体制的确立以及加入 WTO 全面参与国际经济活动，既为大学生就业提供了机会，同时也提出了挑战。当代大学生要把握社会发展规律，适时转变就业观念，树立正确的就业观。

(一) 改变"狭义"的就业观，树立"广义"的就业观

就业，亦称"劳动就业"，是指有劳动能力的人找到工作岗位，从事某种社会劳动并取得报酬或经营收入。凡从事社会劳动并取得报酬或经营收入的人即为就业者或就业人口。狭义的就业观认为，只有当公务员、做高薪白领、进大城市、进机关事业单位、端铁饭碗才算就业；只有能留档案、落户口的那种才算就业；只有显

性就业才算就业。所以，许多大学生把眼睛盯在大城市、大单位、高收入、高地位的工作岗位。

其实，随着高职教育的普及，接受高等教育的人数逐年增加，大学生作为高层次短缺人才所具备的市场优势不复存在，对人才的高学历追求将逐渐被高素质、高技能的新要求所取代，就业竞争更加激烈。同时，为适应社会主义市场经济发展，我国的产业结构正在进行大规模调整，国家机关、事业单位精简机构，压缩编制；国有企业减员增效，许多富余人员下岗分流；大量农业劳动力向非农业转移，造成目前和今后一个时期内许多社会机构吸纳员工的能力下降。

面对新的就业形势，大学毕业生要改变狭义的就业观，树立起广义的就业观，即只要有一份工作，有一份相对稳定的收入，不管是国有单位，还是非国有单位，甚至从事个体工作，自谋职业，都是就业；只要是通过劳动取得合法收入即为就业。在工作种类上，大学毕业生不仅可以从事一份工作，也可以同时兼任几份工作；在工作收入上，大学毕业生可以从事有较高收入的工作，也可以从事一般收入的工作；在工作地点上，既可以是城镇，也可以是农村；在工作定性上，大学毕业生既可以从事稳定的长期工作，也可以从事不太稳定的短期工作。

截至到 2006 年底，我国非公有制（不包括港澳台）注册企业 3130.4 万户（含个体工商户），占全国企业总数比重 95.7%；从业人员 23780.4 万人，占全国城镇就业人数比重 84.0%。截至 2009 年 9 月底，全国中小企业达 1023 万户，创造的最终产品和服务价值相当于国内生产总值的 60% 左右，提供了近 80% 的城镇就业岗位。可以想象，如果一个学生固执己见，认为只有到公有制单位工作才算就业，非公有制单位不去，他将会错失多少就业机会和发展良机。同学们要正确理解就业的含义，广义的就业观将会使我们的就业范围、就业渠道大为拓展。

（二）改变"消极等待"的就业观，树立"积极主动"的就业观

一部分同学认为上了大学，就理所当然地有了一份工作；一部分同学认为学校、社会、国家应该为自己安排一份满意的工作，被动等待用人单位上门或等待学校推荐，"等"、"靠"、"要"的思想仍然存在。殊不知，形势已经改变，在社会主义市场经济条件下，国家、社会、学校会为学生就业提供必要的条件，做出各自的努力，但如何利用这些条件，必须由就业的主体——学生积极主动参与就业。

一是要主动收集需求的信息和了解社会对人才的素质要求。由于国有企业经营机制的转换和股份制的建立，行政机关机构的改革、精简及市场、效益等观念的作用，用人单位对大学生的选择更加注重质量、能力和素质，即发生由量向质的转化。具体表现在：（1）把政治素质和思想素质放在首位，而不是完全强调专业对口；（2）把要求大学生具备良好的专业知识水平和职业道德、认真踏实的工作作风作为考察的重点；（3）把具备较强的工作能力、动手操作能力及一定的公关社交能力、组织管理能力等也作为考察的一个重要方面。二是要应对这种要求，积极主动，不断提高学习能力、实践动手能力。三是要树立正确观念，抓住机会，多渠道实现就业，积极自主创业，不仅给自己机会，也为社会和他人创造就业机会。

(三) 改变静态的"一次选择定终身"的择业观，树立动态的"终身"择业观

过去的就业观认为，读了大学，就应该找一份一次择业定终身、稳定工作到退休的"铁饭碗"工作，而如今，这种观念已难以适应新的形势要求。首先，社会在发展，职业也在不断地分化组合，有的还会消失。其次，由于市场经济条件下企业的生存与发展充满风险，企业破产、单位裁员、经济不景气以及新生劳动者对现有劳动者的竞争淘汰等，均是现阶段与未来发展中经常出现的现象，均会导致部分劳动者失去已有的工作岗位。最后，大学毕业生虽具备专业知识的优势，但由于当前人才分配不均匀，又由于部分学生有学历没能力、动手实践能力不强、缺乏工作经验等原因，就业情况不太乐观，即使已经就业，也不能保证不被淘汰，或终身不变换岗位。因此，要摒弃"一次选择定终身"的择业观，树立动态的"终身"择业观。

其实，高职教育普及化阶段，社会经济较为发达，职业流动较为频繁，双向选择、自主择业、职业流动正逐渐得到人们的认同，其结果是使就业者能够根据社会的需要和自己的爱好、技能、知识水准，从一个部门转到另一个部门，为就业者全面发挥自己各方面的才能创造良好的社会条件，使就业者的全面发展成为现实。"一次选择定终身"的择业观，逐渐被动态的"终身"择业观所取代。同学们要树立"先就业，后择业，再创业"的正确就业观。

(四) 改变"专业对口"的观念，树立"发展适应"的就业观念

专业对口、学以致用是求职择业的主要原则。很多人希望对口就业，然而，与专业对口的社会岗位群相对狭窄，这就限制了就业空间，高职大学生不应该被专业束缚了选择职业的空间，而应根据自身的实际情况，适应社会对人才的需要，转移专业兴趣，自觉培养新的爱好，锻炼多方面能力，拓宽就业渠道。近年来，社会上以综合素质为主要考察重点来进行招聘的实践证明，复合型人才大受欢迎，大学生的学习不能单纯强调专业知识，还要注重思维方式、适应能力、生存能力、发现问题和解决问题的能力。

推进双证书制度是高职院校的一项重要工作，高职大学生在毕业时应获得相应的职业资格证书，同时应该积极提升自身的综合素质和职业迁移能力，一专多能，努力成为复合型人才。大学几年的学习不过是入门教育，重在"学会学习、学会生存、学会关爱"。真正的专业还有待在工作实践中，通过有针对性的再学习以及从业经验的积累，逐渐清晰而最终形成。

(五) 改变"选择工作岗位"的观念，树立"创造工作岗位"的观念

从目前来看，由就业教育转向创业教育，已经是世界高等教育发展的总趋势，也是我国高等教育改革与发展的必然选择。早在 1998 年 10 月联合国教科文组织在巴黎召开的世界高等教育大会上强调指出，毕业生将愈来愈不再仅仅是求职者，而首先将成为工作岗位的创造者。

高职大学生是整个社会中充满活力、富有创造力、善于实践动手及指导实际操作的群体，理应是创造工作岗位的积极群体，在积极解决自己就业问题的同时，还可以为其他毕业生和社会青年的就业创造机会。但很多大学毕业生仍然倾向于"选择工作岗位"，"创造工作岗位"的行为依然甚少。这种自主创业行为的缺失，与大学教育中缺乏创业教育相关的内容有关。长期以来，我们的大学教育，是教会学生如何去寻找一个工作岗位，而不是增强他们创造工作岗位的潜能。高职院校应加强在校生的创业意识教育，通过规范的创业教育，来提高学生自主创业的成功率。我国部分高校已启动了创业计划，并得到政府部门的大力支持。创业教育正悄悄走进大学校园。教育部对大学生的创业行为予以肯定，并且出台了相关政策推动、鼓励高校毕业生自主创业。人力资源和社会保障部等部委也相继出台了有关政策，为大学生创业排除一切政策障碍。财政部、国家发展与改革委员会先后为高校毕业生从事个体经营出台了有关优惠政策。各省市地方政府都在积极创设环境，为大学生创业助力。

(六) 改变"职业理想化"择业观念，树立"胸怀理想，立足现实"的择业观念

职业理想是指人们对符合自己意愿的职业种类及所要达到的职业成就的向往和追求。合理恰当的职业理想对大学生的成才具有非常重要的意义，它是一个人成就事业，为国家社会做出贡献的内在精神动力。就业是每个人人生道路上的重要抉择。找一份称心如意的工作是每个大学生的心愿，但这个心愿必须具有现实可能性，不能过于理想化。在择业时，同学们不能一厢情愿、不切实际地高估自己，不现实地要求社会，把自己的职业前途建立在空中楼阁之上。这种观念，一方面会影响同学们及时就业，另一方面会导致已就业的人不安心本职工作，最终影响自己的成长和进步。实际上，一般情况下，一个人在大学毕业以后可能会经过一定的职业调整，才能知道自己真正喜欢什么工作、社会又能提供什么工作，才能做到个人的理想与现实很好地结合在一起。所以，大学生应该正确看待自己，在职业选择及职业活动中既形成合理恰当的职业理想，又脚踏实地根据现实情况一步一步去努力，在工作中不断增长才干，最终实现职业理想。

(七) 改变"贪图安逸享乐"观念，树立"艰苦奋斗求发展"意识

大学生就业难在很大程度上源于大学生就业结构的不合理。就业结构不合理除了

经济结构等因素影响外，还有一个重要原因是一部分学生贪图安逸享乐。

每年都有一部分大学毕业生找不到工作，这就给人一种假象，似乎我国的大学生过剩了。其实它掩盖了大学生就业结构的不合理现象。仅从就业去向而言，毕业生就业过分集中在东部和大中城市，而广大的中西部地区、农村基层、城市社区缺乏人才的问题仍然没有解决。有很大部分毕业生不愿意到生产第一线，不愿意到边远农村，不愿意干脏活、累活，怕到基层，怕社会消极舆论，怕就业环境差，怕缺乏发展空间，一心只求舒服的环境和丰厚的待遇。结果是沿海城市人满为患，内陆地区和基层单位求贤若渴，这不仅造成人才的严重浪费并由此形成国民经济进一步发展的障碍。在现实生活中，很多大学生与社会接触少，实践经验少，社会阅历浅，极少有机会到艰苦的地方锻炼，普遍缺乏艰苦奋斗的精神。而艰苦奋斗和无私奉献是就业创业者必备的精神支柱。因为一个人的成长，难免会遇到曲折坎坷，要战胜困难，取得成功，就必须在艰苦的环境中磨练自己的意志品质，培养自己高尚的情操和毅力。实践也证明，大学生中大凡成才者，都有过艰苦奋斗的经历。因而，每个渴望自己能够成为社会有用之才的大学生，都要有到艰苦环境中锻炼的勇气和精神准备，要树立正确的择业观，到社会最需要的地方去建功立业，为自己今后的发展搭建平台。

（八）改变"只顾眼前利益、急功近利"的观念，树立"着眼长远、面向未来发展"的就业观念

只顾眼前利益，不顾长远利益，是急功近利、目光短浅的表现。一部分高职毕业生一心想找到一个工资高、待遇好、付出少的工作。大家想一想，有这样的工作吗？没有付出，哪有收获？即使有这样的工作，竞争激烈吗？更何况，现在工资高、待遇好并不意味着以后发展前途好。很多时候眼前利益与长远利益并不一致，高职毕业生不能只顾眼前，不顾长远，目光短浅，急功近利，从而影响自己的长远发展。在选择职业时，要着眼长远、面向未来发展，根据经济社会发展及社会需要的变化和自身能力、素质状况，选择最能够发挥自己潜能、有发展潜力的职业岗位，这对最大限度地实现人生价值具有重要意义。切勿为了眼前的利益而失去达到未来预期目标的机会，否则只会得不偿失。

三、树立正确的就业观

(一) 用科学发展观指导人生发展，用科学高尚的人生价值观指引人生实现价值

科学发展观，第一要义是发展，核心是以人为本，基本要求是全面协调可持续，根本方法是统筹兼顾。科学发展观是我国经济社会发展的重要指导方针政策，是发展中国特色社会主义必须坚持和贯彻的重大战略思想。同时，科学发展观也为个人的全

面发展、成长成才指明了方向。深入贯彻落实科学发展观，要求大学生把个人发展与国家社会的发展统一起来，在推动科学发展、促进社会和谐的同时实现自己的人生目标。

人生是有限的，而且对个体来说只有一次，所以大部分人都希望按自己的意愿，充实、有意义、愉快地度过一生。大学生应深刻意识到这一点，从而珍惜人生，珍惜大学生活，思考人生目的，探索人生意义，在人生观价值观之上构筑人生梦想，确定自身职业定位。就无法替代的人生而言，最重要的是具有明确的人生目的，没有目的的地方，就没有成果出现。人生观是人们在实践中形成的对于人生目的和意义的根本看法，它决定着人们实践活动的目标、人生道路的方向和对待生活的态度。人生价值就是人们从价值角度考虑人生问题的根据。回答人生目的问题，要以人生的价值特性和对于人生的价值评价为根据。而就业观就是具体化的人生观，是每个有劳动能力的人对人生的基本态度问题。尽管在人类历史长河中涌现过形形色色的人生观，但只有以为人民服务为核心内容的人生观，才是科学高尚的人生观，才值得同学们终生尊奉和践行。一个树立了为人民服务人生观的人，才能对人生目的有更为深刻的理解，时刻把人民群众的利益放在心上，力求为人民多做好事；才能以正确的人生态度对待人生、对待生活。树立正确的人生价值观，始终对祖国和人民具有高度责任感，在服务人民、奉献社会中实现自己的人生价值；才能具有强大的、持久的学习、生活、工作动力，不断完善自己的观念，提高自己的能力，以实现自己的人生目的；才能从包括职业事业方面在内的多方面不断探索实现人生观、价值观的途径，树立、践行正确的就业观，实现满足社会需要和充分发挥个人聪明才智成长成才的有机结合。

同学们在大学阶段，要不断思考这一组问题——我要成为什么样的人？我要如何才能成为这样的人？在职业生活中又如何体现这两个问题？

虽然现在就业形势很严峻，但边远、基层地区依然很少有人问津，而发达地区和大城市就业的竞争却达到白热化，甚至出现公务员考试考生报名人数和录用人数比例竟超过 60，个别职位比例近 5000 ∶ 1。这涉及一个深刻的问题，就是人生观和价值观的问题，此问题认识不清或认识不足，就业观念就很难改变。每个毕业生都希望成才，而人才是在某一职业岗位上，通过掌握的知识、技能等要素为本行业、为国家、为社会、为人民做出贡献的人。它不是根据工作地点、工作岗位、工作报酬、福利待遇等因素来衡量，而是以在历史进程中施展才华，建立功绩的多少为评比条件。他可以是科技之星、企业之星、田野之星、军旅之星，也可以是星火带头人、岗位能手。如果用科学高尚的人生价值观指引人生，正确树立成才观、就业观，高职大学生在就业时，就会少走许多弯路。

(二) 明确高等职业教育培养目标

同学们正在接受高等职业教育，在学习、生活及准备就业及就业过程中要始终明确高等职业教育的培养目标，并将培养目标作为自己努力的方向。高等职业教育的目标是培养面向生产、建设、服务、管理第一线需要的"下得去、留得住、用得上"，实践能力强、具有良好职业道德的高端技能型专门人才。作为现阶段的高职大学生而言，哪里是第一线？哪里需要我们？高职院校毕业生可考虑到社会主义新农村、城乡社区、军队国防、各类中小企业和非公有制企业等基层工作岗位就业，这不仅能够有效改善基层劳动从业人员素质结构和提高部队战斗力，维护社会稳定，而且更有利于促进青年的健康成长。国家对到基层就业的高校毕业生，将按规定特别给予相应补贴、代偿学费和助学贷款、提供人事户籍管理服务、入伍退役后优先考学升学等优惠引导政策。一个人有了在农村、在基层、在艰苦环境中的磨练和体验，就会对中国国情有更深的了解，从而对农村、对农民产生深厚感情，而这些正是当代大学生所需要、所欠缺的，但又为国家社会发展所必需的。中央把选聘大学生当村官作为战略举措来抓，并坚持在用人导向上向基层倾斜，这与高等职业教育的培养目标是一致的。

(三) 审时度势，顺势而为

就业和创业虽然强调发挥个人的主动性，但也不完全是个人随心所欲、纯粹由自己的兴趣和意愿所决定的。职业是社会分工的结果，职业生活是社会生活的组成部分，个人的选择必须和社会的需要结合起来。在当代社会中，择业实质上是个人基于社会的需要和自己的意愿，来选择和确定自己所从事的工作；创业实质上是通过创造性的职业活动，把自我价值的实现与社会的需要统一起来的过程。

服从社会需要是择业的前提条件。人类社会一直在不断地向前发展，人们的需求也在不断地变化。在不同的历史时期，会产生不同的就业良机，不同的机会将人们带往不同的方面。也许昨天在从政，也许今天在工业，也许明天就在商业，也许后天就在创业了。机会属于顺势而为的人，而远离"不识时务"的人。劳动者要从事社会生产劳动，先决条件是社会对劳动力的需要。只有社会上存在劳动就业的可能性，才谈得上对职业的选择。作为大学生应以社会利益为重，从社会需要出发选择职业。在确定就业目标时，应根据社会经济发展的需要的趋势，在考虑国有企业单位的同时，立足于吸纳容量更多的非国有企业和欠发达地区的艰苦行业，用发展的眼光、长远的观点来指导自己的就业择业。作为明日国家栋梁之材的大学生理应具有敏锐的洞察力，透过现象看到事物的本质。不应囿于古训，被旧有的思维习惯和无知所羁绊，而应顺应机会的潮流，勇于创新，敢于突破，发挥自己的创造力，树立正确的就业观，努力寻求发展之路。

大学生在择业过程中应全面、详细地了解和掌握就业的方针、政策、规定等，在就业政策允许的范围内确定择业目标，避免走入择业的误区，确保择业决策的成功；要做到个人需求服从社会需求，当个人择业目标与社会需求发生矛盾时，要及时调整个人的择业目标，摆正个人位置，从长远的、发展的眼光看待自己的选择；要把个人兴趣、爱好、专长与社会需求有机地结合在一起，自觉服从社会需求的客观规律，做到干一行、爱一行、专一行，在本职工作岗位上建功立业。

在当前实行改革开放的社会主义中国，社会主义市场经济的发展，使原来在计划经济条件下形成的生产、交换、分配、消费等诸多关系发生了剧烈的变化，这也促使市场体系的形成和发展，尤其是劳动力市场的形成和发展。国家就业体系制度的调整，使人们的职业选择机会增多，职业活动内容日趋丰富，进而引起当代社会就业观的嬗变。如果一个人审时度势，顺势而为，就能既发挥自己的能力与才干，又服务于社会。

(四) 客观认识自我，发挥自身聪明才智

适合自己特点是大学生就业的着眼点。社会上的职业多种多样，不同的职业对从业人员的知识、技能、素质等要求不同，而大学生自身的条件也不一样，不同的个体所具有的素质也是有差异的。如果缺乏个人特长的基础，即使职业岗位给人提供的条件再好，也是无济于事的。

大学生要客观认识自我，特别要善于发现、培养自己的优势，用自己的独特优势去获得工作平台，满足他人和社会的需要。在找工作的时候，一些学生拿着简历投很多家单位的多个岗位，这看起来相对增加了就业成功几率，但很多时候这些简历的投放是无效的。同学们应摆脱这种盲目的状态，了解自己的优势何在，自己适合哪类工作、哪些岗位。在投放简历前，我们应问问自己，我期望找到一份什么样的工作？我为什么要找这份工作？我的能力、性格等是否能胜任这项工作？我喜欢这项工作吗？从事这项工作需要付出什么？从事这项工作符合我的价值观吗？明白了这些问题，很自然地就会有目的、有选择地去应对，也会大大提升我们的就业竞争力，因为这是有明确方向的，去应聘的是自己最期望得到的且适合自己的工作岗位。在毕业前的最后一年，就是大学生最好的实践年，选择的实习和兼职要和自己未来的就业相结合，这样就会事半功倍。这之前的几年，就是大学生做职业选择的时间，同学们如果能在入学时就明确自己的发展方向，那么肯定会有明确的努力方向，就会弄清课余时间看什么书、社会实践参加哪些类别。大学生在求学过程中，或多或少都会锻炼出一定的特长，若是在择业过程中，选择能发挥个人特长的单位，这样有利于大学生迅速适应社会，有利于大学生增强自信心，有利于人才资源的合理配置。

(五) 科学决策，确定职业目标

学习与就业要有成效，必须合理确定职业目标，找准职业定位。同学们可以抓好以下几步，科学决策。

第一步，知己。充分客观地审视自己，了解自己本身的特性，包括自己的兴趣、能力、需求、价值观、个性及自己的优势所在。第二步，知彼。深刻洞察社会需求，深入了解职业的特性、所需的能力、就业渠道、工作内容、工作发展前景、工作的待

遇等，明确社会需要对自己的要求，自己在社会分工中所处的位置。第三步，科学决策。有机结合前两步，对多种因素进行分析思考，找准自己的位置，发挥自己所长，确定职业目标。

(六) 勇于实践，在实践中完善就业观，提高自身综合素质，增强核心竞争力

每个用人单位都有其文化，优秀的单位必有先进的文化。用人单位对毕业生的要求不仅仅是在专业上，还要看其思想道德素质和职业道德素质是否优良。这要求同学们不仅要认真学习相关知识，更要在大学学习阶段通过学习与实践形成优良的道德品质，具有敬业奉献的精神。

高职学生要提升自己的专业素质。用人单位需要高级专门人才用其专业技能为其高效解决问题，这需要高职学生加强自身专业技能训练，培养自己的实际动手能力。

高职学生在对待职业问题上，除了要树立符合时代需要的就业观、创业观外，还应当具有在艰苦中锻炼、在实践中成才的准备和抱负，真正采取行动。只有经过艰苦的锻炼才能成才，这是古往今来所反复证明了的一条人才成长规律。而社会实践是铸造人才的"熔炉"，大学生就应在实践生活中磨砺自己。大学生应多参与实践，多积累经验，不断丰富自己的工作阅历，不断发展提高自己，努力为国家和社会做出更多的贡献。

第六章　就业心理调适

【教学目标】

1. 了解就业心理与就业的关系。
2. 了解大学生一般的就业心理问题。
3. 掌握就业心理调试的方法。
4. 掌握职业人生规划的方法。

【实践任务】

1. 对几种典型的不良就业心理进行分析。
2. 对自我就业心理进行剖析。
3. 制定自己的未来职业人生规划。
4. 制定自己健全职业人格的行动路径。
5. 分组进行高职生不良就业心理调查，并撰写调查报告。
6. 设计并开展一次受挫能力训练主题班会。

第一节　对就业心理的认知

就业心理影响并支配着高职大学生朋友的学习生活和对职业的选择行为，若要谋求良好的职业人生道路，就必须要保持良好的就业心理状态，否则，不仅要影响大学时期的学习生活质量，而且还将牵制未来职业生涯的发展，阻碍人生理想抱负的实现。为此，肩负着经济社会生产第一线建设、管理、服务等历史重任的高职大学生朋友们，在大学时期不仅要学习学校开设的各门课程，还必须自觉增强就业心理培育与调适的意识和能力。

一、科学认识就业

按照我国职业分类大典的划分，目前国家认可的职业类别细分为 1838 个。面对这么多的职业，我们每一位高职大学生朋友是不是可以信手拈来呢？事实情况并非如此。尽管职业是人存在的方式，最终要人去承担，但是并非每一个人都是职业之人，也并非每一个人都能得到自己喜欢的职业。不管是一般的职业还是自己梦寐以求的职业，要属于自己都有一个追求的过程，这种追求的过程就是就业的过程。

从字面意义来讲，"就业"的"就"有"靠近"、"接近"之义，即是"获取"、"追求"的意思。不难发现，就业即是通过努力谋求一定的职业，以满足自己生存与发展的需要。不仅高职大学生，每一个适龄人都有就业的愿望，其中一个重要的动力是生存本能的需要。作为高职大学生来讲，就业有着更为丰富的内涵，不仅仅是为了满足生存，否则，中学毕业后就完全可以去"就业"。当今社会，党和政府十分关心人民的生活，就连农民从事农业生产国家都要为其发"工资"，到"退休"年龄一样可以享受养老保险待遇，更何况是接受过中学教育的青年（普高、职高、中专、技校毕业生）。今天的高职大学生朋友，之所以中学毕业后没有直接就业，而是选择上高职院校后再去就业，是因为虽然这二者从形式上来讲都是就业，但是它们之间就存在职业主体对职业意义与价值认识上的巨大差异。高职大学生朋友选择后者，至少在以下几方面丰富了"就业"内涵：一是就业需要提前贮备相应的知识、专业技术与能力、职业素质；二是就业是一件很慎重的事情，这种慎重反映在人与所就之业之间的一种默契与匹配；三是就业不单单是为自己的利益，更多的是能够让自己在就业舞台上大显身手，更好地服务于社会和他人，彰显自身存在的社会价值。

二、健康就业心理的重要性

(一) 就业心理是个复合系统

就业心理即准备就业的人员对就业的心理活动过程和个人在就业方面倾向性特征的复合系统，包括人们对就业的科学认识程度、对就业的情感态度和在就业过程中的意志行为表现，以及人们在就业过程中体现出来的诸如就业能力、就业偏好、就业人格等反映个性色彩的就业倾向性表现。就业心理伴随着个体的成长过程，跟个体成长过程中受学校教育、父母亲的职业生活及其对职业的态度、社会形势及其社会主流价值取向等因素的影响分不开。不同个体在成长过程中所受的职业影响有差异，形成的就业心理就有所差异。良好的就业心理有助于个体做好就业准备、保持平和的心态去面对就业挑战；不良就业心理将成为学生学习的绊脚石，影响就业行为路径及其行为方式的合理化，必将削减其就业竞争力。高职大学生作为特殊的就业个体，其就业心理在普遍意义的基础上增添了新的内涵，有其自身的复合性与复杂性，必须得反观内审。

(二) 健康就业心理是高职大学生就业成功的关键

人上一百，形形色色，高职大学生朋友的就业心理千姿百态，尽管如此，也脱离不了——"良性"与"恶性"两个范畴。如果是"恶性"就必须转"良性"，并且不断为其补充养分，使之最终成为就业心理家族中的"健康派"，即形成健康的就业心理。健康就业心理对高职大学生来讲至关重要，是高职大学生事业成功、成人成才、理想抱负得以实现的关键。以下几个方面足以说明这样的道理。

第一，高职大学生事业的成功、理想的实现，必须要有过硬的专业技能、扎实的文化基础知识和以高尚职业道德为核心的良好综合素质作为基础和前提条件，而获得这些"基础构件"的关键阶段就是人生黄金时段的几年大学光阴。对高职大学生来讲，在大学二至三年黄金般的日子里要尽可能地丰富知识、提升技术能力和综合素质，离不开的一个法宝就是学习、学习、再学习。可是同样的学习、学习、再学习，有的人达到了目的，从外到内予以革新，借助学习法宝将自己武装了起来，而有的人却大相径庭，不但没能"洗心革面"，反而堕落成性、消极度日。这二者之间的分水岭到底在哪里？尽管我们不能找到百分之百的准确答案，但是不可否认的是二者"心"之不同。后者由于心理状态不佳或出现心理问题与障碍，导致学习动力不足、学习效率低下；而前者拥有健康向上的心理状态，从而学习干劲足、学习成效显著。对于高职生来讲，就业问题无时无刻不困扰着他们，其就业心理在整个心理世界中占据着很大的"份额"，主导着学习生活过程中的整个心理状态，即在很大程度上，就业心理状态就成为其学习行为表现及其效果的动力源头和分水岭。具有健康就业心理的高职大学生，能更好地成为自己学习生活的主人，全面发展并提升自己，自觉努力为今后事业的成功准备好过硬的"基础构件"。

第二，健康就业心理是高职大学生顺利进行就业选择的关键。拥有健康就业心理的高职大学生朋友，在激烈的就业竞争与挑战面前，其就业行为理性度相对较高。首先，能够做到有的放矢，面对林林总总的招聘单位和职业工种不乱方阵、不慌手脚，而是根据自身实际情况与需求，有针对性地对用人单位进行考查，并非单方面听招聘人员游说，任其牵着鼻子转，而是主动出击，多渠道深入了解与权衡，在时机成熟的时候才定夺。其次，在就业应聘过程中能够更多体现心态平和、成竹在胸，更好地把过去多年辛苦耕耘积淀下来的知识财富、技术本领、能力素质外化展现在招聘人员面前，不至于在关键时候"缩水"。最后，面对暂时的就业挫折与失败，不惊惶失措，更多的是坦然面对、百折不挠、迎难而上，努力谋求新的就业时机。由此不难发现，拥有健康就业心理的高职大学生朋友在就业选择与竞争的实战中，会更有底气、更有信心、更有韧性，很显然，在就业选择与竞争中更容易取胜，也就拥有更大的几率物色到适需对路的单位和职业。因此，高职大学生朋友拥有健康的就业心理并非是可有可无的事情，很大程度上是其顺利就业选择的关键性因素。

第三，健康就业心理有助于高职大学生朋友在职业生涯路上开好头、起好步。"登高而招，臂非加长也，而见者远。顺风而呼，声非加疾也，而闻者彰。"这句经典语句反映出视点不同，人的行为产生的效果就不相同。同样的道理，高职大学生的漫长职业生涯路也受其"视点"的影响。高职大学生毕业后进入社会，由学生一下变成单位人、职业人，有的人能够较快地适应新的职业生活，融入到单位中，实现角色身份的转变；而有的人就不能尽快适应角色身份的转变，在职业生涯路上老是不能扬帆启航。很显然，前者为职业人生开好了头，起好了步，谋求到了较高的职业视点，在职业生涯路上能更好地扬帆远航。而后者却没有找到合适的职业视点，影响着职业人生的理想皈依。经查阅发现，在职业生涯启程之初谋求到较高职业视点的同学，多半是具有健康就业心理、心理素质相对健全的同学；而很难找到合适职业视点的同学，多数是就业心理不良的那部分同学。所以，高职大学生朋友在校期间，不断修炼形成健康的就业心理，对寻找合适的职业视点、缩短就业适应磨合期、在职业生涯路上布下良好开局有着不可替代的作用。

健康就业心理对高职大学生在大学时期全面学习提升自己、沉着应对就业竞争与选择、在职业生涯路上开好头起好步都有着重要作用，甚至是关键性的作用，而这三个环节均是高职大学生朋友事业成功、人生理想抱负得以顺利实现的关键性环节。所以，健康就业心理对高职大学生朋友来讲，并非是可有可无、无关紧要的东西，而是取得事业成功、实现人生价值的关键性因素。

第二节　克服不良的就业心理

高职大学生朋友要形成健康的就业心理，为未来整个职业人生奠定良好心理基石，必须得对高职大学生这一特殊群体中存在的不良就业心理有一个较为全面的了解。

一、大学生就业的一般心理问题

大学生群体是个体由青年期到成年期成长过程中的一个特殊群体。为了帮助大学生就业做好心理准备和心理调适，需要了解和认识大学生就业时一般存在的心理问题。

(一) 就业心理压力与焦虑

当前激烈的就业竞争环境给大学生带来了较大的心理压力，而且这种压力在各年级学生中都存在。调查显示，个人前途与就业已成为大学生心理压力中最大的因素，而且压力有随着年级增高而上升的趋势。学生就业压力体验相当严重，尤其以心理体验最为严重。大学生毕业前心理压力较过去有明显增大，主要原因是毕业方向的选择、就业、恋爱分合、大学中不愉快经历、离别感伤、突发事件、经济条件等冲突和事件。女大学生心理压力大于男大学生，农村学生的焦虑水平高于城市学生。而大学生面对就业压力的释放方式则过于内向化，主要是自己解决或求助于同学朋友。

(二) 就业心理期望与失落感

许多大学生都有一种"十年寒窗，一举成名"的心理，因此对择业的期望相当高。大学生大多希望到生活条件好、福利待遇高的大城市、大机关、大公司工作，而不愿到急需人才但条件艰苦的中小城市和基层小单位；过分地考虑择业的地域、职位的高低和单位的经济效益。高期望驱使毕业生总是向往高薪水、高职位、高起点，渴求高收入、高物质回报率，并一厢情愿地对用人单位提出种种要求，将自己就业的目标定得很高，即使找不到合适的单位也不肯降低就业期望值。比如，有一些学生就说非某些城市不去，可是现实就业岗位大多不像大学生所想象的那么美好，因此当发现现实与理想的差异较大时，就容易出现"高不成，低不就"的现象，并产生偏执、幻想、自卑、虚伪等心理问题，并由此导致择业行为的偏差。

(三) 就业观念不合理

大学生的择业观念虽然在总体上倾向于务实化与理性化，但由于处于择业观念的转型期，因此各种不良观念也存在并影响着大学生的健康、顺利就业。这些不良观念主要表现在以下几个方面。

1. 只顾眼前利益，忽视职业发展

一些大学生在择业标准中只有工作条件、收入等眼前现实利益，而对自我的职业兴趣、能力、职业的发展前景等因素不做考虑，因而极易选择并不适合自己的职业。

2. 职业标准过于功利化、等级化

一些毕业生过分强调职业的功利价值，甚至还将职业划分为不同等级，而不考虑国家与社会的需要，不愿意到条件比较艰苦的地区和行业去工作。

3. 求安稳，求职一次到位的传统观念根深蒂固

很多大学生仍然喜欢稳定、清闲、福利保障好的单位，希望一次就能选定理想的职业，而不愿意选择有风险、有挑战性的职业，更不敢去自己创业。

4. 过分强调专业对口、学以致用

在求职时，只要是与自己专业关系不密切的职业就不考虑，这样做只能是人为地增加自己的就业难度。

5. 职业意义认识不当

许多大学生从观念上来说，还是仅仅把工作当做一种谋生的手段，没有充分认识到职业对个人发展、社会进步的重要意义。

(四) 就业人格缺陷

1. 盲目从众的旧思想

盲目从众，是指在求职中不考虑自己的兴趣、专业等特点，盲目听从或跟随别人的意见以及盲目寻求热门职业的现象。持有这种心理的毕业生往往脱离自己的实际状况，跟在别人的后面走，如在就业市场中哪个摊位前人多他们就往哪里去，别人说什么工作好他们就寻求什么样的工作，而全然不顾自己的能力和现状，不会扬长避短。

2. 就业挫折承受力差

不少大学生在求职时只想成功，一旦遭受挫折就会像泄了气的皮球，一蹶不振，陷入苦闷、焦虑、失望的情绪之中不能自拔。他们对求职中的挫折既缺乏估计也缺乏承受能力，不能很好地调节自己的心态，也不会通过总结求职中的经验教训来获得下一次的成功。自主择业给大学生提供了就业的自由及通过竞争获得理想职业的机会，应该说这也是大多数学生所期望与认可的。但当大学生真正面临激烈的竞争环境时，也有许多人表现出缺乏信心、缺乏勇气，求职时战战兢兢、顾虑重重、畏首畏尾，不敢大胆自荐。害怕竞争的保守心理一方面与大学生缺乏社会实践锻炼有关，另一方面更与许多大学生害怕失败，不敢面对就业挫折有关。如一些大学生在就业中就只找那些把握大的职业，而对竞争强的工作不敢问津，害怕求职失败遭受打击。

3. 自卑与自大

一些毕业生在求职中常会产生自卑心理，对自己评价偏低，他们总是以为自己的水平比别人差，单位要求很高自己肯定达不到，自己能力不行等。就业中的自卑一般产生于以下一些情况：首先，一些冷门专业的学生看到就业市场寻求自己专业的单位少、待遇差或在求职中遭冷遇，就容易悲观失望；其次，一些性格比较内向、不善言辞的大学生看到其他应聘者口若悬河，自己什么也说不出来也会自惭形秽；再次，一些在校成绩与表现一般的大学生看到别人的自荐书上奖励、证书、成果一大堆，自己什么也没有，也容易自我贬低；最后，一些女大学生在就业中遭受用人单位的歧视后也会自怨自艾。总之，自卑的大学生不敢正视现实，对自己的长处估计不够，怀疑自己的能力，不善于发现适合自己的职业岗位，在对自己的抱怨、贬低中失去了求职的勇气。

自卑的反面是自大，而且二者有时会相互转化。一些专业较好、就业资本较雄厚的大学生容易从自信变为自负。还有一些大学生是脱离实际的自大，他们既缺乏对自己的客观认识，也对就业市场、职业生活缺乏了解，一切都凭自己的主观想象。如有的大学生自以为经过大学几年的学习和锻炼已经满腹经纶，任何工作到自己手中都可以出色完成，因此在求职中自觉高人一等、自命不凡、四处吹嘘，而一旦出现变故则容易陷入自卑、自责，一蹶不振。

自卑与自大是大学生身上常见的人格缺陷，在就业中的表现都是对自己缺乏客观的评价，同时对职业缺乏深刻的认识。在就业中，自卑与自大常存在交织的现象，如一些大学生在求职比较顺利时容易自大，一旦出现挫折就自卑；一些大学生虽然对自身条件比较自卑，但是真正遇到用人单位时却又表现为自大，要价很高。

4. 偏执与人际交往障碍

大学生就业中的偏执心理有以下不同的表现。

（1）追求公平的偏执。大学生要求公平的竞争环境，对一些不良的社会风气感到气愤是正常的，但有一些大学生表现为对公平的过分偏执，将自己求职中的一切问题都归结于就业市场的不公平，以致给自己的整个求职过程都笼罩上了心理阴影。

（2）高择业标准的偏执。大多数毕业生对求职有过高的期望，只有少数人能通过在就业市场的体验，客观地认识和接受当前的就业现状并调整自己的择业标准。但仍有大部分大学生固执己见，偏执地坚持自己原来的择业标准，甚至宁愿不就业也不改变。

（3）对专业对口的偏执。一些大学生在就业时过分追求专业对口，不顾社会需要，无视专业的伸缩性、适应性，只要是与专业有一定出入的工作就不问津，只要不能干本专业就不签约。这样就人为地减少了自己就业的机会。

有些大学生缺乏基本的人际交往能力。如有的在求职过程中过于怯懦、紧张，不敢在用人单位面前表现自己，甚至连面试也不敢去，常常是一开口就面红耳赤、语无伦次。还有的在求职中不会察言观色，不懂得照顾别人的感受，不懂人际交往的礼貌礼仪，如有位大学生在面试结束时，用人单位的负责人递给他一支烟，他不仅当即拒绝还气愤地说："我从来都没有这种恶习！"

二、大学生就业心理的自我调适

就业本身就是我们认识和适应社会的一个过程，在求职过程中遇到困难，甚至经过几次挫折才最后成功都是正常的。在就业中遇到许多心理冲突、困惑，产生一些不良情绪也是正常的。遇到就业问题时，要学会调节自己的心态，使自己能从容、冷静地面对就业这一人生重大课题，并做出正确、理智的选择。如果你遇到了就业心理困扰，可以试着从以下几个方面来调节。

(一) 接受客观现实，调整就业期望值

就业市场化、自主择业给大学生带来了机遇与实惠，但许多大学生对"市场"残酷的一面认识不足，对就业市场的客观实际了解不够。经过对就业市场、就业形势的客观了解与深刻体验后，我们必须明白现实情况就是如此，无论是抱怨还是气愤都没有用，这种就业情况不可能是一时半会儿就能改变的。与其成天怨天尤人，浪费了时

间、影响了自己心情，还不如勇敢地承认和接受当前所面临的现实，彻底打破以往的美好想象，脚踏实地地寻求解决问题的好办法。

在就业市场上，用人单位招不到人、大量毕业生无处可去的"错位"现象普遍存在，这是因为大学生的就业期望普遍较高的缘故。因此，要顺利就业就必须首先根据自己的实际情况和就业形势，调整自己的就业期望值。调整就业期望值不是对单位没有选择，只要有单位就去，而是要在职业生涯规划和职业发展观念的基础上重新确定自己的人生轨迹。这就是说，要树立长远的职业发展观念，放弃过去那种择业就是"一次到位"，要求绝对安稳的观念。要知道现在再好的单位，将来也有下岗的可能，因此，在择业时要看得长远一些，学会规划自己整个人生的职业生涯。

在当前获得一个理想职业的时机还不成熟时，应采取"先就业，后择业，再创业"的办法。也就是说，在择业时不要期望太高，可以先选择一个职业，不断提高自己的社会生存能力、增加工作经验，然后再凭借自己的努力，通过正当的职业流动，来逐步实现自我价值。

(二) 充分认识职业价值，树立合理的职业价值现

传统观念认为，人们工作就是为了满足生存需要，但是对于现代社会的人来说，职业对个体的意义已经远不止如此简单，职业可以满足人们从低层次到高层次的多方面需要。如最近有人对职业价值结构进行了初步研究，发现了交往、义利、挑战、环境、权力、成就、创造、求新、归属、责任、自认 11 个类别的因子。因此，职业的价值是丰富的，我们要充分认识到职业对个体发展、社会进步所起到的重要作用。

在择业时不能只考虑工作的经济收入、条件、地点等因素，更要考虑职业对自我一生发展的影响与作用，应看重职业能否帮助实现自我价值。因此，要在考察社会需要的基础上，树立重视自我职业发展、才能发挥、事业成功的职业价值观。对于那些虽然现在工作条件一般，但发展空间大，能让自己充分发挥作用的单位要优先考虑；对于那些现在经济发展水平不太高，但发展潜力大、创业机会多的工作地点也要重视。总之，盲目到一些表面上看来不错，但不适合自己，自己的才能不能得到有效发挥的单位去工作，是不会让自己满意的，与其将来后悔，不如现在就改变自己，建立适应我国当前市场经济发展、人才需求规律的合理的职业价值观，以指导自己正确择业。

(三) 认识与接受职业自我，主动捕捉机遇

大学生就业中的许多心理困扰都与大学生不能正确认识和接受职业自我有关，因此正确地认识自我的职业心理特点并接受自我，是调节就业心理的重要途径，并可以帮助自己找到适合自己的职业方向。要知道自己喜欢什么样的职业、需要什么样的职业、自己的择业标准以及自己目前的能力能干什么样的工作，这样才能知道什么样的

工作更适合自己。许多同学通过亲身的求职活动后就会发现，自己的能力与水平并不像自己以前想象得那么高，并容易出现各种失望、悲观、不满情绪。因此在认识自我特点后还要接受自我，对自我当前存在的问题不能一味抱怨，也没有必要自卑，因为自己当前的特点是客观现实，在毕业期间要有大的改变是不可能的，因此要承认自己的现状，学会扬长避短。另外，要用发展的观点来看待自己，要知道有缺点并不可怕，可以先就业然后在工作岗位上不断发展自己。

大学生就业中的机遇因素也是非常重要的，因此了解并接受了自我特点以后，还要学会抓住属于自己的机遇，这样才能保证以后的求职顺利。要抓住机遇，首先必须要多收集有关的职业信息，多参加一些招聘会，并根据已定的择业标准进行选择。需要注意的是，机遇并不是对任何人都适用。工作的好与不好是相对的，对别人合适的，对自己不一定合适，因此一定不能盲从，要时刻记住，只有适合自己的才是最好的。最后要注意机遇的时效性，在发现就业机会时要主动出击，不能犹豫，也不要害怕失败，应有敢试敢闯的精神。下面来看一个案例：

缺乏信心的肖丽

肖丽是某大学法律专业毕业生，在选择职业时苦恼至极，因为她觉得自己所学专业不好找工作，自己也没有什么出息，既没有在某个方面表现出特别的能力，也没有什么特别的爱好和兴趣，于是她对任何职业都没有抱太大的希望，整天待在学校宿舍里怨天尤人。

分析：这位女大学生在大学期间，没有正确认识自我，因此各方面的才能和兴趣都没有得到充分发挥，没有学会尝试明确自己的兴趣和能力。事实上，只要她能够对自己所学的专业和知识有进一步了解，对职业的要求、性质做进一步的探讨，总会挖掘出自己的潜在能力并充分发展自己的职业兴趣。

三、大学生要做好心理准备

(一) 充满自信

自信是成功的必要条件，是成功的源泉，自信不能停留在想象上。要成为自信者，就要像自信者一样去行动，我们在生活中自信地讲了话，自信地做了事，我们的自信就能真正确立起来。面对社会环境，我们每一个自信的表情、自信的手势、自信的言语都能真正培养起我们的自信。

缺乏自信时更应该做些充满自信的举动。缺乏自信时，与其对自己说没有自信，不如告诉自己是很有自信的。为了克服消极、否定的态度，我们应该试着采取积极、肯定的态度。如果自认为不行，身边的事也抛下不管，情况就会渐渐变得如自己所想的一样。

(二) 培养自己的受挫能力

古今中外多少仁人志士，哪一个不是从坎坷与挫折中走过来的？一时受挫并不代表永远的失败。人生是一条漫长的旅途，有平坦的大道，也有崎岖的小路；有灿烂的鲜花，也有密布的荆棘。在这旅途上，每个人都会遭受挫折，而生命的价值就是坚强地闯过挫折，冲出坎坷！你跌倒了，不要乞求别人把你扶起；你失去了，不要乞求别人替你找回。输了，并不意味着你比别人差；输了，也不意味着你永远不会成功；输了，更不意味着你到了人生的终点。聪明的人告诉你，失败的终点往往是成功的起点。只要你敢于正视失败，敢于拼搏，你一定会采摘到成功的鲜花——那朵远在天边的奇葩。人生就像奔流的大海，没有岛屿和暗礁，就难以激起美丽的浪花。输了，把失败作为动力！年轻人应有宽广的胸怀，千万不要去计较那微不足道的创伤。即使生活有一千个理由让你哭泣，你也要拿出一万个理由笑对人生。"不管风吹雨打，胜似闲庭信步。"只有这样才能保持一个平衡的心态，才能凭着自己破釜沉舟的斗志风雨兼程，才能凭着"可上九天揽月，可下五洋捉鳖"的豪情勇往直前。无论顺境还是逆境，都要从容面对，无论获得还是失去，都要平静接受，这才是当今大学生应当具备的良好心理素质。

大学毕业生面临纷繁复杂的就业问题，可能要经历多次的面试选择和失败的打击，因此必须具备一定的心理准备，特别是"受挫准备"。我们都知道，事业对每个人来说都不会是一帆风顺的，如果心理准备不足，就会产生过激情绪，导致情绪低迷、能力降低，从而给自己的事业带来不利影响。因此，大学毕业生在求职过程中，要充分做好心理上的"受挫准备"。如何培养自己的受挫能力呢？

1. 分解目标

有远大目标固然不会局限于眼前的困难，但很多时候，我们之所以感到困难不可逾越，成功无法企及，正是因为觉得目标离自己太过遥远而产生畏惧感。所以还应该学会把目标分解开来，化整为零，变成一个个容易实现的小目标，然后将其各个实现，避免产生苦求而不得的挫折感。火箭飞向月球需要一定的速度和质量。科学家们经过精密的计算得出结论：火箭的自重至少要达到 100 万吨，如此笨重的庞然大物无论如何也是无法飞上天空的。因此，在很长一段时间里，科学界都一致认定：火箭根本不可能被送上月球。直到有人提出"分级火箭"的思想，问题才豁然开朗起来。将火箭分成若干级，当第一级将其他级送出大气层时便自行脱落以减轻重量，这样火箭的其他部分就能轻松地逼近月球了。这充分说明了分解目标的重要性。

2. 从容的秘诀

人们常说"登泰山而小天下"，以说明泰山的高大。但事实上登上泰山并不难，很多老人都登得上去。相反倒是黄山的天都峰让很多人望而却步。为什么？通过观察你会发现，虽然泰山比较高，石阶比较陡，可是每隔一段，就会有一块比较宽的地方让你可以暂时休息缓冲。而黄山天都峰的险却不是因为它高，而是因为中间没有可以让人缓口气的地方。

由此可以看出：从容对人来说是多么的重要，紧张当中要有节奏，忙碌当中要有休闲。绘画时，在紧密当中要留个空白；歌唱时，在段落之间要吸口气；工作压力日益增大的职场人士，必须学会自己调节工作的节奏，给自己适当的缓冲。有一句话这样说道："哪个喋喋不休的女人，能表现出风韵？哪个一刻不停的男人，又能表现出风采？"如果你处于这样的境地，挫折将如影随形。

3. 不要事事求完美

有位渔夫从海里捞到一颗晶莹圆润的大珍珠，爱不释手，但美中不足的是珍珠的上面有个小黑点。渔夫想，如能将小黑点去掉，珍珠将变成无价之宝。可是渔夫剥掉一层，黑点仍在；再剥掉一层，黑点还在；一层层剥到最后，黑点没有了，珍珠也不复存在了。

其实，有黑点的珍珠瑕不掩瑜，正是其浑然天成不着痕迹的可贵之处，如同清水出芙蓉，天然去雕饰，美在自然，美在朴实，美在真切。而渔夫想得到美的极致，在他消除了所谓的不足时，美也消失在他过于追求完美的过程中了。美真正的价值往往不在于它的完整，而在于那一点点的残缺，如同丧失双臂的维纳斯，给人无限遐想。

在现实生活中，挫折感往往产生于对人、对事、对自己的过于苛求，而生活的目的在于发现美、创造美、享受美，而不该盯着不完美、不理想的事物苦苦折磨自己。所以，应对挫折最重要的方法是不去过分苛求完美，从而减少挫折感的产生。

四、浮躁高挂心理

浮躁高挂心理指的是在就业选择与竞争过程中把自己估计过高，过于自负。只一股脑地认为自己学习成绩优秀、所学专业需求旺、就业途径多、又有政治资本和工作资本（具有学生会干部经历、获奖证书多），在接受就业挑选时就满不在乎：把就业胃口吊得老高老高，东不如意西不称心，处于对瞧得起自己的单位不可一世、对不愿接收自己的单位又认为于己不公这样一种矛盾的心理状态。这种心理的产生不是一朝一夕，有其一定的形成原因。

对自己的评价发生偏差，其心目中的自我高于真实的自我，看见的经常是自己的优点，而不足之处常常被自己忽略掉了。另外，就是在成长的道路上过于顺利，多数时候都是在鲜花和掌声中度过，没有经历什么打击和不入耳的言论。具有这种不良就业心理的同学，在就业过程中得到的多半是不如意，现实和预想形成强烈反差，面对不期而遇的残酷现实，如不及时调适反省，在职业人生之初将落入低谷，反之，将会在阵痛中重新崛起。

案例再现：要想成就大事业，先要当好小学生

聪天（化名）是某高职院校大三快毕业的学生，学的是令人羡慕能挣大钱的市场营销专业，曾梦想做个踏遍全球的大牌商人，可毕业之际却认为到沿海更有发展前景，更能与世界接轨，于是放弃了学校就业安置办为其介绍的工作，与同学结伴来到深圳。深圳的工作机会的确比内地多，但找工作的人也数不胜数。刚开始，聪天与同学打赌，看谁能先找到一个更理想的单位。两个多月过去了，简历寄出了30余份，有回音的只有两份，面试后又杳无音信。面对强手如林的职场竞争、眼花缭乱的招聘单位，聪天上火了：我既是中共党员，又是优秀学生干部，并且还有那么高一摞获奖证书，怎么投出的简历就石沉大海了呢？这不免太残酷了罢！回到家乡哪有颜面见江东父老！就这样在一阵阵嗟叹声中煎熬着、徘徊着，不知如何是好。

问题解读：聪天同学的处境就源于理想太远大太离谱，现实太残酷太无情，理想与现实的差距成为一条无力逾越的鸿沟。要想成就大事业，先要当好小学生。大事业是人生的理想与抱负，起初离我们很可能有十万八千里远。小学生是一个比喻的说法，即在就业之初把自己视为小学生，觉得自己在职业大花园中还有大量的空白园地需要填补，抱着这样的心态去面对就业，让自己先谋求到独立生存的一席之地后再朝着理想目标进击。这样，就不至于在就业竞争和商海搏击中水中捞月、雾里看花。

事实上，企业通常需要的是经验丰富、脚踏实地、忠诚敬业的人，至于文凭、证书仅仅是门票。所以，许多单位在招聘新员工的时候，其实并不是很看重各科成绩的高低，而是对其忠诚度、学习力、务实精神等方面更为看重。因此，那种浮躁高挂而不务实的同学，容易碰壁也就不足为奇。

五、消极自卑心理

消极自卑心理是几种不良就业心理中的一种表现形式，它是指面对就业选择与竞争，不敢主动出击迎接挑战，觉得自己这也不行那也不行，自认离招聘单位的要求相差甚远而退缩不前的一种低沉痛苦的心理状态。这种就业心理的形成是多方面的因素所致，比如：在过去的学习生活过程中，成功的事、引以为荣的事相对较少；具有一般常人没有的缺点或缺陷；在所受家庭教育和学校教育中多数时候得到的是家长和教师的批评，很少得到激励，凡此等等，由于学生心理成熟度和认知水平有限，就容易磨灭学生的自信灵光，潜滋暗长出消极自卑心理。这种同学常常看不见自己的闪光之处，对自己的不足之处却非常敏感，并且会自觉不自觉地将其放大，导致自己面对职场竞争时常裹足不前，贻误良机。

案例再现：自信助你就业成功

某高职院校大三女生晶晶（化名），尽管各方面不是很优秀出色，但是也不是很逊色，相反发展还比较平衡，但是每次去应聘，笔试都顺利通过，一到面试关就卡壳。

因为她在面试的时候胆战心惊、如履薄冰，头不敢抬、手不敢放、眼睛也不亮，本来是平时倒背如流、烂熟于心的东西一下就全没了，要么哑了，要么答非所问，面试下来又后悔不已。可是，下次再面试，老毛病又复发了，就这样形成恶性循环。

　　问题解读：晶晶的问题是属于就业过程中的消极自卑心理问题。之所以面试屡遭失败，很大程度上可说是缺乏自信这把"杀手锏"。要想在面试过程中面对招聘官思路清晰、对答如流，不可缺少的一个先决条件就是要充满自信。自信从何而来？俗话说，最大的敌人就是自己。自信的缺失不是招聘官太凶、太刁钻，而是自己在拉自己的后腿、泼自己的冷水，心中在嘀咕无数个令人失望的假设。这些无疑就是自己的敌人，要找回自信就要战胜自己、消灭自己心中藏着的那个敌人。另外，就是要多参加求职面试，不一定是作为真正的就业实战，而更多的是为了寻找机会置身求职的场景中去接受锻炼、积累经验，每次下来后不要后悔，而是理性地反思总结以便一次次提高。综合运用这两种方式就能逐渐增强迎接面试挑战的自信心，消除就业竞争中的消极自卑心理。

六、盲目跟风心理

　　有一部分高职大学生心存盲目跟风的就业心理，这种不良心理的主要表现特征在于：在就业选择与竞争的过程中，没有自己的独立主见，不从自己的实际情况做出切实的选择，而是风大随风、雨大随雨，见别人想进机关事业单位，自己也跟着凑热闹，别人想下海经商自己也跟着去"捞大钱"，别人想进外资企业自己也跟着去碰一碰、撞一撞……总之，没有主见，跟着别人赶潮流而东一榔头西一棒子，失去就业灵魂的矛盾心理。这种不良就业心理的形成也有其自身的原因。这类同学在过去成长的道路上，缺少独立解决问题方面的锻炼，独立思维能力没有得到应有的培养；一定程度上也受社会潮流的影响，追求时髦，没有形成科学的美学标准和审美能力，在喧嚣的大环境中似我非我地过着日子，久而久之，也就失去了真正的自我。这种同学最后的结局多半是"这山望着那山高，到了那山没柴烧"。

案例再现：职场"跳蚤"没着落

　　小刘是某高职院校大三学生，学的专业是机电工程，毕业之际，班上的同学全都有了归宿之地，而他还没着落。原来，在毕业离校之前，他经历过多家单位，最后都调了头转了向。第一家单位是某省煤电公司的下属新企业，见班上好几位同学对其感兴趣，听他们说去新建厂能有用武之地，自己也就跟着去了。可是去后不久，觉得那儿环境恶劣也就解除合同跳走了。第二家单位是去中铁下属某公司建筑工地上当电工，最初听同学说中铁是国企，底子厚、保障好，正如俗话所说的"饿死的炊事员都有三百斤"，于是也就使下浑身解数，最后公司看他有诚意也就给了他一个机会。可是去了之后没有多久，他又觉得工作太艰苦，有时晚上还要在工地上检修机电设备，早上天没亮就要起来上班，即便是冬天寒风刺骨也不敢懈怠，最后以不能忍受工作之苦而递交了辞职书。第三家单位是一家私企，最初听同学说私企比较灵活而且十分人性化，班上有几位同学要到这家私企顶岗实习并就业，也就随大流去了。去之后，最初还兴致很浓，老板偶尔也叫他出出差、跑跑业务，可他后来觉得老板太不讲原则，在分配和对职工的提拔任用上不公平，讲的是谁会请客送礼、抽烟喝酒，最后一气之下，逃之夭夭。

问题解读：从小刘的经历来看，他成为职场中的"跳蚤"，跟以下因素分不开：一是没有主见，不知道自己就业的方向和自己真正需要的是什么；二是看待单位的视角有偏差，更多的是挑单位的毛病之处，而没有将单位的优势与劣势综合起来整体衡量。

俗话说，萝卜青菜各有所爱，世上绝对没有完全相同的两片树叶。同样，不同的高职大学生个体在就业的需求与标准上肯定也会有差异。面对就业这一人生大事，一定要冷静思考，清楚自己的现状，如家庭环境、个人素质、当前形势等方面如何，在此基础上去划定就业范围，有针对性地去物色单位、迎接挑选；再有，到了单位，要热情、谦虚、好学，尽力干好工作，而不是评头品足，专挑单位和同事的毛病。只要踏踏实实做人、认认真真做事，自身职业的羽翼就会越来越丰满，也就不可能老是在职场中漂泊不定无着落。

七、等靠依赖心理

等靠依赖心理也是不良就业心理中的一种典型表现形式，它是指高职大学生中的一部分人在就业选择与竞争中不求进取、无动于衷、被动等待，把希望寄托在家长、教师、朋友身上的一种心理状态。这种不良就业心理的形成主要源于：这类同学在成长过程中受家长包办代替太多，本该自己做的事情也由家长取而代之，为依赖"培植"了土壤；另外也跟时代气候密不可分，当今的高职大学生多数都是独生子女，在成长过程中失去了很多锻炼竞争的机会，相对优越的生活环境条件更多造成的是贪图享受，不愿吃苦耐劳；再就是跟过去所受的教育也不无关系，当今教育尽管竭力弘扬素质教育，但是应试教育之风不是消亡，而是愈演愈烈，在这样的教育环境下，学生在多数时候都是被动接受，主动出击主动探索的习惯没有形成，对知识的获取更多的是"靠等"、"靠要"，这种学习的方法与习惯不可避免地在一定程度上要泛化到就业选择和人生其他一些大事情的处理上……等靠依赖心理导致的最后结果就是，失去一个又一个就业机会，一个又一个用人单位与自己擦肩而过；拥有工作单位，但是那不是自己真正喜欢的工作，为自己的职业人生添上一层灰色；偶尔也有同学得到相对靠得住的工作，但是由于长期养成了等靠依赖的不良心理，惯性使然，在工作岗位上也会不自觉地表现出来，影响其工作质量和职业形象。

案例再现：不在竞争中起步，就在等靠中"消亡"

小邹是某高职院校大三学生，学的专业是计算机网络技术专业。大三下学期伊始，班上其他同学都纷纷忙于就业找"婆家"，可她不惊不慌，一副镇静自若的样子。辅导员问她为什么这样，回答是："工作哪用得着自己找？自然有人给我找就行了嘛！"尽管辅导员劝其凡事要独立自主、自力更生，但是她不以为然，相信"等"之中自有出路。果真，临毕业之际，她的一位在某县任副县长职务的亲戚给她找了一份工作，是其亲戚县上一个机关单位的计算机网络维护管理职位。最初得到这一消息她很激动，兴高采烈地到单位报到上班了。刚一到单位觉得各方面都比较新鲜，单位的领导也多次在职工大会上说她是大学生，在大学期间各方面都比较优秀，不久，同事们也知道她是某副县长介绍到单位来的。经过几个月后，单位的一切对她来讲都好像不复存在了，昔日的新鲜感也没有了，单位的同事也不再觉得她是大学生有什么了不起，反而觉得她娇气十足，独立工作能力差，工作中的依赖思想严重。时间久了，工作中的不良表现不可避免招来部分同事的"另类"言论。温室中长大的她，从来没有听说过逆耳的言论，于是，一气之下就辞职呆在家中。后来，她家长说，这样呆下去不是个头，叫她自己出去找工作，她却反驳说，现实如此残酷，家长不去给她找工作，她一个女孩子家到哪去找工作。就这样，与家长之间的关系也僵化，家长也不愿出面再去托关系，她自己又没有敢拼敢撞的精神。最后，只好长期呆在家中当"嘴老族"。

问题解读：从小邹的遭遇不难悟出一些看似浅显实质上被很多人都忽略了的道理：求人不如求己，等靠依赖注定要失败。本来，小邹有相对较好的社会背景，这本该为自己就业成功、人生辉煌添加新的力量，但是，她近乎把全部希望都寄托在了外界力量上面。其实，社会关系力量对一个人的成长、就业、人生发展仅仅起辅助作用，真正起决定性作用的是自己，只有在自己当好了自己人生主人的基础上，外界的力量才能更好地发挥作用，才会让自己羽翼更加丰满，否则，再"铁"、再"硬"的关系力量，都只能让自己望洋兴叹。青年大学生要想腾飞、要想起步，不应忘了打铁要靠自身硬的朴素道理。

第三节　调整就业心理

一、全面剖析自我就业心理

高职生走出不良就业心理的第一步是对自己现有就业心理进行全面剖析，只有对自己的就业心理状况有清楚的认识之后才能"对症下药"。事实上，不少同学对自己真实的就业心理并不真正了解，这一方面跟其全面剖析意识不强分不开，另一方面跟其没有掌握科学的全面剖析方法也密不可分。一般来讲，以下方法能较好地帮助大家全面客观地剖析自我就业心理。

一是自由联想法，其方法就是围绕就业中心主题自由联想，将自己脑海中浮出的有关就业方面的想法——写在纸上，然后对其进行分析，找出自身就业心理领域中的不良因素与成分。

二是镜像法，即将自己有关就业方面的想法毫无保留地向信得过的同学、老师、朋友倾诉，请他们给自己提出宝贵的意见和建议，然后对各家之言进行综合与分析，找出自身就业心理系统存在的问题所在。当然，自我对话法、回放法等也不失为探寻自我就业心理的可行性方法。通过这些方法，一定程度上从操作层面解决了剖析自我就业心理的障碍，为做好职业人生规划、健全自我职业人格奠定了基础、创造了条件。

二、做好未来职业人生规划

(一) 对未来职业人生规划的认识

要认识未来职业人生规划，先要对职业人生这一概念有较为全面的理解。所谓职业人生，是指一个人连续从事职业、职务、职位的整个人生历程，它不仅仅代表职业活动本身，而且从业者对职业的行为、态度等方面内容也必不可少。大学时期是职业人生规划的关键时期，当然，对职业人生的规划也可以提前。不过，一个人的职业发展并不是从职业人生规划的时候起步，某种意义上讲，是从出生的时候就开始了。一个人的职业发展过程大致分为五个阶段：成长阶段（出生—14岁），以幻想、兴趣为中心，对自己所选择的职业进行选择与评价；探索阶段（15—24岁），逐步对自身的兴趣、能力以及对职业的社会价值、就业机会进行考虑，开始进入劳动力市场或开始从事某种职业；确立阶段（25—44岁），对选定的职业进行尝试，变换工作，到稳定工作；维持阶段（45—60岁），劳动者在工作中已经取得了一定的成绩，维持现状，提升自己的社会地位；衰退阶段（60岁以后），职业生涯接近尾声或退出工作领域。

所谓职业人生规划，就是指人们依据一定的客观环境，将个人发展与组织发展相结合，有目的地对自己的技能、兴趣、知识、动机和其他特点进行测定、分析、总结研究，并在此基础上，确定其一生最佳的职业奋斗目标，并为实现这一目标做出具体行动计划的过程。

职业人生规划的目的绝不只是协助个人按照自己的资历找一份工作达到和实现个人目标，更重要的是帮助个人真正地了解自己，为自己定下事业大计，筹划未来，拟定一生的方向，进一步估量内、外环境发展方向，最大限度地开发自我潜能。职业人生规划基本上可以分为确立目标、自我与环境的评估、职业的选择、职业生涯策略、评估与反馈五个阶段。

(二) 未来职业人生规划的基本步骤

1. 确立职业人生目标

不同的高职大学生朋友，其人生观、价值观不同，对自身职业人生价值的取向就不同，在职业人生目标的确立与设计上就存在差异。比如，有的高职大学生今天在学校学习拼搏，是为了今后光宗耀祖、衣锦还乡，消除家乡村民昔日投来"不屑一顾"的眼光；有的是为了今后能谋求一官半职，不再受人"凌辱"与欺侮；有的是为了今后能有车子、房子、票子和志同道合的"妻子"……由此，各自在成才的动机上有差异，甚至有的高职大学生在成才的动机上还存在一定的非理性，这就需要我们在确立职业人生目标的时候，仔细考量自己，清楚成才动机上的不利因素，纠正人生职业价值取向，进而确立理性的职业人生目标。

2. 自我评估与环境评估

确立了职业人生目标后，紧接着要寻找起步的基点，而起步基点的正确选取需要对自身和环境等方面条件有清楚的认识和较为准确的评估。从评估的内容来讲，自我评估包括自己已掌握的文化基础知识、专业理论知识、专业技能、心理素质、职业道德、吃苦耐劳精神以及身体体能条件等；环境评估包括自己所处的家庭环境、受教育环境、社会就业政策形势环境、人际脉络环境等情况。从评估的方法来讲，自我评估可采用自我对话、写评估日记、"作品"分析等方法，能够较为客观全面地认识自己。对环境的评估可采用多种形式的调查、实地观察反思、文献分析等方法来达到对多元环境条件的认识。通过对自己和环境的一系列评估，以便对自身及其以外的环境因素有一个较为准确的把握，进而为职业人生目标的顺利启航找到行动基点。

3. 确立行动路径

在对自我和环境条件有了较为全面客观把握的基础上，立足行动基点，着眼职业人生目标，在大学时期、就业选择、初涉职场的职业适应、职业发展与成熟各个阶段，勾画出相对稳定的职业行动路径。

对高职大学生来讲，大学时期的学习生活是顺利就业或创业，是职业人生路上稳步发展，实现职业人生目标的前提基础与关键环节。要在大学时期全面健康发展，不虚大学之行，高职大学生朋友在以下方面要引起高度重视。

树立全面学习的观念：高职大学生朋友在今后的职业人生道路上要能大显身手，仅有专业技术还显得势单力薄，还必须通过学习让自己具有相当于大学专科层次的文化基础知识、较强的身体体能素质、健全的心理素质和高尚的职业道德。否则，职业人生目标就完全可能化为泡影。

科学管理时间资源：要在大学三年有效的时间内取得最大化的收获与进步，必须学会合理科学地支配利用时间资源。目前，相当比例的高职大学生在时间资源的管理上存在这样那样的一些问题，比如，闲暇时间的合理安排问题、法定学习时间的有效利用问题、学习时间与休闲时间的合理搭配问题等。从管理方法的角度来讲，可以从以下方面着手：一是从刚进校的时候起，就确立大学三年的学习奋斗总目标；二是对总目标以学年为单位进行逐一分解；三是再将每一学年的年度目标以学期为单位进行再次分解；四是将每一学期的目标按学月进行继续分解；五是将每一学月的学习发展目标分解为周目标；六是将每周的目标分解到每一天。这样，将总目标层层分解，最后落实到每一天，做到每一天都有明确的目标任务，以及完成目标任务的时间安排。真正做到让自己每一天都过得有收获、有意义，天长日久、聚沙成塔、集腋成裘，自然就会让自己在各方面发生"革命性"的进步。

4．反馈调节

学习生活没有计划性的学生常常以"计划没得变化快"来安慰自己，为自己盲目过日、无计划学习生活开脱责任。其实，对于职业人生来讲，要做好规划导航图，然后沿着导航图逐步向职业人生总目标逼近，不仅要在以上三个环节与步骤上多下功夫，而且还必须在反馈调节环节多下功夫。即是说，在按既定计划与路径运行、朝着各分解目标迈进的过程中，发现原有目标及实施计划跟现实具体情况之间存在一定程度上反差的时候，就据实及时地对原有目标任务及实施步骤与计划予以适度调整，让学习探索、勤奋工作的过程不仅成为充实自我、丰满职业羽翼的过程，而且还是调整、修复、完善职业人生规划的过程。

职业人生规划是一个复杂多元的复合系统，不仅包括绘制职业人生蓝图，也包括实现其蓝图目标在人生路上所付出的一系列艰苦劳动。高职大学生要走出不良就业心理，很大程度上不是就事论事，而是要把大学时期的学习纳入整个职业人生规划中予以考虑与实施，把大学黄金时段更好地用在学习上，全面发展自我，提升自己的综合素质。这样，通过一天天的学习取得一天天的进步，让自己在一天天的进步中增强对未来就业成功的信心，脱离不良就业心理给学习生活带来的困扰。

三、健全职业人格

高职生要走出就业心理误区，在职业生涯路上永葆青春与激情，最为核心的是要在大量的实践行动中形成健全的职业人格。这样，在学习、就业、工作中才能胜不骄、败不馁，始终保持一种相对稳定的姿态面对职业长河中的坎坎坷坷、名誉地位。

(一) 职业人格

职业人格就是个体的人格在职业领域中的反映，是指一个人有别于他人且具有动力特征的对待职业的稳定态度和与之相适应的行为方式，是一定社会的政治制度、物质经济关系、道德文化、价值取向、精神素养、理想情操、行为方式的综合体。它主要由个人的成长生活环境、所受教育及所从事实践活动的性质所决定。良好的职业人格一经形成，往往能使职业观成为一种自觉的行为表现，反映在行动上表现出有自制力、创造力、坚定、果断、自信、守信等优良品质。健全的职业人格是人们在求职和就业后顺利完成工作任务，适应工作环境的重要心理基础。从事不同职业种类的人，其职业人格有差异。美国心理学教授霍兰德首次提出"人业互择理论"。在他的人职匹配理论中，将职业类型分为六大类：现实型、常规型、管理型、社会型、艺术型、研究型，它们各自对应着匹配的职业人格。

(二) 健全职业人格

职业人格是一个复合系统，由多种成分组成：职业气质、职业性格、职业能力等。具有健全职业人格的人，在其职业人格系统内部，组成成分达到完美和谐的统一，其内心世界达到一种"合和"的状态；同时，职业人格内部的合和状态还以一种稳定而独特的方式体现于外，达到职业行动与其内部主观世界对职业所持态度之间的一脉相承。

一个职业人格健全的人，有正确的职业观、良好的职业性格、积极主动的创新意识和较强的社会能力等。高职大学生要想在职业人生道路上大显身手，实现职业理想，在大学时期就必须加强职业人格的修炼，提高自身职业心理素质，才能较好地应对就业选择与挑战中的困惑。

(三) 健全职业人格的方法

对职业人格的塑造，更多的是在实践行动中才能较好地得以完成。高职大学生要形成健全的职业人格，有必要结合自身实际情况和所学专业教育方面的实际情况，打通并拓宽职业实践锻炼的通道。

1. 生活培育法

职业人格健全发展的土壤并非只有职场，日常生活中也是培育健全职业人格不可忽视的场所与土壤。当今的高职大学生，多数是独生子女，独立生活能力普遍不强，职业人格的健全需要从生活开始。具体说来，应该具有一颗乐观生活、认真生活的心，在这颗心的指使下产生一系列的、持久的、习惯性的良好生活行为，以此安排好自己的饮食起居，让自己生活规律化，让自己过得充实而开心。这为今后步入职场顺利起航、健全自我职业人格都起着奠基性的作用。

2. 勤工助学法

高职大学生自主决定时间的机会比较多，利用好课余时间开展助工助学活动，能起到两全其美的功效：一方面可以适当减轻家长的经济压力，让自己享受劳动成果带来的欢乐；另一方面可以从中锻炼自己吃苦耐劳的精神，增强责任心和为民服务的意识。比如参加学院食堂的助工助学活动等，在这些活动中能很好地让大家体会到职业活动中为民服务的高尚，能促进职业人格的健全发展。

3. 专业实践法

一般情况下，高职大学生今后所从事的职业多半都是与专业对应的职业。在校学习期间抓住参观实习、实验操作、见习实习、顶岗实习等各种专业实践锻炼的机会，既能将所学的专业理论用于实践接受实践的检验，从而加深对其理解，又能增强动手操作的能力，形成专业技能；并且，在各种形式的专业实践活动中，还能让大家懂得专业知识与技术组合的社会内涵，增强职业道德意识和开拓创新、勇攀科技高峰的可贵品质，进而使自身职业人格得到不断健全。

4. 社会实践法

社会是所大学校。高职大学生职业人格的健全，不仅要利用好学校、专业领域这些土壤，还要将其触角向广阔的社会大学延伸，在各种有益的社会实践活动中得到更为丰富的营养。比如，参与各种志愿者行动、大学生"三下乡"活动、社区服务、关注弱势群体的爱心行动、市场调查以及各种社会公益活动等。在这些形式多样的社会实践活动中，能够让大家对自己所学的专业、所从事职业的重要性理解得更加深刻，增强对所学专业及其职业的情感，树立"大爱"思想、"整体一盘棋"观念，以便在职业行动中既为"自家"，也顾及"大家"，从而为各行业之间的协调发展、不同职业之间的横向沟通、国家的长足发展和民族的兴旺发达而矢志不移。

第七章　就业准备

【教学目标】

1. 熟悉大学毕业生就业的基本程序和有关政策。
2. 掌握就业信息收集和处理办法。
3. 掌握撰写求职信和简历的基本方法和要求。
4. 调适就业前的心理状态。

【实践任务】

1. 登陆校园网的招生就业信息网，查看就业信息和就业政策。
2. 登陆并查阅智联、51job 及各大高校的就业信息网，收集就业信息。
3. 撰写一份求职信。
4. 制作一份求职简历。
5. 撰写一份就业形势调研报告。
6. 讨论：如何规避求职陷阱。

第一节　就业程序与步骤

一、大学毕业生就业的基本程序与步骤

(一) 收集处理就业信息

首先，介绍关于毕业生就业的宏观信息。毕业生就业是一项政策性很强的工作，有关就业政策是大学毕业生求职择业的关键一步。各地区、各部门根据国家当年颁布的有关政策并结合本地区、本部门的实际，制定本地区、本部门的一些毕业生就业政策。学校、毕业生和用人单位必须按照这些政策来指导和规划并规范毕业生的求职择业活动。因此，毕业生在面向社会求职择业时，首先应向有关部门了解当年国家的相关就业政策。

其次，收集相关的其他就业信息。就业信息是毕业生求职择业的基础和必备条件，因为毕业生求职的结果不仅取决于整个社会的需求及自身的能力素养，更取决于是否

占有大量的就业信息。因此，毕业生在了解有关就业政策的同时，应当及时、全面地获取其他就业信息，将两者结合起来进行认真的分析，并做出正确处理。

(二) 准备好自荐材料，做好思想和心理准备

大学毕业生在选好求职信息，决定应聘之前，一定要做好必要的准备，包括思想、心理准备，这是确保求职成功的一项基础工作。应准备多份自荐材料，自荐材料应包括学校统一发放的推荐表、就业协议书、英语等级证书、大学期间获奖证书的复印件等。

(三) 应聘和签约

在对用人单位需求信息进行分析后，毕业生可以与意向单位接洽，通过双选会选择，毕业生与用人单位双方确定工作关系后，毕业生、用人单位和学校签订由教育部统一制作的协议书。就业协议的签订程序是：

（1）毕业生与用人单位达成就业协议以后，毕业生在协议书上签名或盖章，用人单位在协议书上签署同意接收意见并加盖公章；

（2）毕业生就业协议的"说明"填写好，协议书中应由毕业生填写基本内容（一式三份同时填写）；

（3）用人单位将协议书交给用人单位所属人事部门毕业生分配办公室审核，签署意见，加盖公章；

（4）用人单位人事部门签署意见后，将协议书送回学校就业办公室；

（5）学校就业办公室经过审核、签订、登记后加盖公章，将协议书、就业报到证交给毕业生本人（其中要交用人单位一份协议书），并将有关材料装入学生档案。协议书已经签订，便成为生效合同，不能随意更改。

(四) 派遣与报到

学校将签订的协议书等接收毕业生的函件汇总纳入学校的毕业生就业计划，报上级就业主管部门批准，形成正式计划下达执行，毕业生的求职择业程序便完成了。学校按计划派遣毕业生，待办完离校手续后，毕业生凭就业报到证在规定的期限和指定的地点去单位报到。

(五) 什么是已就业、灵活就业、待就业毕业生

1. 已就业毕业生类别

（1）毕业生与用人单位签订了就业协议的；

（2）毕业生与用人单位签订了劳动合同，或持有用人单位出具的接受函件、就业函或工作证明等；

（3）定向、委培毕业生回原单位就业的定向协议；

（4）毕业生自主创业、自由职业等灵活就业的；

（5）升学（如专转本）的；

（6）出国（境）学习、工作的；

（7）参加国家或地方项目如"志愿服务西部计划"、"村官计划"等的；

（8）参军入伍的。

2. 灵活就业

灵活就业包括以下几种类型。

（1）自主创业。自己创立企业（包括参与创立企业）或是新企业的所有者、管理者，包括个体经营和合伙经营两种类型。

（2）自由职业。以个体劳动为主的一类职业，如作家、自由撰稿人、翻译工作者、中介服务者、某些艺术工作者等。

灵活就业具体方式有四种：

（1）短期应聘某机构，如在某单位临时工作一段时间等；

（2）租用场地对外承接业务；

（3）在家中（或其他形式的）对外承接有关业务；

（4）自己或与他人合伙自主创业。

3. 待就业毕业生

待就业毕业生是指有就业愿望但尚未就业的毕业生。

二、高校就业工作的基本流程

每个年度，高校毕业生就业工作按照以下流程进行。

（1）国家有关部门制定毕业生就业政策、确定就业工作实施意见。

（2）教育部门和高校对毕业生资格进行审查、统计、汇总和公布毕业生资源信息，向地区、用人单位提供毕业生需求信息，了解社会需求情况。

（3）高等学校和各级毕业生就业指导机构对应届毕业生进行就业指导与教育，包括思想教育、就业咨询、形势分析以及就业政策等信息、择业技巧、创业实务等方面的指导，帮助毕业生根据自身特点和社会需求选择专业，落实就业单位实现自主创业。

（4）组织"供需见面，双向选择"活动。按教育部和省级毕业生就业主管部门规定，每年11月末至下一年的5月中旬，各级就业主管部门将通过毕业生就业市场，采取多种形式举办毕业生和用人单位参加的"供需见面，双向选择"的洽谈活动，为毕业生求职择业创造条件、提供服务。供需双方达成一致即可签订《毕业生就业协议书》。

（5）制定毕业生就业方案。毕业生与用人单位"双向选择"，签订《毕业生就业协议》，报就业主管部门审核，纳入毕业生就业方案。随着高校毕业生就业制度改革的不断深化，就业方案的编制方式也在不断变化。

（6）毕业生就业派遣工作。每年6月底至7月中旬，由省级毕业生就业主管部门按照毕业生就业方案办理省内各高校毕业生《就业报到证》和有关派遣手续。各高等学校在完成全部教学计划后，按照国家要求，一般从7月1日开始根据就业方案为毕业生办理离校手续。在派遣过程中如出现特殊情况需要调整改派的，经学校同意后由省级毕业生就业主管部门审核批准方可办理。

（7）毕业生报到与接收。已落实就业单位的毕业生，在规定时限内持《全国普通高校本专科毕业生就业报到证》到工作单位报到，用人单位凭《报到证》并按当地有关要求和规定办理接收手续和户口关系，回家庭所在地二次就业的毕业生继续通过就业市场落实就业单位。在此期间，在本地区找到单位的，由当地就业主管部门办理派遣手续；如在生源地之外地区找到就业单位的，经生源地区毕业生就业主管部门签署意见后仍可经毕业院校所在地区的省级毕业生就业主管部门办理改派手续。

三、毕业生实现就业的流程

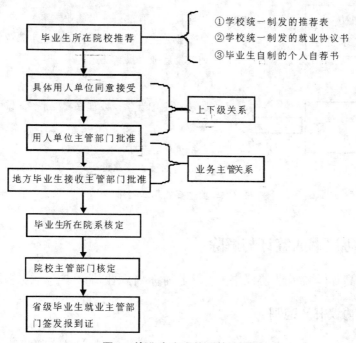

图1　毕业生实现就业的流程图

提示：

①报批的程序不能一概而论，不同的用人单位、不同的省市有不同的管理方式，因此毕业生要向用人单位认真咨询。

②如果用人单位自称无主管部门（如三资、民营单位），毕业生一定要向当地毕业生主管部门咨询。

③各省市接收毕业生有不同的鼓励政策和限制条件，毕业生请详细咨询清楚。

四、毕业生择业基本日程安排

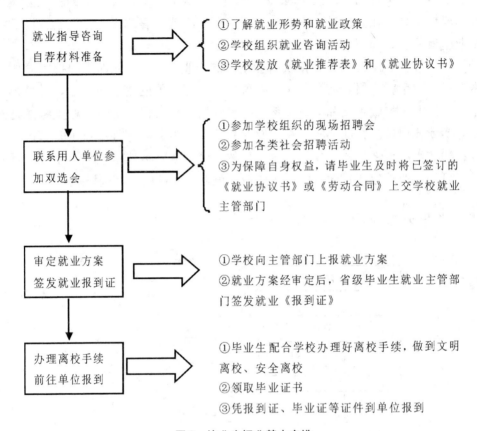

就业指导咨询
自荐材料准备

➡ ①了解就业形势和就业政策
②学校组织就业咨询活动
③学校发放《就业推荐表》和《就业协议书》

联系用人单位参
加双选会

➡ ①参加学校组织的现场招聘会
②参加各类社会招聘活动
③为保障自身权益，请毕业生及时将已签订的
《就业协议书》或《劳动合同》上交学校就业
主管部门

审定就业方案
签发就业报到证

➡ ①学校向主管部门上报就业方案
②就业方案经审定后，省级毕业生就业主管部
门签发就业《报到证》

办理离校手续
前往单位报到

➡ ①毕业生配合学校办理好离校手续，做到文明
离校、安全离校
②领取毕业证书
③凭报到证、毕业证等证件到单位报到

图2 毕业生择业基本安排

五、就业协议书的签订与解除

《全国普通高等学校就业协议书》（以下简称《就业协议书》）的签订与解除。

(一)《就业协议书》范例

《就业协议书》一般由教育部或各省、市、自治区就业主管部门统一制表，是明确毕业生、用人单位、学校三方在毕业生就业工作中权利和义务的书面表现形式。

表全国普通高等学校毕业生就业协议书（样表）

<table>
<tr><td rowspan="7">毕业生情况及意见</td><td>姓名</td><td></td><td>性别</td><td></td><td>年龄</td><td></td><td>民族</td><td></td></tr>
<tr><td>政治面貌</td><td></td><td>培养方式</td><td></td><td colspan="2">健康情况</td><td colspan="2"></td></tr>
<tr><td>专业</td><td></td><td colspan="2">学制</td><td colspan="2"></td><td>学历</td><td></td></tr>
<tr><td>家庭地址</td><td colspan="8"></td></tr>
<tr><td>应聘意见：</td><td colspan="8"></td></tr>
<tr><td colspan="9">毕业生签名：　　年　月　日</td></tr>
</table>

<table>
<tr><td rowspan="9">用人单位情况及意见</td><td>单位名称</td><td></td><td colspan="2">单位隶属</td><td></td></tr>
<tr><td>联系人</td><td></td><td>联系电话</td><td>邮政编码</td><td></td></tr>
<tr><td>通讯地址</td><td></td><td>所有制性质</td><td colspan="2">全民、集体、合资、其他</td></tr>
<tr><td>单位性质</td><td colspan="4">党政机关、科研事业单位、学校、商贸公司、厂矿企业、部队、其他</td></tr>
<tr><td>档案转寄单位名称</td><td colspan="4"></td></tr>
<tr><td>档案转寄详细地址</td><td colspan="4"></td></tr>
<tr><td>用人单位意见：

　　　　　　签章：
　　　　　　年　月　日</td><td colspan="4">用人单位上级主管部门意见：
（有用人自主权的单位此栏可略）

　　　　　　　　签章：
　　　　　　　　年　月　日</td></tr>
</table>

<table>
<tr><td rowspan="4">学校意见</td><td>学校联系人</td><td></td><td>联系电话</td><td></td><td>邮政编码</td><td></td></tr>
<tr><td>学校通讯地址</td><td colspan="5"></td></tr>
<tr><td colspan="3">院系意见：

　　　　　　签章：
　　　　　　年　月　日</td><td colspan="3">学校毕业生就业部门意见：

　　　　　　　　签章：
　　　　　　　　年　月　日</td></tr>
</table>

（二）《就业协议书》的相关说明

（1）毕业生应按国家规定就业，向用人单位如实介绍自己的情况，了解单位的使用意图，表明自己的就业意见，在规定的时间内到用人单位报到，若遇到特殊情况不能按时报到，需征得用人单位同意。

（2）用人单位要如实介绍本单位的情况，明确对毕业生的要求及使用意图，做好各项接收工作。凡取得毕业资格的毕业生，用人单位不得以学习成绩为由提出违约，未取得毕业资格的结业生，本协议无效。

（3）学校要如实向用人单位介绍毕业生的情况，做好推荐工作，用人单位同意录用后，经学校审核列入建议就业计划，报主管部门批准后，学校负责办理派遣手续。

（4）各方应严格履行协议，任何一方若违反协议，应承担相应的违约责任。

（5）其他补充协议。

毕业生与用人单位达成就业意向后，须签订由学校发放的《就业协议书》。该协议书是转递毕业生档案和户口关系、办理报到落户手续的依据，学校凭毕业生已签订的就业协议书派遣毕业生的档案、户口等关系。如果不签订《就业协议书》，毕业生的人事档案、户口等关系就可能被派回到生源地。因此，毕业生在找到合适的工作单位后，就要与单位签订《就业协议书》，并加盖用人单位及其上级部门印章。如果毕业生到民营企业、三资企业、乡镇企业等工作单位，由于这些单位没有上级主管部门，因此就要用人单位到各地人才交流中心办理人事代理手续，以解决该单位接收毕业生人事关系的问题。

《就业协议书》一式三份，用人单位或其上级主管单位（或存档单位）、毕业生、学校三方盖章并留存；《就业协议书》每人只此一套，编号唯一，复印无效。毕业生拿到《就业协议书》后要妥善保管，并认真阅读，按要求填写。

(三)《就业协议书》与劳动合同的关系

《就业协议书》与劳动合同都是用人单位录用毕业生时所订立的书面协议，但两者分处两个不同的阶段，因此又不是同一件事物。

（1）《就业协议书》是毕业生在校时，由学校参与见证的，与用人单位协商签订的编制毕业生就业计划方案和毕业生派遣的依据。劳动合同是毕业生与用人单位明确劳动关系中权利义务关系的协议，学校不是劳动合同的主体，也不是劳动合同的见证方，劳动合同是上岗毕业生从事何种岗位、享受何种待遇等权利和义务的依据。

（2）《就业协议书》的内容主要是毕业生如实介绍自身情况，并表示愿意到用人单位就业，用人单位表示愿意接收毕业生，学校同意推荐毕业生并列入就业计划进行派遣。劳动合同的内容涉及劳动报酬、劳动保护、工作内容、劳动纪律等方方面面，更为具体，劳动权利义务更为明确。

（3）一般来说，《就业协议书》签订在前，劳动合同订立在后，如果毕业生与用人单位就工资待遇、住房等有事先约定，亦可在《就业协议书》备注条款中予以注明，在毕业生到单位报到后，可以作为双方订立合同的依据，但这些条款必须列入劳动合同，在双方都认可后，正式签订劳动合同，才可以继续生效。

（4）《就业协议书》是毕业生和用人单位关于将来就业意向的初步约定，对于双方的基本条件和即将签订劳动合同的基本内容表示认可，并经用人单位的上级主管部门和高校就业部门同意和见证，一经三方签字盖章，即具有一定的法律效应，是编制毕业生就业计划和将来可能发生违约情况时的判断依据。

(四)《就业协议书》的签订

1. 签订的原则

签订《就业协议书》时必须遵循一定的准则。

(1) 主体合法原则。签订《就业协议书》的当事人必须具备合法的主体资格，对毕业生而言，必须取得毕业资格。如果学生在派遣时未取得毕业资格，用人单位可以不予接收而无需承担法律责任。对用人单位而言，必须具有从事各项经营或管理活动的能力，单位应有录用毕业生计划和录用自主权，否则毕业生可解除协议而无须承担违约责任。对高校而言，要根据用人单位的要求如实介绍毕业生的在校表现，也应如实将所掌握的用人单位信息发布给毕业生。

(2) 平等协商原则。协议各方在签订《就业协议书》时的法律地位是平等的，一方不得将自己的意志强加给另一方，学校也不得采用行政手段要求毕业生到指定单位就业（不包括有特殊情况的毕业生），用人单位亦不应在签订《就业协议书》时要求毕业生缴纳过高数额的风险金、保证金。三方当事人的权利义务应是一致的。除《就业协议书》规定内容外，三方如有其他约定事项，可在《就业协议书》"备注"内容中加以补充确定。

2. 签订的步骤

《就业协议书》的订立一般要经过要约和承诺两个步骤。

(1) 要约。毕业生持就业推荐表或其复印件参加各地供需洽谈会（人才市场），进行双向选择，或向各地用人单位寄发书面材料，应视为要约邀请，用人单位收到毕业生材料，对毕业生进行考察后，表示同意接收并将回执寄到高校毕业生就业工作部门或毕业生本人，应为要约。

(2) 承诺。毕业生收到用人单位回执或通过其他方式得到用人单位答复后，从中做出选择并到院系或学校毕业生就业部门领取《就业协议书》，与用人单位签订协议，即为承诺。

3. 签订《就业协议书》的程序

(1) 毕业生和用人单位达成协议并在《就业协议书》上签名盖章，用人单位应在《就业协议书》上注明可以接收毕业生档案的名称和地址。

(2) 用人单位上级主管部门批准盖章。

(3) 用人单位必须在与毕业生签订《就业协议书》起的 10 个工作日内将《就业协议书》送往院系或学校毕业生就业工作部门。

(4) 学校同意盖章，并及时将《就业协议书》反馈给用人单位。

(五) 就业协议的解除

毕业生与用人单位签署就业协议后，双方即存在协议关系。在毕业生领取《报到证》毕业离校之前，用人单位或毕业生提出解约或违约，均须履行协议书上所规定的解约或违约条款。具体步骤如下：

（1）用人单位出具同意解除协议的相关证明；

（2）毕业生向所在院系提出违约书面申请，经院系主管学生工作的领导签署意见并加盖院系公章；

（3）毕业生携带违约证明、原协议书、违约申请到校就业指导中心办理相关手续，经过审核认定程序后，再领取新的就业协议书。

(六) 违约责任及后果

《就业协议书》一经毕业生、用人单位、学校签署即具有法律效力，任何一方不得擅自解除，否则违约方应向权利受损方支付协议条款所规定的违约金。从实际情况来看，就业违约多为毕业生违约。

毕业生违约，除本人应承担违约责任，支付违约金外，往往还会造成其他不良后果。

（1）就用人单位而言，往往为录用毕业生做了大量工作，有的甚至对毕业生将要从事的具体工作也有所安排。同时毕业生就业工作时间相对比较集中，一旦毕业生因某种原因违约，势必让用人单位的录用工作付之东流，用人单位若另起炉灶，选择其他毕业生，在时间上也不允许，因此给用人单位工作造成被动局面。

（2）就学校而言，用人单位到校挑选毕业生，发生违约会被认为是学校行为，从而影响学校和用人单位的长期合作关系。用人单位因毕业生存在违约现象，而对学校的推荐工作表示怀疑。从历年情况来看，一旦毕业生违约，用人单位往往会在几年之内不愿到该学校来挑选毕业生。

面对激烈的就业竞争，用人单位需求就是毕业生择业成功的前提，毕业生违约，必定影响今后学校的就业工作，同时影响学校就业计划方案的制定和上报，并影响学校的正常派遣工作。

(七) 劳动合同的签订与解除

毕业生与用人单位签订协议后，第一天上班就应与用人单位签订劳动（用工）合同，并在合同中明确薪资待遇、工作时间、加班费计算、社会保险等有关毕业生切身利益的事项。只有订了这份劳动合同，毕业生的合法权益才能受法律的保护。

（1）平等自愿原则。平等，是指订立劳动合同的双方当事人具有相同的法律地位。自愿，是指劳动合同的订立完全是出于双方当事人的真实意愿，在充分表达各自意见的基础上经过平等协商而达成的协议。

（2）协商一致原则。协商一致是指劳动合同的内容必须由当事人双方在法律、法规允许的范围内共同协商讨论，取得完全一致后确定。重点在于一致，如不能达成一致意见，这合同就不能成立。

（3）不得违反法律法规原则。基本内容有：①签订劳动合同的主体必须合法；②订立劳动合同的内容必须合法，在约定劳动合同内容时，必须在法律、行政法规的范围内确定，不能违背法律、行政法规和政策的规定；③订立劳动合同的程序和形式必须合法，程序必须按照法律、行政法规所规定的步骤和方式进行，一般要经过要约和承诺两个步骤。通常的方式是先起草劳动合同书草案，然后由双方当事人平等协商，协商一致后签约。

（4）在签订就业协议或劳动合同时应明确你所享有的社会保险待遇。国家根据《劳动法》建立社会保险制度，设立了社会保险基金，使劳动者依法享受社会保险待遇。社会保险的基本内容有：①养老保险；②医疗保险；③失业保险；④工伤保险；⑤生育保险。

其中①至③项所需缴纳的费用，由用人单位和职工个人按工资额分别承担；④⑤两项所需费用由用人单位缴纳。

毕业生与用人单位签订协议时，应注意在协议书或劳动合同中明确你所享受的保险待遇，以保证自身的合法利益不受侵犯。按国家社保政策规定，"三险"一般是用人单位必须要为员工交的。

六、毕业生合法权益的保护

（一）毕业生相关的合法权益

《中华人民共和国劳动法》在总则中明确规定了劳动者享有合法权益。

（1）平等就业和选择职业的权利。平等就业和选择职业是每个劳动者都拥有的基本劳动权利。在就业中，实行男女平等、民族平等的原则，在工资方面应贯彻同工同酬的原则。

（2）取得劳动报酬的权利。这是每个劳动者都拥有的权利，劳动者有权根据自己的劳动数量和质量及时得到合理的报酬，任何用人单位不得克扣或无故延期支付劳动者在法定休假日、婚丧假期和依法参加社会活动期间，用人单位应当依法支付劳动者的工资。

（3）休息休假的权利。休息权是我国宪法规定的公民权利，它的重要意义在于：能保证劳动者的身体和精神上的疲劳得以解除，借以恢复劳动能力。在一般情况下，在法定的节假日期间，用人单位应当按照国家规定的休假天数安排劳动者休假，而不能任意组织加班。如加班，工资是平时的二至三倍。

（4）获得劳动安全卫生保护的权利。劳动者有权要求改善劳动条件，加强劳动保护，保证在生产过程中能够安全和健康。

（5）接受职业技能培训的权利。职业培训是国民教育体系的一个重要组成部分，劳动者有权要求接受这种教育和训练。

（6）享受社会保险福利的权利。宪法规定：中国公民在年老、疾病或者丧失劳动能力的情况下，有从国家和社会获得物质帮助的权利。具体地讲，劳动者在退休、患病、负伤、因公伤残或者患职业病、失业、女职工生育等都有享受社会保险福利的权利。

（7）提请劳动争议处理的权利。用人单位与劳动者发生劳动争议，劳动者有权请求处理，可以依法申请调解、仲裁、提起诉讼，也可以协商解决。根据《中华人民共和国企业劳动争议处理条例》，劳动争议发生后，当事人应当协商解决，不愿协商或者协商不成的，可以向本企业劳动争议调解委员会申请调解，调解委员会调解劳动争议应当遵循当事人双方自愿原则。经调解达成协议的，制定调解协议书，双方当事人应当自觉履行；调解不成的，当事人在规定时效内，可以向企业所在地的劳动争议仲裁委员会申请仲裁。当事人也可以直接向劳动争议仲裁委员会申请仲裁，对仲裁裁决不服的，可以向人民法院起诉。在基本的劳动者权益得不到保障的时候，应注意收集证据，及时向劳动监察部门举报。

在就业过程中，当毕业生的合法权益受到损害时，可采用以下法律、法规作为维护自身权益的有效手段：

（1）国家毕业生就业的方针、政策及有关规定；

（2）国家及各地毕业生就业主管部门的就业工作意见；

（3）《劳动法》、《民法》、《合同法》等；

（4）向当地劳动人事行政部门反映，直至到当地法院提起诉讼。

（二）大学毕业生就业面临的侵权行为

1. 侵犯平等就业权

平等就业权包含三层含义：一是任何公民都平等享有就业的权利和资格，不因民族、种族、年龄、文化、宗教信仰、经济能力等而受到限制；二是在应聘某一职位时，任何公民都需平等地参与竞争，任何人不得享有特权，也不得对任何人予以歧视；三是平等不等于同等，平等是指对于符合要求、符合特殊职位条件的人，应给予他们平等的机会，而不是不论条件如何都同等对待。在招聘、面试阶段，侵犯大学生就业平等权的现象最普遍。

2. 侵犯知情权

主要表现为一些用人单位在招聘大学生过程中故意隐瞒真实的工作信息，或者将工作条件和劳动报酬说得天花乱坠，到实际工作时完全不是那么回事。有的毕业生通过了用人单位的初试、复试，甚至得到了可以签约的口头承诺，可一番苦等之后却好梦成空，得到的回答是"名额有限"或"无可奉告"，这往往使毕业生大失所望，给其职业生涯带来负面影响。

3. 侵犯财产权

一些用人单位在招聘面试时出现乱收费的情况，实际就是对大学生财产权的侵犯。小李去年毕业后，通过网上求职发现一家公司要招人。在与这家公司面谈后，人事主管当即决定录用小李，并承诺了相当高的月薪待遇，但要求小李在签订就业协议书时交纳2000元押金，待他在公司工作满一年后归还。

4. 补充条款约定违反法律规定

补充条款由大学生和用人单位自主约定，因此主要以双方合议为主，所约定的条款具有与协议书其他条款同等的效力。但是要注意两点：一是要明确双方约定不能违反国家的强制性规定，如双方协商用人单位不缴纳社会保险费用等补充条款这是不允许的；二是约定的条款不能显失公平，如约定用人单位可以在任何情况下解除就业协议等。

5. 不签订劳动合同或者延迟签订劳动合同

一些用人单位不愿被合同上太多的条条框框所束缚，尤其是非公有制企业又不愿承担太多责任，因此不愿意和大学生签订劳动合同，即使劳动者有签订合同的愿望，但用人单位不签，劳动者也是敢怒而不敢言，只能跟着企业游离在合同之外。

(三) 大学生的就业权益保护

（1）高校的保护。学校对毕业生权益的保护最为直接。学校可通过制定各项措施来规范毕业生就业指导和就业推荐。对于用人单位在录取毕业生过程中的不公平、不公正行为，学校有权予以抵制以维护毕业生公平待遇权。对于用人单位与毕业生签订不符合有关规定的就业协议，学校有权予以不同意，未经学校同意的就业协议不发生法律效力，不能作为编制就业计划的依据。

（2）毕业生自我保护。毕业生应了解目前国家关于毕业生就业的有关方针、政策和规范以及它们之间的关系，熟悉毕业生在就业过程中的权利和义务，这是毕业生权益自我保护的前提。在就业过程中，如果因为所谓的公司规定或部门规定与国家政策法规有抵触，侵犯了自己的权益，则可以依据法规办事，维护自己的合法权益。

（3）毕业生应自觉遵循有关就业规范，接受其制约，保证自己的就业行为不违反就业规范，不侵犯其他毕业生的合法权益。

（4）毕业生应学会运用法律手段维护自身的合法权益。针对侵犯自身就业权益的行为，毕业生有权向用人单位上级主管部门和学校进行申诉并听取他们的处理意见，同时也可提交给当地的劳动争议仲裁机构进行调解和仲裁，还可以直接向人民法院提起诉讼。

七、毕业报到与改派

(一) 报到需要的材料与档案转递程序

毕业生到用人单位报到需持：就业报到证、毕业证、户口迁移证、党（团）关系介绍信、毕业生个人档案。持以上证件到单位报到后，还要及时办理落户手续（由个人或用人单位办理），查询个人档案并和用人单位签订劳动合同。

毕业生档案是学生毕业前家庭情况、学校成绩、政治思想表现、身体状况等情况的文字记载材料，是用人单位选拔、聘用毕业生的重要依据。用人单位往往根据毕业生人事档案中反映的德、才和专业特长，将其安排到适当的工作岗位上。因此，学生毕业后，其档案能否正确、及时、安全地到达用人单位手中是非常重要的。

毕业生档案材料一般包括：《高校毕业生登记表》，记录在校期间所学全部课程及实验、实习、设计、劳动等成绩的《学习成绩表》，在校期间的一切奖惩材料，入团、入党志愿书，毕业离校前的体检表，毕业生报到通知书（白色报到证副本）。

毕业生落实档案去向的同时应向用人单位或人才交流中心负责档案的人确定档案袋内材料是否齐全，如有错误，要及时与学校联系。

毕业后的档案去向有以下几种情况。

（1）办理了暂缓就业的毕业生，档案由学校移交省高校毕业生就业指导中心集中保管，期限两年。

（2）在国企、事业、公务员单位落实就业的，档案寄送到单位的人事部门。在其他性质单位就业并在人才市场或人才交流中心办理了挂靠手续的，档案寄到相关的人才市场或人才交流中心。

（3）申请出国的毕业生，档案寄送到生源地人事局。

（4）专升本的毕业生，档案寄送到录取学校。

（5）回生源地人事局报到的档案寄送到当地人事局。

（6）延长学年的毕业生，档案保留在学校学生档案室，学生完成学业时根据具体情况寄出。

为保证学生档案转寄的安全性，档案密封后，均通过学校所在省机要通信局转寄。机要通信是比普通邮政更为保密、安全、准确的档案转递渠道。

(二) 报到前后的注意事项

（1）毕业生须在《就业报到证》上规定的期限内到用人单位报到。

（2）带齐所有的证件和必要的材料，如《就业报到证》、《户口迁移证》、毕业证书、党组织关系介绍信（或团员证）等。要将所有材料整齐地集中在一起，妥善保管，根据单位需要，及时出示相关证件，不要让对方感到你是个丢三落四的人。

（3）自带行李单独前往。到单位报到，要事先将单位地址、行车路线等打听清楚，然后设法自己前往。一般不要主动让单位派车来接你。如单位领导得知你去报到，主动提出派车接你，你可酌情考虑，并表示感谢。

（4）尊重单位的领导和同志。使用礼貌语言，主动和别人打招呼，称呼要恰当，对领导一般可称呼其职务或职称，对一般人可称"老师"、"师傅"或"同志"，称呼要符合中国人的习惯。

（5）工作上不挑剔，生活上不提过高要求。报到后，应服从单位的工作安排，不挑三拣四、拈轻怕重。生活上应服从单位的统一安排，不可随意提要求。

（6）善待同去的毕业生。去同一个单位的毕业生，往往不只你一个，也不一定来自同一所学校，要学会和他们长期友好相处，共同进步，成为新朋友、新同事。不要斤斤计较，打自己的小算盘。为人要真诚、谦让和宽容，要善于向别人学习，避免发生不必要的摩擦和矛盾。

（7）注重自身形象，维护学校声誉。到单位报到后，应处处严格要求自己，认真做好各项工作，树立良好的自身形象，为学校增光添彩。

（三）改派

毕业生改派是指学校向主管部门上报就业计划之后，毕业生领取《就业报到证》后，因各种原因无法到派遣单位就业，而申请改签就业协议并重新办理报到证的行为。

就业是一项严肃的工作。派遣计划的形成是由学校（毕业生）和用人单位"供需见面"、"双向选择"之后报主管部门批准的。

毕业生的派遣需按计划进行，计划一经下达，毕业生不得随意变动，但遇下列情况时，可以申请改派：（1）错派，没有这个用人单位，比如用人单位已经撤销或其隶属关系发生了变化；（2）调配不当，院校在按单位委托代选毕业生调配过程中，所选的毕业生所学专业与用人单位要求不一致；（3）毕业生本人遭受不可抗拒的因素或其他特殊原因。

改派的程序：（1）毕业生向原分配单位提出改派申请，讲明改派原因；（2）原单位同意改派后，出具将毕业生退回学校或同意将毕业生改派到其他单位工作的公函；（3）属调配不当的毕业生，由学校为其重新联系接收单位，或经学校同意由毕业生自行联系接收单位。

凡在原派遣单位所在省（自治区、直辖市）内用人单位之间调整的，由学校毕业生就业工作部门审核同意后，报上级毕业生主管部门审批并办理改派手续。毕业生调整改派手续必须在毕业后两年内办理，逾期不再办理有关调整改派手续。

(四) 人事代理

1. 办理人事代理的作用

根据目前人事代理的政策，毕业生及时办理人事代理可解决以下问题。

(1) 本人档案的保管、转移，户籍关系的挂靠、迁移，党、团组织关系的挂靠、接转。

(2) 代办养老保险、医疗保险等社会保险项目。

(3) 见习期满后的转正、定级、专业技术职务资格评审。按规定：大专毕业工作满一年，经考核可办理转正定级手续，工作满三年可申报评定助理工程师。

(4) 出具因公或因私出国、出境等政审证明材料。

(5) 申办住房公积金立户手续。按规定：凡是正常交纳住房公积金一年以上，具有完全民事行为能力人员，购买或大修自住住房资金不足时，均可申请住房公积金个人住房贷款。

(6) 代理期间工龄的连续计算，负责档案工资的核定调整。

(7) 为毕业生办理改派手续。

(8) 对毕业时未找到就业单位的毕业生，人才服务中心可以为其办理求职登记并提供就业岗位。

(9) 办理人事代理后，不论流动到何单位，其工龄、身份、职称、社会保险、档案等方面，都由人才交流服务机构提供配套服务。

2. 哪些人需办人事代理

(1) 机关、事业单位和国有企业新进的专业技术人员、管理人员（含国家计划内招收的大、中专毕业生）需办理人事代理。此手续一般由单位人事部门为其到所在地人才交流服务中心办理（即单位委托代理）。

(2) 非国有企业单位新进的专业技术人员、管理人员（含国家计划内招收的大、中专毕业生）须办理人事代理。此手续用人单位如不为其办理，毕业生则需自己通过办理人事代理来保护自身的合法权益（即个人委托代理）。

(3) 要求自谋职业。自主创业和毕业时尚未就业的大、中专毕业生，为解决就业、择业的后顾之优，保护自己的合法权益，应及时办理人事代理（即个人委托代理）。

3. 用人单位不给办理人事代理怎么办

如已落实了用人单位，而用人单位不为毕业生办理人事代理，毕业生可通过自己办理人事代理（也称个人委托代理）来保护自身的合法权益。

所需手续和程序：毕业生凭与用人单位签订的《就业协议书》或劳动合同或用工证明或录用通知书等相关证明，凭《就业报到证》到人才交流中心办理人事代理手续。

第二节　就业信息的处理

在当今信息时代，信息的重要性不言而喻。谁能够以最快捷的方式占有最广泛、最准确和最有效的信息，谁就掌握了成功的机遇。大学毕业生的求职择业也是如此。谁能积极主动、广辟途径地收集信息，认真仔细、去伪存真地分析处理信息，谁就能把握选择的主动权，就能抓住最佳的就业机会。

就业信息是经过加工处理，能被择业者接受并具有一定价值的有关就业的资料和情报。毕业生能否成功就业，不仅取决于个人的学业成绩、能力水平及社会对人才的需求等因素，同时也与毕业生能否及时有效地获取就业信息密切相关。

一、就业信息的种类

就业信息根据不同的分类标准有各种不同的种类。

(一) 按照就业信息的内容分类

按照就业信息包含内容的不同，可以将就业信息分为就业形势信息、社会需求信息、用人单位信息等。

1. 就业形势信息

就业形势信息是指就业市场上毕业生和用人单位之间总体的供需状况。当前，我国高等教育已从精英教育向大众化教育转变，毕业生应当意识到"皇帝的女儿不愁嫁"的日子已经不再有了。

如今，就业形势不容乐观已由一种担忧的话题变成了活生生的现实。但就业形势的严峻并非人才过剩，主要还是由结构性矛盾和个人的职业偏向造成的，主要表现为社会对工程、技术等专业性较强的热门专业毕业生需求较多，对文史类专业毕业生的需求相对较少。就业形势也表现为地区间的高低供求不平衡，经济发达地区对毕业生的需求量大，经济欠发达地区用人单位需求则明显不足。

首先，毕业生要了解国际经济发展战略，了解产业的分类与结构，以及随社会发展产业的结构调整和变化趋势；了解职业的分类、结构以及该职业发展的趋势。广大毕业生要总揽全局，更好地把握自己，在国家建设的大背景下找到适合自己的位置。

其次，要了解当年毕业生总的供求形势，即与自己同一年毕业的毕业生全国有多少，而用人单位的需求有多少；是供大于求，还是求大于供，或者两者基本平衡；哪些专业紧俏，哪些专业供大于求。

最后，要了解同自己专业直接对口或相关的行业、部门和单位的现状和发展趋势。另外，毕业生对全国各地经济形势也应有所了解，因为经济情况的不同，对人才的需求也就不同，毕业生可结合自己的实际情况有针对性地选择就业区域，从而使自己的才能得到最大限度的发挥。

2. 社会需求信息

社会需求是指各级、各类用人单位对毕业生需求的情况，主要包括用人单位对毕业生的学历层次、专业、性别、人数以及对所需人才的具体要求等。这是对广大毕业生求职最为直接有效的信息。毕业生通过各种途径收集到的主要也是这方面的信息。这类信息具有较强的针对性，毕业生应根据自己的专业情况和兴趣、爱好对他们进行选择。

3. 用人单位信息

用人单位信息是指具有用人单位内部特点的信息，主要包括用人单位的所有制性质、隶属关系、规模、发展前景、地理环境、经营范围和种类、经济状况、福利待遇（包括工资、福利、奖金、住房等），以及用人单位联系方法等。

(二) 按照信息语言的角度分类

从信息语言的角度来分，可以将就业信息分为口头信息、书面信息、媒体信息等。

1. 口头信息

口头信息是通过与人交谈获取信息。毕业生通过与老师、同学和亲朋好友的交谈了解、打听到的就业信息都属于口头信息。口头信息不太系统全面，而且其权威性和可信度与谈话对象本身对信息掌握的程度有一定的关系。因此，要做进一步的了解和落实。

2. 书面信息

书面信息是指通过书面渠道获取的信息，如各种有关就业工作的指导性文件、学校和用人单位的各种书面通知、函件等。书面信息比较正式，权威性强，是毕业生必须重视和把握的信息。

3. 媒体信息

媒体信息是指通过各种正式公开发行、发布的媒介载体获取的信息，如有关报纸杂志、广播电视和网络发布的就业信息等。在信息时代，它们是承载信息的主要载体，特别是网络，因其信息更新速度快、信息量大，受到广大毕业生的青睐。但是，网上的就业信息鱼目混珠、真假难辨，毕业时一定要慎重选择，并及时向就业指导老师咨询，以免上当受骗、误入圈套。

二、获取就业信息的途径

职业信息的来源很多，求职者获得职业信息的途径主要有以下几个方面。

（1）政策信息。从国家有关决议、决定、规划等获得职业信息，也包括各地区发布的有关决定和各种人才流动政策。

（2）机构信息。从劳动、人事部门、毕业分配部门及职业介绍部门获得信息，这些部门常年向用人单位输送人员，对用人单位需求情况较为了解，获得的信息比较准确可靠，并有一定的指导性，是目前大多数求职者获得职业信息的主要来源。

（3）广告信息。通过报刊、广播、计算机网络了解市场动态，获得用人信息资料。特别是招聘广告，传播面广、传播速度快，是比较容易获得的职业消息。

（4）招聘会信息。这是择业者个人与职业需求单位双方直接见面的方式，是短时间内大量收集信息的渠道。大型招聘会、洽谈会参加的招聘单位多，信息量大而且集中。

（5）电话信息。通过电话收集职业信息，这是一种现代技术手段，一些城市开辟了求职电话专线，使用人工值班解答或自动声讯方式，为个人了解招聘信息提供服务。有些还在广告刊登电话号码，为求职者与招聘单位联系提供了方便。

（6）人员信息。通过亲戚、朋友、邻居、师长、校友及其他熟人获得信息。这些信息可能是直接的，也可能是间接的，从这些途径获得的信息准确、迅速，并且有效性高。

三、就业信息的处理

收集职业信息在时间上要注意动态性，以掌握用人单位发展过程中的变化和趋势。在空间上讲究全面性，以了解各地区、各部门和各行业的人才供求状态。在内容上注意信息的广泛性，认真分析影响择业求职的各种因素。一般来说，分析整理职业信息要做好两个方面的工作。

(一) 进一步深入分析职业

职业信息直接与职业特性有关，内容涉及以下要素。

（1）职业的名称，即要从事职业的名称。

（2）职业的性质，即是全民所有制还是个体经营，是企业单位还是事业单位，是独资还是合资，是简单劳动还是复杂劳动，以及工作关系的隶属关系等。

（3）职业内容与特点。它说明该工作是做什么的、为什么做、如何做等问题。

（4）工作环境。工作环境包括很多方面，诸如使用什么工具进行劳动，工作是在室内还是在室外，工作时间的长短，劳动强度的大小，工作地区是沿海还是内地、是城市还是乡镇等。

（5）工作待遇，包括工资、奖金、福利、保险、住房条件等。

（6）职业前途，即该职业今后的发展方向及变化趋势，个人发展的空间，晋升的机会等。

（7）职业对从业者的要求。这是职业信息的重要内容，不同的职业对从业者的要求是有区别的。主要有以下几方面：对从业者性别、年龄、身高、相貌、健康、体力等生理素质方面的要求，对从业者的兴趣、性格、能力、气质等心理素质方面的要求，对从业者学历、专业、知识和技术技能方面的要求，对从业者的思想作风、职业道德、创新精神等思想素质方面的要求。

此外，还要分析职业的地区特点、行业特点、单位特点和岗位特点，因为不同的岗位决定该职业在职业活动中的不同地位和作用。该岗位的人员数目、年龄及文化程度的结构、专业结构和工作环境，都会对从业者的发展及适应度构成影响。

（二）职业信息的加工与处理

在广泛收集职业信息的基础上，再从实际出发，结合自身的情况对职业信息进行加工处理，去伪存真，去粗取精。对所掌握的信息进行有针对性的整理、分析。在整理中，要去掉不属于自己职业范围或不适合发挥自己专业特长的单位，然后将余下的按适合自身特点、有利于发挥素质优势、有利于自身发展的顺序进行研究，确定取舍。这样处理，可使信息更具准确性、全面性和有效性，更好地为求职择业服务。

求职者对职业信息做出科学的分析和判断，就要对信息的可靠性、准确性和真实性做出分析判断。有些信息含糊其辞，模棱两可；有些信息夸大其词，混淆视听。对那些虚假的信息，必须对其做出精确地鉴别，予以澄清和剔除。由于信息不准、内容失真造成求职失误，甚至造成其他损失的现象，已是屡见不鲜。所以，在获取信息时，应冷静分析，认真考查信息源的可靠性。

第三节　求职材料的准备

求职应聘材料是毕业生介绍自己基本情况，全方位展现自己风采的各种说明性和证明性的材料，呈现的形式既可以是书面文字式的，也可以是网络电子版加上一些复印件等。应聘材料一般包括求职信、个人简历和其他一些证明材料。

一、简历的制作

简历是现代人求职必须具备的基本工具和资料之一，能帮助一个刚走出校门的毕业生给人留下结构性思维、职业化的形象；能使一个想跳槽的人更容易获得一份理想的工作；能帮助一个处于失业迷茫期的人回顾自己的职业历程，清楚自己职业的发展方向。简历就是求职者为吸引招聘者的注意、引起招聘者招聘愿望、为实现应聘目标而制作的个人情况介绍。就其本质而言，简历就是求职者的个人广告。

(一) 简历的内容

简历就是个人在工作、服务、课外活动和学习当中所表现出来的能力、经验和职责的一个清晰简洁的大纲，是运用清晰简洁的话语来描述有关你的工作、学习等各方面的事实。简历的目的是为了说服面试官给求职者一个面试的机会，所以，你需要在简历中明确并客观地列出你的优势和经历。

标准的求职简历主要由四个基本内容组成。

（1）基本情况：姓名、性别、出生日期、婚姻状况、联系方式等。一般这些基本情况会放置在简历的表头。

（2）教育背景：按时间顺序列出高中至最高学历、学校、专业和主要课程，所参加的各种专业知识和技能培训。一般可以由最近写起。

（3）工作经历：按时间顺序列出参加工作至今所有的就业记录，兼职和实习经历也可以有目的地放置。这一模块的内容包括单位名称、职务、就任及离任时间，这是简历的精髓部分。

毕业生还须在这之后列出参加的社团活动，这对毕业生来说是相当重要的，包括在社团担任的职位、内容、心得和参加的活动，让人对你有进一步的认识。

（4）其他：个人特长及爱好、其他技能、专业团体、著述、证明人等。

这里需要说明一下证明人，应列出最了解你工作能力和为人的人，且最好是师长，你过去的老板也可以。信息包括他们的职称、与你的关系及电话。

当然，你也可以根据自己的需要和面试单位性质的不同添加、删除或合并这些内容。例如，去国家机关或事业单位应聘，你可以在基本情况中增加"政治面貌"这一栏；当该单位招聘的职位不止一个时，应在简历中注明应征职位，避免人力资源人员无法把你的简历归类。对有负面影响的信息，可以跳过不说，这是合理的做法，因为在简历中也涉及到诚信，你不可以撒谎，但是你可以把你的实际情况有选择性地呈现给招聘单位。

(二) 简历类型

在确定了内容后，你所需要了解的就是简历的类型。在这里，我们把简历分为时间型、功能型和成就型三类。简历的类型众多，每一种都可能起到不同的作用，关键在于求职者应聘的是什么类型的职位，应当突出的重点是什么。

1．时间型简历

时间型简历是最通用和常见的一种类型。简而言之，就是按照时间顺序，记录你的经历。需要注意的是，简历中的事件描述一般是按逆时顺序，即最靠近现在的最先描述，最早发生的最后描述，从目前情况一直叙述到过去的经历和经验。因为招聘单位希望了解的是你现在的样子，而不是你发展的过程。时间型简历的主要优势在于能突出你工作或实习过的单位、职位及时间，此类型的简历最适合有过在著名公司实习经历、申请职位符合个人教育背景和工作经历之类的求职者。

2．功能型简历

功能型简历是目前比较流行的一种简历表达的方式，按照主要的能力和技术来填写，强调了求职者在某些领域的专长和某方面的技能水平。

功能型简历的好处在于清晰明确地表达了求职者对于求职目标而言的特殊优势。所以，功能型简历比较适合于那些并没有太多相关经验，但是通过学习和各方面实践从而获得了较好的某方面技能的求职者。功能型简历直接表明了求职者具有哪些与空缺职位相吻合的职业技能。求职者如有某方面的专业技能符合招聘单位的职位空缺，并且他也具备一定的工作经历作支撑，这样势必会给招聘单位留下较好的印象。

3．成就型简历

成就型简历的通用性没有上述两种类型强，它主要是突出了自身在学术和工作上面的一些特殊的成就，较好地结合了时间型简历和功能型简历的一些长处。

此外，对于学生和初级求职者而言一般采用比较多的是时间型简历，因为学生本身没有特定意向的实际技能，而知识学习的底细也不够深厚，因此，建议采用传统的时间型的方式描述自身的经验和特点，从中突出自己的潜力和职业素养。

(三) 简历制作的原则

毕业生应该明确几点简历制作中必须遵守的原则。概括来讲，制作简历的原则主要分为三个方面。

1．针对性原则

一份好的简历要针对自己的求职目标而量身定做，因为一般来说，单位总是关注与之相关的知识背景和实践经历，这是简历抓住招聘者"眼球"的关键。例如，求职者应聘的是行政类职位，自然需要突出自身在行政方面的技能掌握情况及与之相关的沟通、写作、计划安排等能力素质，而应聘广告公司则可以多在创意上花心思，还有给媒体行业的简历则可以附上一些投稿或实习的成果，而对于要求很高的外企，则可以附上一页流畅的英文自荐信。这样针对不同的用人单位的不同要求，突出自己的优势，往往能给你带来更多的面试机会。

所以，回想一下自己过去的经历中，有哪些能够表现出和招聘职位相关的能力和技能，自己的兼职及实习经验的描述同样也要具有针对性。

2. 专业性原则

你的简历应尽可能地表现出自身的职业和专业化程度以及蕴含在简历之中的一种逻辑性。首先，简历并非一篇散文，简历的语言应简洁而有效，让自己更显专业。

其次，简历虽力求简洁，但对于经历的描述不可以只是简单的公司名称、职位名称的堆积，而应该包括以下的相关信息：

（1）公司、学校的名称；

（2）雇佣的日期；

（3）你的职位；

（4）你的工作，包括职责、成就；

（5）学校的教育细节，包括学习的专业和课程、奖学金情况等。

再次，无论你的简历制作有多精美，内容有多丰富，有几个关键内容是不可或缺的：教育情况、工作经历和技能水平。

最后，也是有关专业性的描述中最重要、最难以把握的一点，就是简历内容必须保持逻辑统一性。例如，保持语言和结构上的逻辑平行，在英文简历中保持时态的一致等。当然，要在先把握简历的大方面内容基础之上，再提高简历的品质，甚至是细节的表述，以求达到精品的层次。

3. 有效性原则

面试官筛选简历时，通常不会在一份简历上花费过多的时间，所以，求职者的简历是否能够在 20 秒钟，甚至 10 秒钟、5 秒钟之内抓住面试官的眼球，在瞬间突出最为有效的信息就显得尤为重要，因为这直接决定了求职者是否能获得面试的机会。

在这里，可以给大家介绍两个简单易选择的小技巧：

（1）简历之中要充满许多有力的动词，例如身体力行、积极进取……

（2）简历要运用有效的阴影、下划线、粗体和斜体、排版和布局来突出重点。

(四) 简历制作的过程

当你对简历有了一个基本的概念之后，就可以尝试进入简历的制作阶段了。简历制作基本分为五个步骤：列出简历信息、搭建简历框架、美化简历、请求意见以及量身定做个人简历。

（1）列出简历信息。在简历创建之初，求职者最先需要的不是忙着确定简历类型，四处收罗简历模板或是草草下笔，而应该静下心来思考清楚，把所有你认为可以填入简历中的内容全部列出来。因为个人简历内容不同、情况不同，适合自己的简历样式也就不尽相同，只有明确了你的简历信息，才会拥有一份属于自己的完美简历。

简历主要包括以下内容：教育与奖励方面、什么学校、什么专业、专业特点、学习的课程、特长的领域、奖学金、其他与学术相关的奖励、工作经历、单位名称、具体职务、完成了哪些项目、取得了什么样的成果、培训与技能水平、英语能力等。其他能够显现自己具有比较突出能力的内容都可以放，但应尽量是和求职有点关系的。还有参加过的职业培训、兴趣爱好、社团活动等。

（2）搭建简历框架。简历制作的第二步就是对第一步列出的信息进行处理，搭建框架，进行描述，使之成为一份像样的简历。当你把所有列出的信息按照搭建的框架填充进去之后，再加以描述和润色，一份简历就已经初步形成了。

（3）美化简历。接下来需要基于简历模板对简历的重点部分做一些修改，加上阴影和黑体，并将结构调整得更加漂亮一些，使重要信息一目了然。

（4）请求意见。对于第一次制作简历的毕业生来说，这个步骤很关键。把你的简历给你的同学或有经验的朋友看，让他们给你提点意见。如果你能找到有挑选简历经验的专业人士更好，他能让你明白如何抓住用人单位的心，如何在简历上突出有用的信息，让挑选简历的人一目了然。

（5）量身定做个人简历。这是简历制作过程中的最后一步，但往往也是最重要的一步，因为通常一个求职者会面对不同类型的职位，所以，每次针对不同的职位，可以略加修改，在实事求是的基础上突出不同的内容。

(五) 简历制作技巧

1. 简历制作的小窍门

对于简历，人力资源经理也是有偏好的，往往那些不花哨但是能突出自己重点、简洁而明了的简历最能获得他们的青睐。

下面介绍一些常用的简历制作技巧。

（1）巧妙的使用数字和比例，营造比较优势。在具体描述你的个人成就、工作经验等方面，多用一些客观事实来证明自己的能力，巧妙地运用数字和比例来营造优势，给他人一个直观的印象。

（2）巧妙使用资历概述，第一时间吸引眼球。前者叙述曾提及，制作简历之后，要自己看，请同学、朋友看，最好还能请教专业人士意见，让大家来判断这份简历是否能够在短时间内使招聘者抓住重点。但是究竟要怎样调整才能让人觉得眼前一亮呢？那就要运用资历概述，或者是称为"Highlight"的形式，突出自己的重点精力和技能，第一时间吸引考官的眼球！

（3）巧妙标明绩效和成果，突出个人能力。不少求职者的简历是注明了"做什么"或是"日常工作"、"主要责任"等，而没有明确"做出了什么成绩"。当然，并非每一份简历都有必要明确做出了怎样的成绩，但是如果你现在应聘的是一份非常注重"结果"的职位，那么你最好在你的工作经验等相关方面注明你参加各类活动获得的成果，因为这往往能够成为你最有力的"武器"。

（4）巧妙运用黑体和阴影，定位面试官的注意范围，黑体、下划线、边框等各种修饰工具的巧妙运用，往往会给简历带来无限生机。

2. 简历制作的五大误区

小技巧说过之后，还需要了解制作简历的误区，只有既掌握了技巧，又避开误区，这样才能有一份让面试官青睐的简历。

（1）误区一：追求奢华

经常可以看到一些装帧精美，彩色打印甚至讲究印刷效果的简历，这是一些求职者花费大量金钱精心打造的，他们希望通过这样的效果来引起应聘者的注意，以获得他们的青睐。但这样做的效果往往并不理想，总是得不偿失，甚至还会给应聘者留下浮夸、不踏实、虚有其表的印象。特别是对于学生求职者而言，这更是比较忌讳的，因为学生显然是没有固定收入来源的，花大价钱打造简历倒不如自己实实在在地提高自身的技能水平。

（2）误区二：过分突出某些细节

大家经常可以看到许多毕业于名校的学生将其学校的标志放在简历非常醒目的位置且占去大量版面，或是印成深色的水印，让一份简历显得模模糊糊，这让招聘者很难抓住关键信息。

（3）误区三：大段的自我评价

自我评价是学生简历中很常见的一部分，但有很多求职者不懂得怎样做简历，觉得简历的内容不够，于是就用一大段的自我评价来作为表现自我的一种方式。在此，提醒正在找工作的学生，不要在这个部分放上大段的叙述，可以挑选类似勤奋、踏实、创新等能代表自己特点的简短词语即可，既突出了重点，也使简历简洁明了。

（4）误区四：过分"言简意赅"

简历需要简洁明了，但也绝对不是过分的"言简意赅"。如果无论描述什么信息都只是像流水一样交代时间、单位和职位，没有任何对工作的描述和对成果的举例，往往也会成为落选的一大原因。不要认为简历只要罗列这些信息即可，其他具体内容可以到面试的时候去发挥，如果你没有一份突出自己的简历，那你连面试的机会都不会获得，又如何向面试官展现自己呢？

(六) 简历制作范例

×××个人简历

个人资料		
姓名：×××× 出生： 性别： 学历： 专业： 地址：	婚姻状况：未婚 政治面貌： 民族： 移动电话： 电子邮件：	照片
教育背景		
主修课程		
特长及兴趣爱好		
计算机能力		
外语水平		
奖励情况		
自我评价		

二、求职信的撰写

通过前面的介绍，现在你可能已经拥有了一份看上去不错的简历，而现在你所要做的是如何使你显得更职业化，从而胜人一筹。所以，除了一份充分突出优势的简历以外，你还需要一份得体的求职信。

写一封好的求职信并不容易。要在不太长的篇幅中写出内容充实、重点突出、体现个性、显示特色、才情兼备的信函，的确要下一番工夫。主要可以从以下几个方面入手。

(一) 把握求职信与简历的区别

求职信和简历的作用虽然都是为求职者赢得面试的机会，但它们反映的内容及表达形式却是不同的，千万不能把它们视为同一种东西。首先，学生需要明确求职信到底是什么，与简历有什么区别。

求职信作为一种简历的附信，主要是表达你了解到该职位的招聘信息，强调你对该公司的了解以及能胜任该职位所具备的优势，最后还要表达你对招聘者的感谢和希望得到面试机会。它与简历的主要区别在于：

（1）简历传递的是关于你的技能、素质等信息，而求职信则可以包含更独特的信息，如你与其他求职者的不同、你对该公司和行业的了解等。

（2）简历多使用短语，而求职信却要用标准的书面语写。

（3）简单介绍自己的资历，写上自己有何专业知识、主修和选修的科目、外语水平和计算机操作熟练程度、受过哪些方面的培训和锻炼、有何特殊的才能等。

（4）胜任工作的条件。表述自己在申请从事的工作方面的便利条件，如自己在这方面的兴趣、相关的性格特点、本人社会关系中对展开这方面工作的便利条件、参加过相关的实习活动、进行过这方面调查研究等。总之，要让用人单位感到无论从哪个角度看，你都能胜任这一工作。

（5）请求面谈的机会。在信的结尾，请求用人单位留意你的求职资料，考虑你的要求，并热切希望有一个面谈的机会。

(二) 写求职信应注意的问题

（1）要给用人单位以良好的印象。求职信函，不仅是向用人单位表示求职的意愿，也是给对方提供第一印象的工具。不少事实证明，第一印象是十分重要的，它先入为主，既可以成为被录用的条件，也可以成为被淘汰的理由。

（2）求职信的针对性。求职信具有高度的针对性，要针对某一岗位、某一具体问题来写，以表示自己申请这份工作的真诚。那些语言公式化、千篇一律的求职信，由于缺少针对性，内容空洞，尽管可以大量复制，到处投寄，但难以得到用人单位的聘用。

（3）突出重点。突出重点，就是要突出那些能引起对方兴趣、有助于自己获得工作的内容，如主要专业知识、工作经验等，在介绍自己时对知识学历做一般介绍，重点介绍经历和经验。在自我介绍时要恰到好处，不要夸夸其谈，更不要为自己有过好的成绩而沾沾自喜，因为这些只能给人以不成熟和幼稚的印象。当然也不要过分谦虚，过分谦虚就不能反映出你的成绩和才能。

（4）注意以诚待人。人们常说"精诚所至，金石为开"，求职也是这样。求职信要如实表达应聘某个职位的动机及所具备的条件，是为了专业对口发挥特长，或是为了照顾家中父母妻儿，或受用人单位某些优越条件吸引等。诚实是人们追求的美好品质，是用人单位衡量求职者的重要标准。

（5）求职信的篇幅及附属材料。求职信以一页为好，不宜过长，不能把所有的材料都写进去。篇幅太长，洋洋洒洒十几页，对方无时间看，也容易使人感到烦躁，但为了证明你的能力，可另外备些附件，并在信中提醒对方注意。

（三）写求职信的小技巧

（1）通过招聘会或者其他渠道了解你写信对象的称呼、职位全名以及头衔，这样能使你看上去更专业，也能反映你对该企业的了解。

（2）求职信中尽量运用一些行业术语，这样可以使你看起来更专业而非一个外行。

（3）在写信之前浏览该招聘企业的网站，收罗一些企业的信息，这不仅能为你的求职信提供素材，也是面试时不可缺少的。

（4）在求职信中多提一些你能为公司所做的贡献，这样使招聘者觉得你很具有职业精神。

（5）如果字写得很好的同学不妨尝试用手写求职信，这样做可以很好地推销自己在这些方面的才能，也更容易在众多的简历中脱颖而出。

（6）不要在求职信中试图展示自己的幽默感，这样会使招聘者对你商业沟通能力的印象大打折扣。

（7）避免使用冷僻的词汇，在英文求职信中也不要用太偏的词汇，虽然这可能表示你会很多单词，但求职信的目的是必须让人看明白你的意思。

（8）求职者可以就一些方面结合行业新闻或企业动态提出一些自己的看法，但必须态度谦逊，因为没有招聘者喜欢对公司指手画脚的人。

（9）求职信尽量写满一页，不满一页也可以通过版式等来进行调整，但最好不要写两页，因为没有人会有这么多时间来看你洋洋洒洒的长篇大论。

(四) 求职信制作范例

尊敬的×××公司领导：

您好！

首先，真诚地感谢您从百忙之中抽出时间来看我的自荐材料。

我是××职业技术学院财会专业的大专毕业生，现在读××广播电视大学本科会计学专业，即将毕业。近日悉知贵行招聘工作人员，对于我是一次在金融业发展的机会，希望能应聘贵行储蓄柜面岗位。

我具备应聘柜员岗位的技能，熟练掌握财会基本知识，持有会计上岗证，会计电算化证书，普通话证书和反假货币上岗资格证书。同时具备半年实习的柜面各项业务操作经验，较好掌握办理储蓄存款、取款、转账业务过程中的接柜、记账、计息、收付现金到日常整理票币、柜台轧账等业务操作环节和日常业务处理的中间业务收费，现金出纳业务，单位结算业务，单折业务，银行卡业务，贷记卡业务，客户信息管理，资产业务，表外业务，国债业务，网上银行业务，电话银行业务，收银行业务以及对公支付结算业务，联行业务中的网内往来业务，大小额支付等业务。

通过半年实习，较好掌握和熟悉电脑储蓄业务和现金出纳工作的各项规章制度，并掌握储蓄挂失、托收等较复杂业务的操作要领；掌握现金出纳工作的操作规程，具有现金整点、识别假钞的基本技能。

我为人真诚，谦逊，自信，有着很强的拼搏意识，喜欢有挑战性的工作，踏实肯干，有良好的快速学习能力和分析能力、团队合作能力和沟通交流能力，做事认真、谨慎、细心、稳重，个人形象气质佳，品行端正，无不良嗜好和违规违纪行为，在参加工作这一年里，我始终保持着良好的工作状态，以一名合格的银行员工的标准严格的要求自己。

我希望凭借自身所具有的工作实践经验、银行知识和各项业务操作技能以及自身的刻苦努力、进取精神，我将会为××银行的未来发展做出自己贡献。

最后，衷心祝愿贵单位事业发达、蒸蒸日上！

此致

敬礼！

求职者：×××

××××年××月××日

第四节　就业能力的准备

就业能力包含的内容很广，包括个人综合素质的提升，涉及学生就业的各个方面，包含文字写作能力、口头表达能力、公关能力、自我保护能力。

一、文字写作能力

写作能力是一种综合能力，包括语言表达能力、想象能力和思维能力等，是观察、思考、表现、评价等能力的综合。写作能力的高低，能反映出一个人的综合素质。

随着社会的发展，企事业单位对大学生的写作能力要求越来越高。而且，在就业形势日趋严峻的情况下，写作能力也逐渐成为一个合格大学生所必备的生存技能，其重要性，正如余秋雨先生所言：它是文化素质中的重要素质，是素质中的素质。写作能力其实是许多用人单位的一个重要参考，从收到简历的那一刻开始，就已经在考察求职者的写作能力了。你的简历有没有错别字、文法通不通顺，最重要的是有没有充分展示自己的专长等，将决定你能否通过就业的第一关。

在工作岗位上涉及写作的地方很多，如果没有一定的写作能力，是难以应对的。经验总结、课题申报、项目可行性报告、工作汇报，还有抒发情感、记叙事件等，都需要形成文字，没有一定的写作知识和写作能力，是不能很好地完成工作任务的。比如一个人辛辛苦苦地工作一年，工作非常出色，也积累了很多经验，但因为写作能力差，不能很好地总结经验教训，不能使你的经验得以传播和借鉴，那将是非常遗憾的事。

据报道，在近几年中央国家机关及其直属机构录用公务员考试中，"申论"考试的平均成绩一直处在及格线以下。这表明相当一部分考生的写作能力差，不知道该如何表达自己的观点。

读书是写作的基础。拓宽阅读视野，可以陶冶情操，发展思维，积累知识，为提高文学素养和写作能力打下良好基础。

多写多练是提高写作能力的有效方法。读书的同时养成写读书笔记的习惯，平时坚持写日记等，都有助于写作能力的提高。

二、口头表达能力

口头表达能力，即是把自己的思想、观点、意见和建议，运用生动、有效的表达方式传递给听者，是对听者产生最理想的影响效果的一种能力。其内容主要包括：在必要场合发表演说的能力；对不同的对象的说服能力；面对复杂情况应付各种"对手"的答辩能力。

在职场上，良好的口头表达能力不但是一个重要的利器，也是企业最重视的能力之一。无论是对内沟通还是对外发表提案，口头表达能力都十分重要，这虽然只是一个基本技能，却绝对不容忽视。

口头表达能力是事业成功的通行证。在面试阶段，面试官将面对面地考察你的口头表达能力。如果说话颠三倒四，语言不清，听得面试官一头雾水，或你说话虽然动听，但听起来华而不实，缺乏诚意，就难免失去考官的信任。这种口头表达能力必然给求职带来极大困难。因此，语言表达是否准确、流畅、生动，是衡量职业人士思维能力和表达能力的基本标准，也是考核你是否具备职业竞争能力的重要标志。

不善言谈和不善表达都很容易给人留下能力低下和思想贫乏的印象。这样的人不管处在哪个社会层面，也不管走到哪里，都不会轻松走上人际交往的前台，也不会得到足够的器重和赏识，甚至可能沦为无足轻重的边缘人。要摆脱这种不利的境地，就必须努力提高语言表达能力，让语言成为架通事业成功的桥梁。

提高口头表达能力，应从以下方面努力：博览群书，忌浅薄无知；话如其人，掌握分寸；落落大方，切记做作；不说假话，摒除大话；不说空话，限制套话；区别对象，因人而异；充满自信，干净利落。

三、公关能力

公关能力表现为一个人在社交场合的应变能力、适应能力、控制能力和协调能力等。

在现代社会，公关不仅是商战的神秘武器，而且是各个组织和个人的处世利器。公关是人与人之间交往的一种沟通艺术，良好的公关能力是现代人的重要素质之一。

公关艺术是人际交往的润滑油，掌握了公关艺术，就可以在人际交往中左右逢源，从而在就业道路上走得更顺利。

良好的公关能力，能使自己在求职过程中适时展示自己最亮丽的一面，在从业过程中善于获得同事的帮助和上司的支持，对于自己和单位是百利而无一害，是一种双赢的能力。这也是为什么许多招聘单位特别看重大学生社会活动能力的重要原因。

提高个人公关能力的途径概括如下。

（1）以相当专业的方式来作自我介绍。在很多场合，你所表现出的外在形象远比你真正的本事来得重要。

（2）以简洁得体又别出心裁的方式来作自我介绍。要设法出奇制胜，让对方牢牢地记得你，并且是记住正面的形象。

（3）技巧性地打开话匣子。为什么有人和招聘者还没有说上话就错过了机会？就是因为他挤不出一句合适的开场白。如果能做到在任何情况下打开话匣子都能得心应手，那无论在怎样的场合，你都能迅速进入状态，展示自己，为自己创造一个个极佳的发展机会。

（4）与任何人打交道都能待之以礼，要做到这样，其实很简单。中华民族是礼仪之邦，只要平时善于积累，善于观察，善于从上一代身上挖掘，就必能获得真传。

（5）天下大事必做于细。想出奇制胜有时候其实很容易，也就在于你一个不经意的小动作：捡起地上一张废报纸或扶起脚边的扫把。

（6）常怀感激之心。不要吝啬表达感激之意。无论认识还是不认识的人，只要能给你激励或启发，就应诚挚地向他们说声"谢谢"；对他人给予的帮助和赞美，要及时表达感激之情。成功人士有个特性，就是常怀感恩之心。要以感恩的心来对待身边所有的朋友。

（7）学会赞美他人。在发现他人身上的闪光点时，要真心实意地表达你的赞美，只要肯开口赞美别人，你就将成为最大的赢家。

（8）适时打电话。在递交了求职简历后，不能万事大吉、被动等待，而要主动适时地打电话联系，机会也许就是这样和你结缘。

（9）及时记录必要的信息。在每张收到的名片上记下日期和相关事项，以便日后整理查核。

四、自我保护能力

在本书中，自我保护能力主要是指：在就业和创业中对可能出现的不安全因素的判断，以及能否采取有效措施避免和处理可能对自己造成的危害的能力。

自我保护意识、自我保护能力是大学生的基本素质之一。当前由于就业竞争激烈，人才市场不尽成熟和完善，有关法律、法规和制度尚不健全，大学生必须具有自我保护意识和自我保护能力，才能避免在就业和择业过程中合法权益受到侵害。

提高自我保护能力的方法主要有以下几种。

（1）增强法制观念，提高辨别力。在就业前，先学习和了解一些有关劳动就业的法律、法规知识，了解当时国家关于毕业生就业的方针、政策和规范及其相互关系，熟悉自己在就业过程中的权利和业务。例如，了解合同双方当事人的权利和义务，劳动合同的订立、履行、变更、终止、解除和法律责任等，这样才能准确判断用人方的侵权行为。如果在就业中因为所谓的公司规定或部门规定与国家政策法规有抵触而侵犯了自己的权益，则可以依法维护自己的合法权益。

（2）通过正规渠道就业，警惕就业陷阱。大型招聘会、各单位在校园内召开的招聘会、学校就业指导中心和院系提供的就业信息和渠道、正规的大型专业人才交流网站等，都是就业的正规渠道。近年，一些不法分子利用毕业生急于找到工作的急切心情，设置中介行骗。毕业生一定要实地考察，核实用人单位的工商证、税务证等是否齐全，了解其经营范围甚至规模和效益。对用人单位许诺的明显比市场行情高得多的薪金、待遇等，要冷静对待，仔细辨别其真实性，必要时可请教就业指导老师。在赴外地应聘时，要履行正常的请假手续，留下具体的联系方式。求职途中要注意人身安全，注意防盗、防骗，遇到不利情况要及时与学校或家人联系。

（3）与录用单位签订劳动合同，因为一经录用就要牵涉到许多切身利益。与用人单位相比，从业者是弱势群体，加上毕业生刚刚步入社会，在很多情况下不善言辞，因此对合同条款加以明确十分必要，也为了避免以后出现问题时口说无凭。有的单位钻"试用期"的空子，因为试用期工资相对较低，试用期满后就以各种理由将就业者辞退，然后寻找下一批的"试用期"员工。当然，一旦劳动合同签订成功，任何一方违约都将受到法律制裁，因此也要避免自己违约。

签订劳动合同时还应注意以下几点：当劳动合同涉及数字时，应当使用大写汉字；劳动合同至少一式两份，双方各执一份，求职者应妥善保存；用人单位事先起草了劳动合同文本，要求求职者签字时，一定要慎重，对文本仔细推敲，发现条款表达不清、概念模糊的，及时要求用人单位修订。在求职时，不要把身份证、驾照、印鉴等交给你还未就职的单位。不管什么理由，都不要留下重要证件，更不要随便签名盖章。另外也不要交保证金、意外保险费等。

第八章　就业方法与技巧

【教学目标】

1. 掌握自荐的方法与技巧。
2. 掌握笔试的方法与技巧。
3. 掌握面试的方法与技巧。
4. 通过求职实践熟悉求职流程，为最终成功就业打下基础。

【实践任务】

1. 组织一场自荐的主题班会，评选最佳自荐材料。
2. 召开一次模拟面试的现场会。
3. 参加3—5次招聘会。
4. 从事1—2份勤工俭学工作。
5. 召开一次"我的求职经历"征文比赛。
6. 组织一场"我的打工经历"征文比赛。

第一节　自我推荐

自荐，也就是自我推荐，这是求职实践的第一个环节，是高职学生与用人单位的"第一次亲密接触"。在自荐阶段，高职学生主要是与用人单位取得联系，提交自荐资料，让用人单位获取求职信息。如果有机会，还可以和招聘方进行直接接触，以加深印象。

一、自荐的途径

(一) 现场自荐

现场自荐是指应聘者到用人单位或招聘现场自荐，和招聘者面对面交流。现场自荐还可以分成以下三种方式：一是登门自荐，即去用人单位直接自荐自己；二是通过参加人才招聘会自荐，即在招聘会上通过企业展位应聘；三是在实习或社会实践过程中自荐。

(二) 书面自荐

书面自荐是指通过邮寄或递送自荐材料的方式推销自己。邮件材料包括求职信、简历和各种证明材料。

(三) 电话自荐

电话自荐是通过电话推荐自己的一种求职方式。一般通过专用的招聘热线进行自荐，也可直接打电话到相关人事部门自荐。

(四) 网络自荐

随着信息技术的发展，人们越来越习惯用网络进行交流。一般来说，网络自荐有三种方式：一是依靠现有的人才招聘网站，注册简历，进行网络简历投递；二是登陆用人单位的网站，进行网络应聘；三是在网上获取用人单位的邮箱地址后，再发送电子邮件进行自荐。

(五) 委托自荐

委托自荐也是重要的自荐方式，大致有三种具体途径：一是委托学校推荐；二是委托他人推荐；三是委托中介机构推荐。

二、自荐的内容

自荐属于求职的开始阶段，主要包括问询情况、介绍自己、递交材料三方面的内容。

问询情况。对高职学生来说，自荐阶段是一个问询情况、"刺探"情报的机会。问询情况的内容包括：单位的情况，包括单位的规模、业务、企业文化等；单位的用人要求，明确了单位的用人要求，才可以有的放矢地做准备；招聘情况，如招聘人员的数量、招聘程序、注意事项等。

介绍自己。介绍自己的时候要注意两点：一是交代清楚个人信息，如姓名、毕业学校、专业等；二是介绍个人特长，这也是使你与众不同的地方。

递交材料。递交材料是实质的主要任务，不论是现场递交纸质材料，还是在网上提交电子材料，都要确保资料已经递交至用人单位。

三、自荐的准备

自荐的准备包括材料准备与心理准备两个方面。

(一) 材料准备

自荐材料一般由简历、自荐信和其他证明材料组成。准备自荐材料要注意两点：一是全面，即该准备的材料一个都不能少；二是具有特色，招聘者每天要面对大量的自荐材料，只有与众不同的材料才能吸引招聘者的眼球。

(二) 心理准备

自荐的时候要有足够的心理准备，这个心理准备要针对以下四个方面。

（1）关于单位的心理准备。主要是对单位的规模和业务等要有一定的心理准备，避免出现因单位实际情况和个人想象情况有较大的落差而产生情绪波动。

（2）关于岗位。对于用人单位提供的岗位也要有一定的心理准备，要仔细打听岗位的相关情况，做到心中有数。

（3）关于要求。每个单位都会有一套自身的用人标准，不要被用人单位的标准吓倒，要勇于尝试，即使不符合对方的要求，也不要感到沮丧或愤怒。

（4）关于工作地点。有的单位需要将员工派驻全国各地，因此，即使是武汉某单位招聘，其员工也不一定在武汉工作，要仔细了解清楚工作地点，以免造成不必要的麻烦。

四、自荐的技巧

自荐时如果技巧运用得当，会给用人单位留下良好的印象，从而增加求职成功的几率。

(一) 自我介绍的技巧

如果条件允许，用人单位会要求应聘者做一个简短的自我介绍。在自我介绍时，要注意以下几个方面的内容。

第一，积极主动。介绍自己的时候要主动，不要消极等待对方的回应，要主动问询，这样就往往会给人一种"积极态度、胸有成竹"的感觉。

第二，重点突出。自我介绍的时间一般很短，要充分利用。在介绍自己时，应重点突出自己的能力和学识，让自己在自荐阶段就脱颖而出。

第三，真实全面。介绍自己各方面的情况时一定要实事求是、客观全面，优点不羞谈，缺点不掩饰。由于自荐的时间比较短，所以信息一般要反映在自荐材料上，这就要求自荐材料的内容要系统全面。

第四，有的放矢。针对用人单位的具体要求，应着重强调自己的社会经验和专业所长，这样才能使招聘者相信你就是最理想的应聘者。

（二）语言技巧

俗话说："好人在嘴上，好马在腿上。"这句话充分说明了语言在人们沟通交流中的重要性。如何在自荐活动中巧妙地运用语言，应当引起求职者们的重视。求职者在与用人单位交流时，语言要表达得简明、连贯、得体。表达简明，是指语言表述的时候要突出重点、言简意赅，避免词不达意。表达连贯，是指语言要有严密的逻辑性，不要给人思维混乱的印象。表达得体，是要选用合适的词汇，把握语言的感情色彩，注意双方的身份，使用文明用语。同时，语音、语气、语调都要适当，也可以委婉地询问对方对自己音量、语速的感受。

（三）赢得对方好感的技巧

从某种意义上来说，自荐的目的就是为了赢得用人单位的好感。那么，如何才能最大限度地获得用人单位的好感呢？

第一，谦虚谨慎。向用人单位推荐自己时，切忌"我"字当头，自视清高，处处炫耀自己，而对用人单位评头论足。即使自己有过人之处，也应以谦恭的态度向对方展示；即使有好的建议，也要委婉地提出。

第二，自信大方。在自荐时，极端的羞涩、怯懦或过于自卑的做法都不可取。过于自卑、过于谦虚都会让用人单位觉得应聘者信心不足。一般来说，自荐时洪亮的声音、潇洒的语言、从容的举止，都能表现出应聘者的自信心。

第三，文明礼貌。礼仪是道德的一种外在表现形式，它在人际关系的调节中具有不可忽视的作用。以礼待人是赢得他人好感的基本方法之一，礼貌的言谈举止则是其基本表现形式。在自荐过程中，首先应当注意礼貌地称呼对方，或按照社会习惯称呼其职务，或延用学校习惯称呼其老师。交谈结束时，应使用辞行场合的礼貌用语。

第四，细致认真。具体地说，也就是自荐材料要干净整洁，衣着要得体，举止要合乎规范。这样，才会给人留下认真细致的印象。

第二节 笔试

笔试可以客观地考查应聘者的知识、技能及其他方面的素质，是用人单位在招聘过程中选拔人才的重要手段。了解笔试的相关知识和技巧，可以帮助应聘者从容应对笔试，取得好成绩。

一、笔试的内容

依据考核方向的不同，笔试可以设置以下几个方面的内容。在笔试的时候，用人单位可能只进行一个方面内容的考查，也可能将几个方面的内容结合起来进行考查。

(一) 专业考试

这种考试主要是为了考查应试者的专业知识水平和相关的实际能力。一般情况下，大多数用人单位在看了应试者推荐表上的各门功课成绩后，会在面试中提一两个专业问题；但也有一些特殊用人单位，需要通过笔试的方式对应试者进行专业知识的考核。例如，外资企业要考外语，科研机构要考动手能力，国家机关招聘公务员要考行政管理能力和法律知识等。

(二) 心理测试

心理测试是要求应试者完成事先编好的标准化量表或问卷，再根据完成的数量和质量来判断应试者的心理水平和个性差异。一些特殊的用人单位常常以此来测试应试者的态度、兴趣、动机、智力、个性等心理素质。通过心理测试，用人单位可以大致了解应试者的基本心理素质和心理趋向，以确定应聘者是否符合岗位要求。

(三) 智商测试

智商测试主要为一些跨国公司所采用，他们对高职学生所学专业一般没有特殊要求，但对其综合素质要求较高。在他们看来，专业能力可以通过公司的培训获得，因此有没有专业训练背景无关紧要，关键在于是否具有不断接受新知识的能力。智商测试通过一些成型的测定工具加以测试，依据成绩的高低判断其智商的高低。

(四) 命题作文

这种考试的目的在于考查应试者的分析问题能力、逻辑思维能力、文字应用能力。比如要求应试者在限定的时间内写出一份会议通知、请示报告或某次工作总结报告，也可以给出一个观点，要求应试者予以论证或辩驳等。命题作文可以考查应聘者的相关看法、观点，也可以考查应聘者的写作能力。

(五) 综合能力测试

综合能力测试兼有智商测试的要求，但程度更高。比如应试者要在规定的时间内对一组数据、一组资料进行分析，找出合理的地方和存在的问题，并提出解决的方案。这是对应试者的阅读理解能力、分析解决问题能力和知识面等素质的全方位测试。有时候应试者甚至需要用英语来回答，这样相对来说难度更大一些。

二、笔试的准备

笔试的准备工作分为备战准备和了解试题两个部分。

（一）备战准备

1. 针对性准备

针对不同类型的考试，翻阅相关的应试资料，复习已掌握的知识，加强记忆。复习准备时还要考虑到单位、岗位的特点，进行一些相应的准备。

2. 检查必备用品

在笔试前，要检查必备用品。除相关证件外，必备用品还包括一些考试必备的文具（钢笔、铅笔、橡皮等）。

3. 保持良好的心态

临考前，需要减轻思想负担、保证睡眠充足、调整好心理状态，力争以最佳状态参加考试。

（二）了解试题

参加笔试以前，应大体了解笔试的内容，包括常见的笔试试题类型和通常考核的内容两个方面。按照考核目的的不同，笔试内容有所不同，下面介绍几种常见的笔试试题。

1. 专业类

这类试题主要涉及应试者所学和企业用人岗位所需的专业知识。通常招聘的岗位是专业性很强的岗位，如机械、电子等与工程技术相关的岗位。

2. 政治类

这类试题主要涉及一些基本的政治观点、时事政治或对国内国际形势的分析。这种试题常出现在公务员录用或事业单位招聘的笔试中。

3. 公文类

这类试题主要涉及一些常用公文的写作，考查应试者对各种公文文体的掌握程度及对语言、文字的驾驭能力等。这类试题常出现在公务员、事业单位工作人员的招聘考试中，当然，有些企业的行政岗位也进行类似的考试。

4. 技能型

这类试题主要涉及英语、计算机等通用技能，主要是考核英语、计算机等基本技能的操作，以确定其是否可以胜任相关岗位。

5. 综合类

这类试题涉及面较广，考查的知识比较全面且综合性强，针对一个问题可能需要应试者动用多方面的知识技能去解决。这类试题多出现在公务员考试中。

三、笔试的技巧

笔试的技巧因人而异，笔试者可以根据笔试的具体情况，灵活应答。

(一) 通读试卷

通读试卷，了解题量及难易程度，以便掌握答题的速度。然后根据先易后难的原则排出答题的顺序，先攻简单的题，后攻难题，这样就不会因为攻难题而浪费太多时间。

(二) 搞清题意

在答题之前，必须搞清楚题目的类型、要考查的知识点和考查的目的等。因为求职笔试试题不同于平时学习过程中的考试试题，它考查的面比较广，而且随意性、灵活性大，有一些试题可能是你从来没有遇到过的类型，有些问题甚至非常古怪，这时应试者必须冷静分析，动用所有联想和记忆查找可能的线索，寻求最佳答案。

(三) 积极自我暗示

笔试过程中，应试者由于准备时间不充分、没有经验或者题型生疏等原因，可能会感到无从下手。这时不要烦躁、慌张，因为这些情况可能对于大多数人来说都是存在的，所以要对自己进行心理调节和自我暗示。比如告诉自己"我遇到的麻烦大家同样遇到了"，"我学习成绩、个人能力都比较好，对于这类问题一样也能处理好"等。

(四) 认真检查

答完试卷后要进行一次全面的复查，特别注意不要漏题、跑题，要纠正错别字、语法不妥之处，如果某个问题难以确定对与错，最好的方法是保留原有答案，不要改动，因为人的第一感觉往往更可靠。

(五) 注意卷面整洁

整洁的卷面给人以清新的感觉。事实上，笔试中很大一部分都是开放性问题，我们可以用整洁的卷面来赢取印象分。

(六) 答错总比不答好

在进行笔试的时候，卷面上的问题要尽量答满，不会的可以猜。因为不作答，不仅表明你在知识上有所欠缺，还表明态度不够认真。

用人单位的笔试有其鲜明的目的，应聘者应该看清这个目的，在笔试的时候，要把握好招聘方招聘目的的大致方向，结合自己的知识，运用综合能力猜题。

第三节　面试

面试被定义为"一次有目的的受控制的交谈"，也是由规定控制的社会性互访行为，面试官提问并控制局面，应聘者回答，面试官通过当面交谈、问答的形式，对应聘者进行考核。采用面试的方法不仅能考核一个人的业务水平，而且能让用人单位面对面的观察毕业生的体态、仪表、气质、口才和应变能力等。

一、面试的种类

面试的种类有很多，因面试的目的、面试现场组织形式和面试官采取的方式不同可以分成很多种类型。

(一) 按照面试的目的分类

按照面试的目的，面试可分为筛选型面试、决定型面试和集训型面试。

1．筛选型面试

筛选型面试属初级面试，由招聘单位的人力资源部组织进行。面试官的任务是对求职者进行淘汰，而非选拔，他们凭借经验和规则找出面试者的不良记录、空白记录、虚拟记录和矛盾之处。所以，应试者要从容一点，以便获得进一步面试的资格。最好是随着面试官的思路走，为自荐材料作出详尽的解释，尽可能迅速、直接、简洁地回答问题，千万不要跑题或回避问题。不要主动提及不利因素，不要提要求或待遇，不要自谦或怀疑自己的能力。要相信自己已经具备满足该职位要求的实力，并尽量做到谦逊有礼，以便给用人单位留下一个得体、友好、奋发向上、实事求是、易于相处的印象。

2．决定型面试

决定型面试一般由招聘单位的最高层经理和人事招聘专员共同进行，通常采取小组面试的方式。求职者将同时面对几个面试官，他们共同确定谁最符合职位的要求。提出问题的难度、方式会使气氛变得非常紧张，也许会涉及个人原则和隐私问题，这就要求求职者灵活应答，这种考查的目的是要考查求职者面对压力时的反应和合作能力，求职者应充分、放松地自我发挥和推销。对于"过分"的问题不要耿耿于怀，要坚持一些基本原则，不卑不亢。在最后的面试中应以更加积极主动的态度进行回答，要从用人单位的角度出发确定话题，言谈举止要表现出自己效力公司的决心。在整个面试过程中，求职者在提问与回答时应时刻保持优雅、从容、自信，并保持微笑，回答应表现出"换位思考"的人本思想，让对方接纳自己。

3. 集训型面试

这是进一步考查求职者工作技能、团队精神、学习能力的方式，公司根据需要以集训或演讲的方式对求职者进行学习性的选拔和淘汰。需要特别注意的是，为考察求职者的处事方式，在面试过程中，一些职务级别低的人也会成为面试官，他们的意见也能左右面试的结果。因此，求职者要摆正位置，端正态度，对他们要表现出足够的尊敬。

(二) 按照面试现场的组织形式分类

按照面试现场的组织形式，面试可分为个人面试、群体面试和小组面试。

1. 个人面试

个人面试是直接对求职者的面试，为大部分企业所采用，时间一般为10—30分钟。其具体形式一般有以下几种。

一对一面试。一对一面试是目前最普遍的形式，通常用于第一轮面试，在求职者众多时，按顺序点名面试。面试问题较为规律，求职者的注意力也容易集中。由于只面对一个面试官，所以话题专注度高，面试对求职者造成的心理压力也较轻。

连续性面试。求职者从一个办公室到另一个办公室进行面试。求职者以饱满的热情对待每位面试官，从不同面试官的胸卡上寻找面试的重心。

一对多面试。这种形式是一个求职者面对多个面试官，面试气氛紧张，目的是考验求职者的心理承受能力，以便对其进行客观的评价。求职者要沉着、冷静，避免紧张，每次只针对一个问题来回答，既要把重心集中在那个问问题的面试官身上，又要顾全大局，要和在场的每个人进行目光交流，不忽略任何一个人。如有多个问题同时提出，就选择一两个较容易的回答，而一时不知如何回答的，应婉转地表明自己不清楚，待回去后再详细查找，切忌强词夺理。

2. 群体面试

群体面试是指两个或两个以上求职者一起进行面试，分为"群体应答"和"群体讨论"两种类型。

第一，群体应答方式。面试官大多会问及求职愿望和求职动机，质疑问题无法回避。答案应简单扼要，如过于冗长，即使精彩也会引起反感。在群体应试时，切忌因别人意见与自己意见相同而简单地说"我的看法与某某相同"，这会被看成是"随声附和"，没有自己的看法。另外，在他人应答时，不可露出轻视、不屑之色。

第二，集体讨论方式。集体讨论方式是对求职者风度、教养、见识、知识的灵活运用等方面的综合考查。应对此类面试，应把握好如下几点：首先，做到要点明确，将个人意见归纳为几个要点，讨论要不离正题；其次，尊重他人意见，任何全面否定他人意见的做法都会给他人留下不好的印象，若有异议，应在他人发言完毕后，叙述己见；再次，切忌感情用事，受到反驳时，恼羞成怒、高声辩解或反唇相讥都是不可取的，应表现出自己的涵养；最后，要将自己置于讨论之中，在集体讨论中故作清高、漫不经心、游离于讨论之外、面壁静坐等都将给考官留下不良印象。

3. 小组面试

通常是由一位部门主管加一位人事主管或员工组成面试小组。小组面试一般是面试的最终阶段，众多求职者同时出现在所有面试官面前，其目的是让多名决策者在较短时间内了解求职者，并考查求职者在巨大压力下的状态。当一位面试官提问时，其他面试官可以观察求职者的反应和回答。面试官的提问会井然有序，在很多情况下，各种意想不到的问题会同时出现，这会加重求职者的紧张与不安，此时求职者要特别注意。

(三) 按照面试官采取的方式分类

按照面试中面试官采取的方式，面试可分为问题式面试、压力式面试、自由式面试、模拟式面试和综合式面试。

1. 问题式面试

面试官按照事先拟定的提纲对求职者进行发问，其目的在于观察求职者在特殊环境中的表现，考察其知识掌握程度和判断、解决问题的能力。

2. 压力式面试

面试官有意识地对求职者施加压力，就某一问题或某一事件做一连串的发问，详细具体且追根问底，直至求职者无以对答。此方式主要考查求职者在特殊压力下的反应、思维敏捷程度及应变能力。

3. 自由式面试

面试官与求职者海阔天空，漫无边际地进行交谈，气氛轻松活跃。这种面试可以在进餐中进行，面试官与求职者自由发表言论，各抒己见，无拘无束，目的是在闲聊中观察求职者的谈吐、举止、知识、能力、气质和风度，对其做全方位的综合考察。

4. 模拟式面试

有面试官事先设定一个情景，提出一个问题或一项计划，要求求职者进入角色，其目的在于考核求职者分析问题、解决问题的能力。

5. 综合式面试

面试官通过多种方式考察求职者的综合能力和素质，如用外语与其交谈，要求即时作文或即兴演讲，甚至操作计算机及其他设备等，以考察其外语水平、文字能力、书面及口头表达等各方面的能力。

二、面试的内容

面试的内容很丰富，招聘者可以从不同角度来考查应聘者，所以，高职生在准备面试内容的时候，也要从不同角度做准备。

(一) 仪表风度

这是指应试者的体型、外貌、衣着举止、精神状态等。像国家公务员、教师、企业经理人员等职位，对仪表风度的要求较高。研究表明，仪表端庄、衣着整洁、举止文明的人，一般做事有规律、注意自我约束、责任心强。

(二) 专业知识

考查专业知识的目的是了解应试者掌握专业知识的深度和广度，其专业知识更新是否符合所要录用职位的要求，以此作为对专业知识的笔试补充。面试专业知识的考察更具有灵活性和深度，所提问题也更接近空缺岗位对专业知识的需求。

(三) 综合能力

1. 口头表述能力

这是看面试中应试者是否能够将自己的思想、观点、意见以流畅的语言表达出来，考查的具体内容包括表达的逻辑性、准确性、感染力、音质、音色、音量、音调等。

2. 反应能力和应变能力

这主要看应试者对主考官所提问题的理解是否准确，回答是否迅速、准确；对于突发问题的反应是否机智敏捷、回答恰当；对于意外事情的处理是否妥当等。

3. 人际交往能力

在面试中，通过询问应试者经常参与哪些社团活动、喜欢同哪种类型的人打交道、在各种社交场合所扮演的角色，可以了解应试者的人际交往倾向和与人相处的技巧。

(四) 上进心、进取心

上进心、进取心强烈的人，一般都有事业上的奋斗目标，并为之积极努力，努力把现有工作做好，且不安于现状，工作常有创新。上进心不强的人一般都是安于现状、无所事事，不求有功、但求无过，对什么事都没有热情。

(五) 求职动机

了解应试者为何希望来本单位工作、对哪些工作最感兴趣、在工作中追求什么，判断本单位所能提供的职位或工作条件等能否满足其工作要求和期望。

(六) 兴趣与业余爱好

通过了解应试者休闲时爱从事哪些运动、喜欢阅读哪些书籍、喜欢什么样的电视节目、有什么样的嗜好等，可以了解应试者的兴趣爱好，这对录用后的工作安排非常有好处。

(七) 薪金福利

面试时主考官还会向应试者介绍本单位及拟聘职位的情况与要求，讨论有关工薪、福利等应试者所关心的问题，以及回答应试者可能问到的其他一些问题等。

三、面试的准备

高职生面试的准备主要从两个方面入手，即自身和招聘方。

(一) 面试前的自我准备

在面试前，高职高专生应该从语言表达、可能提出的问题和材料三个方面做准备。首先，注意语言表达能力的锻炼。对应试者来说，流利自如、文雅幽默的谈吐是面试成功的必备条件。高职生平时就要有意识地加强语言表达能力的训练，从没话找话的寒暄开始，逐渐养成和陌生人自如交谈的习惯。多参加集体活动，课堂讨论大胆发言，也有助于讲话能力的训练。

其次，要做好自我介绍。面试官往往以询问求职者的有关情况作为面试的切入点。这个问题看似简单，其实不然，因为要在很短的时间内将自己完整地介绍给陌生人并不是一件容易的事，而且还要简繁得当、谈吐流利。因此，面试前准备一个简短的自我介绍是必要的，以免在面试官出人意料的询问下手足无措。

最后，准备好自己的背景材料，包括求职信、简历、成绩单、获奖证书、推荐信、学校鉴定意见等。

(二) 针对招聘方的准备

俗话说："知己知彼，百战不殆。"针对招聘方做面试的准备，是很有必要的。一般来说，针对招聘方做的准备是建立在了解招聘方情况的基础之上的，同时还要有面试心理和招聘者类型等方面的判断。

1. 了解对方

首先，要尽可能多地了解对方。主试者提问的出发点，往往是与招聘单位有关。因此，面试前要尽可能多地了解一些招聘单位的情况，对单位的性质、业务范围、发展情况等做到心中有数，才能有的放矢。另外，了解所应聘工作岗位对知识技能的具体要求也有利于更有针对性地展示自己的所长。

其次，预测对方可能提到的问题。招聘者在面谈时习惯提的问题有："你了解我们单位吗？""谈谈你的状况好吗？""你为什么想来我们这里工作？""你对我们这个行业的发展做过什么样预测？""你对我们单位的规章制度和人事制度有什么看法？""你的人际关系如何？""你有什么业余爱好？""你的主要缺点是什么？""你有什么特长？""我们单位工作压力大，竞争激烈，你能否受得了？""举例某项工作如何做？"等等，都应该认真做好准备。

2. 面试心理

面试官处于提问者、考察者、评判者的地位，很容易产生一种优越感。求职者要对面试官的心理进行分析，针对面试官可能存在的心理状态，采取不同的应对策略。

优势心理。面试官因处于主导地位而产生一种居高临下的心理倾向，表现为面试结果评定上的个人倾向性。面对此类考官时，应聘者应该不卑不亢地以一种平衡的心态去对待，充分发挥自己的才能。

愿当"伯乐"。中国有句俗话，"千里马常有，伯乐难寻"，面试官希望自己是伯乐，能挑选出真正的人才，能够发现真正的千里马，这样的态度就促使其对自己的工作认真、负责，谨慎考核，细致询问，尽量从考生中择优录取。面对此类考官，应聘者要充分相信自己的才能，同时又要表现得很谦虚，向他传递这样一种信息，你是一个有才能的人，这种才能只有借助他才能发挥出来。

疲劳心理。面试过程中，面试官要付出很大的精力。重复性的操作活动、长时间高度地集中注意力，容易造成懒散和困倦，因此在面试过程中，可能会无意间做出打哈欠、深呼吸、不断看表、搓手等表示厌倦的动作。遭遇此类面试官时，应试者要找到吸引他的话题，恰当地运用肢体语言吸引他的注意力，同时说话要切中要害，简洁明了，避免啰嗦。

定势心理。面试官由于长期以来已经形成一种固定的思维模式，因而对应聘者进行评价时，较少关注考生的实际表现，而是不自觉地将考生与自己印象中的某类人相对比，使其判断带有主观色彩，大大降低了面试评价的客观性。针对这种情况，求职者要能在较短的时间内，感觉到面试官的心理定势，随机应变，方可对答如流，让考官感到满意。

"喧宾夺主"倾向。面试官不是让应聘者尽量表现自己，而是以自己为中心，说话太多，没有对自己的角色准确定位。对这类面试官，你要有耐心，不能抢话，尽管你已经听不下去了，但还是应该表现出对此很有兴趣，表现出你在听他说话，不要引起他的反感。

专业化倾向。面试官过多地使用专业术语、职业行话和方言俚语，容易使考生感到迷惑，不能充分理解考官的意思，从而造成交流的困难。这势必会使考生本来就不稳定的应试心理产生波动，从而造成不必要的心理压力和负担。这时，你要认真倾听对方的问话，在最短的时间内理解所提出的问题，并以积极的心态去应对。

标准化倾向。考官以理想化的标准衡量考生，有时过于挑剔，求全责备。这时你不要表现出不满，而要以一种平和谦虚的态度展现自己，做到充满信心，不卑不亢。

3. 面试者的类型

招聘者可以分为以下三种类型。

目标导向型。这类招聘者在面谈时，说话直截了当，商业气很重，给人以缺乏人情味的感觉。应对这种招聘者的要诀是：直接、清楚和信心十足。最应避免的是：含糊、灰心和不准确。

温馨家庭型。这类招聘者往往以深思和有计划的方式与应聘者进行面谈，不但对你曾经做过什么和将来要做什么感兴趣，对应聘者是如何做事和将来怎样做事也非常关注。应对这种招聘者是十分困难的，回答一定要严谨、完整、条理清楚。

轻松浪漫型。这类招聘者是最难应付的，因为他们的情绪和行为非常难以预料。如能很耐心、很有兴趣地听他们讲话，并对其积极回应，就会给他们留下好的印象。

4. 面试效应

考官在面试时受到本人经历、所处环境、近期发生的事情等因素的影响时，常会出现以下效应。

顺序效应。考官在对多名应聘者一次进行评定时，往往会受面试顺序的影响而不能客观评定考生的情况。例如，一个考官在面试了三个很不理想的考生之后，第四位即使很一般，考官也会对他产生比前三位好得多的印象。反之，如果一位考官连续面试了三位很理想的应聘者，即使第四位水平一般，考官也会认为他的水平差。

相似效应。考官对于应聘者表现出的与自己相似的经历、思想和行为，往往有更多的兴趣，对这样的应聘者也易产生好感。例如，应聘者看过的某部影片正好考官也看过，对主人公的评价、对故事情节的感受相同，或双方都有相同的兴趣爱好等。

首因效应。人与人第一次交往中留下的印象，在对方头脑中形成并占据主导地位，这种效应即首因效应。首因效应也叫首次效应、有限效应或"第一印象"效应，它是指个体在社会认知过程中，通过"第一印象"最先输入的信息对客体以后的认知产生的影响作用。心理学研究发现，与一个人初次见面，45 秒钟内就能产生第一印象。这一最先的印象对他人的社会知觉产生较强的影响，并且在对方的头脑中形成并占据着主导地位。面试中给面试官留下良好的第一印象至关重要。

近因效应，指测评者根据记忆中近期的印象来判断、评价。在日常生活中，领导者可能会根据某人的近期表现而改变对他的一贯看法，也有正反两个方向。正方向效应表现为领导人偶然发现某人近期的优点或好的表现，对他产生好的看法，于是迅速改变以前对他不好的看法，给予提拔或重用。如某人一贯表现平平，突然做了一件好事或工作上有好的表现，领导就会对他刮目相看。反方向效应表现为领导者发现某人近期的缺点或工作中的失误，改变以往对他的好印象，这种情况若出现在面试中，表现为考官忽视评定的特定场景，导致测评误差。

四、面试技巧

面试是整个应聘工作中最需要技巧的部分。在求职择业的时候，面试技巧几乎起到了决定性的作用。在求职的大军中，既有使用技巧得当的成功者，也有缺乏技巧或技巧使用不当的失败者。那么，该如何使用面试技巧呢？

(一) 注重自己的仪表

穿着打扮体现着一个人的修养。仪表往往左右着招聘者的感官和第一印象，因此面试前要注意自己的着装打扮。衣着不整、蓬头垢面会被人认为你是邋遢窝囊；穿着过于前卫，会被认为不可信赖。总的来说，仪表要给人以整洁、大方、朝气蓬勃的感觉。为了慎重起见，面试前最好请老师同学审视一番。需要注意的是，面试毕竟不是选美比赛，应避免过分浓妆艳抹、花枝招展。

(二) 注意自己的精神风貌

在做好以上准备后，最好进行一次模拟训练，这样可能效果更好。面试前，要适当放松，调节自己的生活规律，保证充足的睡眠和休息，使自己以饱满的精神状态面对主考官。为避免等待面试时紧张、焦虑的情绪，可准备一本轻松有趣的杂志或书籍翻阅。要调整情绪，克服面试时的怯场心理。

(三) 面试的礼仪

面试的礼仪也是面试的重要组成部分，除了应该遵循时间、考试结束的时候要使用礼貌用语外，还应注意以下事项。

1. 肢体语言

第一，眼神交流中目光要注视对方，但万万不可死盯着对方看。如果不只是一个人在场，要经常用目光扫视一下其他人，以示尊重和平等。

第二，握手。应聘者应等待面试官先伸手，再握手。握手应该坚实有力，双眼要直视对方。不要太用力，不要过度摇晃，不要用两只手，因为用这种方式在西方国家看来不够专业。手应该干燥、温暖。

第三，坐姿。不要紧贴着椅背坐，不要坐满，坐下后身体要略向前倾。一般以坐椅的2/3为宜，这既可以让你腾出精力应对考官的提问，也不至于让你过于放松。

第四，小动作。在面试时不可以做小动作，比如折纸、转笔，这样会显得很不严肃，会分散对方注意力；不要乱摸头发、耳朵，这可能被理解为你在面试前没有做好个人卫生；用手捂住嘴说话是一种紧张的表现，也应尽量避免。

2. 谈吐

第一，简洁。要突出个人的优点和特长，并有相当的可信度。语言要概括、简洁、有力，不要拖泥带水、不分轻重。

第二，有个性。要展示个性，使个人形象鲜明，可以适当引用别人的言论，如用老师、朋友的评论来支持自己的描述。

第三，重事实。坚持以事实说话，少用虚词、感叹词。

第四，重逻辑。要注意语言逻辑，介绍时层次分明、突出重点。

第五，合理用语。尽量不要用简称、方言、土语和口头语，以免对方听不懂。当不能回答某一问题时，应如实告诉对方，含糊其辞会导致最后失败。

(四) 恰当地进行自我介绍

自我介绍是面谈时一个非常重要的内容。除了应向应聘者完整、准确地介绍本人基本状况外，求职者还应用准确、简明的语言介绍自己的经历、经验、能力、水平、成绩等情况。一般来说，求职者在介绍这些时要注意用词恰当、实事求是，切忌过分地夸大或赞美。另外，应充分照顾和考虑对方的身份和感情，从对方本身的情况谈起，避免无视对方存在而大谈自己的情况。

(五) 交流的技巧

在交流的过程中，要注意以下几点。

第一，正面回答问题和巧妙回答问题。面试的过程中免不了要回答问题。一般来说，回答问题分为正面回答和巧妙回答两种。当对方想知道非常明确信息的时候，最好是正面回答，因为那样凸显信息，给人印象深刻。比如对方问你学什么专业，你就直接回答什么专业就可以了。但面试中许多问题是开放性的，如你认为某某怎样的时候，一般来说，就不要正面回答了。如果这样回答的话，会让对方觉得你很武断或极端，如果回答的答案与对方的答案相悖，效果就更不好了，有时候还会引发争论。碰到这样的问题，首先要考虑对方这样问的目的，然后决定回答的角度。在回答的时候，要尽量谦逊地说出自己的看法，或是简单地提出看法后，征求对方的意见，以示尊重，避免因观点不同而造成不快。

第二，交谈要善于察言观色，尽可能投其所好。招聘者由于生活经历、社会背景、文化修养等方面的因素，在向求职者提问时，除与专业有关的话题外，还可能提及一些社会、文化或群众关心的热点问题与你讨论。这时你要认真地察言观色，尽可能顺着招聘者的思路，简明扼要地说明你的观点。这一切都要自然，切忌随意发挥、阿谀奉承，引起对方反感。

第三，学会倾听。在与招聘者交流的时候，除了自己的语言表达外，还要注意学会倾听。事实上，一个人懂得倾听是一种修养，也是对别人的尊重。倾听是良好态度的表现，会给人留下好印象。这里尤其要注意的是，千万不要粗暴地打断别人的讲话，这是极不礼貌的。

第四，要和用人单位达成一致。在与招聘者进行交谈的时候，一定要表现出对用人单位的了解和热心，使双方的交流在同一层面上，这样的交流才是顺畅的，愉快的，有意义的。如果双方对彼此的谈话都不感兴趣，你说你的，我说我的，自然不会有好的交流效果。

(六) 面试后的努力

面试结束后，能否被录取尚为未知数，面试官事后还要对应聘者重新审视。如果能在招聘单位最后做出决定之前做些积极的努力，或许会取得好的效果。一般来说，应该做以下两个方面努力。

第一，回顾反省。应聘者在面试结束后要仔细回忆和分析面试场景，从以下问题中找出自己的不足，以便进一步做出有效的努力：面试官的姓名和职位是什么？单位的要求是什么？首要目标和最大挑战是什么？为什么我能做好这份工作？哪些问题没有回答好？为什么？双方共同认为下一步应该做什么？和面试官最后几分钟谈话的内容是什么？

第二，与招聘者保持联系。千万不要忘记在面试后的一两天内写一封感谢信，其内容是：感谢对方给予的面试机会，说明面试给自己留下了愉悦的印象和感受，再次表明对那份工作的兴趣和信心。其作用是：引起招聘者的注意，加深印象；澄清面试中可能出现的误解，消除对方疑虑；可以补充资料，补充说明，重申希望得到工作的愿望，表明诚意，给对方决心。一般在面试后一周左右的时间里，主动打电话询问面试结果，在其后的一个月中可以多次打电话询问，但是不要过于频繁，以免引起对方的反感。

第四篇　自主创业

第九章　创业

【教学目标】

1. 了解创业的含义和意义。
2. 熟悉创业的基本要素和方法，掌握创业的政策。
3. 能够对创业的素质和条件作自我分析。
4. 培养正确的创业观。

【实践任务】

1. 分析创业与就业各自的特点。
2. 进行创业可行性的自我测试。
3. 根据本章提供的表格，开展创业思路调查。
4. 每个学习小组制作一份创业计划书。
5. 每个学习小组模拟注册一家独资企业（或合伙企业、公司）。
6. 参加学院组织的创业大赛。

随着知识经济时代的高科技发展和我国经济制度的变革，大学生毕业的志向和就业趋势呈现出多样化和自主化，高校毕业生创业也将成为解决日趋严峻的社会就业问题的重要途径之一。了解创业的意义，熟悉创业应该具备哪些基本素质和创业前应该做哪些准备工作，对于年轻的大学生创业者是很有必要的。

第一节　创业概述

一、创业的含义

创业的原始含义是指发现别人不曾发现的机会，并把这一机会转化为生意；现实意义是指发现和捕捉机会，通过产品和市场创新创建新企业，实现其潜在价值的过程。简单地说就是发现和把握商机创建新企业。

大学生创业的含义是指大学生创建并拥有创业型企业，且以企业为职业的过程。这个过程一般在学校期间通过学习和实践积累经验，到毕业时即开始具体实施并得以逐步发展。

二、创业必备的三要素

(一) 发现机遇

机遇包括政策、技术、信息、资源等各方面的因素。随着中国市场经济的日益成熟和快速发展，加上制造业、加工业的不断扩展，特别是中国加入世界贸易组织以后，有更多机会参与世界性的国际经济竞争，带来了越来越多的创业机会。机遇是创业的重要条件和首要因素，只有善于发现、捕捉和利用机遇，创业才能成功。

(二) 利用机遇

大学生要学会利用机遇，创建新的企业。也就是在新企业中进行产品和市场创新，以满足人们的某种需要，从而实现新企业的发展或原有企业的壮大。创造新颖的产品是从事第一产业（农业）和第二产业（工业）的创业；创造新颖服务是从事第三产业（社会事业和服务行业）的创业。市场创新是指新颖的产品和服务符合社会需求，能够满足人们的某种需要。

(三) 实现潜在价值

潜在价值包括创业者的自身价值和生产要素（劳动力、资金、资源、信息、技术等）的价值。实现潜在价值是指实现创业者和生产要素的原有价值，并由此创造新价值，从而达到盈利的目的。

【案例】警觉的温州人

以下是互联网上的消息：

2002年1月1日，欧元纸币和硬币进入欧元区12国流通领域。

2002年2月28日，欧元区其他9国放弃原有货币的法定兑换率，旧币彻底退出流通领城。

2002年3月31日前，欧元区国家的旧纸币可以在各个国家的中央银行指定的地点免费兑换新欧元。

5欧元纸币为灰色，长和宽分别是120毫米和62毫米；

10欧元纸币为红色，长和宽分别是127毫米和67毫米；

20欧元纸币为蓝色，长和宽分别是133毫米和72毫米；

50欧元纸币为橘色，长和宽分别是140毫米和77毫米；

100欧元纸币为绿色，长和宽分别是147毫米和82毫米；

200欧元纸币为褚石色，长和宽分别是153毫米和82毫米；

500 欧元纸币为紫罗兰色，长和宽分别是 160 毫米和 82 毫米。

通过以上信息，温州商人发现新发行的纸币尺寸比原成员国的旧货币都大出不少，于是得出结论：欧洲人的老钱包小了！并立即为大欧元赶制了新钱包，利用这一机会取得了可观的经济效益。

点评：从小小钱包上看出了温州的创业素质。温州人善于抓住机遇，捕捉商机，获取效益。

三、创业精神与创业型企业

(一) 创业精神

创业精神也就是企业家精神，是指以创新和独特的方式追求机遇，创造价值和谋求增长而不顾及资源限制的精神。创业精神是一种意识，是一种人格，是一种魅力。

【案例】 比尔·盖茨退学创业

1976 年在美国哈佛大学数学系学习的比尔·盖茨发觉了计算机软件市场开发的巨大潜在商业价值，在大三时决定退学创办自己的公司，遭到很多亲戚、朋友、师生的反对和劝说，但比尔·盖茨不为所动，并用自己的观点说服了亲戚、朋友、师生，最终创建了微软公司，成为世界首富。

点评：我们并不是提倡所有的学生都去退学搞创业，也不是所有的大学生退学去创业都可以取得百分之百的成功。比尔·盖茨的成功除了自身的创业精神外，还包含着许多成功必须具备的条件和因素。但时代不同了，面对新经济浪潮的急速到来，新时代的大学生可以不创业，但决不可没有创业精神。试想一位大学生在校期间进行自身的实践和创新，从而拥有了一个发明，一个专利，一个诀窍，一个秘方，一个版权，这样的大学生即使因条件限制无法立即创建自己的新企业，也不会为找不到工作单位而担心吧？所以说，面对就业的大学生不要埋怨自己找不到理想的工作，那只是你还不够优秀的缘故。

【案例】 节水马桶

2001 年某宾馆行业协会决定对其所在地区的宾馆马桶进行节水改造，将所有 8 升马桶敲掉换装 6 升马桶。一位实习生指出了这个方法的不合理性：一是会造成财力、物力上的浪费，二是影响宾馆的正常营业。他将数个乒乓球投入马桶进行试验，发现用 4 升水就可得到节水效果，于是提出用宾馆客人用过的 2 升雪碧和可乐塑料瓶装进沙子放在马桶里，简便地解决了马桶节水问题，得到了宾馆 5 万元的奖励，并在毕业后直接成了这家宾馆的高级主管。

点评：知识就是财富。创业者要善于把自己的知识应用实践，发现机遇，利用机遇，会使自己快速成功。

(二) 创业型企业

创业型企业是指以追求机会和创业为特征，以成长和创造盈利能力为主要目标的企业。一个创业型企业，意味着要不断地去发现和探索新机遇，不断追求成长，这是新产业之源，而持续创新是创业型企业的灵魂。

所以说，一个小企业或新企业不完全等同于创业型企业。

企业创业包括两个方面：一是产品创新，二是管理创新。纵观当今国内外知名企业，都是以创业为主线，通过产品的不断创新和管理水平的改进提高来提升企业的知名度和生命力。汽车厂商不断推出新车型，手机制造商不断推出新款式，就连精明的饭店也在不断地推出新菜肴。而在管理模式上机票的折扣，服务的延伸，企业搞认证，管理者通过高级培训对理念的更新，都是创业型企业的具体表现形式。海尔集团生产的冰箱从有霜到无霜，从使用氟利昂制冷到无氟冰箱，从人工控制到自动智能控制，从耗能到节电，从贮藏到保鲜，通过不断的创新与创业，实现了企业的良性发展，从而跻身世界 500 强。而微软公司更是通过产品的不断创新成了世界上最具竞争力的企业。

【案例】深圳大亚湾核电站

中国首座核电站——深圳大亚湾核电站建设期间，设计采用了世界上最先进的清水反应堆技术。但在施工工程中，由于管理理念落后，工程质量一直达不到技术要求，其主要问题之一是钢体的焊接，虽然调集了国内最富有经验的工程技术人员，但还是通不过仪器的检刚。后来请来了法国的管理专家，并由对方全面负责相关的技术与施工。对方带来了新的管理方法和理念，把过去对焊缝的全部完工后检测，改为对每个焊缝完成即检测的方式，及时地发现存在的问题并进行更正，保证了施工质量和进度，使得大亚湾核电站的建设工期整体提前了一年。

点评：从这个典型例子中，我们首先应该学到的是创新精神。大学生要创业，就要从这里学起。

四、创业类型

(一) 创业类型分类

1. 按创业主体分类

（1）个人创业。以个人为主雇用部分员工进行的简单创业活动。

（2）公司创业。两个或多个人合伙，按现代企业制度的方式正式注册，并建立一套完善的管理和工作制度进行创业的活动。

2. 按起点类型分类

（1）创建新企业。利用新发现和掌握的商机创建新企业，通过产品创业和管理创业实现盈利的创业活动。

（2）公司再创业。公司通过产品革新和管理营销模式的革新使得企业获得更强生命力的创业活动。

3. 按层次不同分类

（1）基于企业产品的创新。在原有设备不变的情况下，通过对新产品的开发生产进行的创业活动。

（2）基于营销模式的创新。生产产品未变，或面对市场同类产品的竞争，采用新的营销理念、方法、模式进行的创业活动。

（3）基于企业管理体系的创新。对企业原有规章制度、工作程序、分配方式等一系列管理体系进行改革完善创业活动。

显而易见，以上各种创业类型均不同程度地出现在各级各类企业中，可以说不进行创新的企业，随着社会经济的发展和市场经济的逐步完善，必然会遭到淘汰。

一般说来，大学生由于资金、经验、环境等方面条件的制约，可以考虑主体创业、创建新企业和基于产品创新创业等三种形式。

（二）大学生适宜的创业类型

因为大学生自身条件的局限性，尝试创业的方式一般以个体型创业方式较为适宜，而后才能通过不断地积累谋求更大的发展。

个体创业一般分为机会型创业和生存型创业。

1. 机会型创业

因为机会的吸引力而选择了创业的人，也称为主动创业。主动创业的动机源于发展的需要。主动创业的人一般都能够正确认识自身价值，对自己充满信心，具有较强的风险意识和创新精神，能够吃苦并全身心地投入到所从事的事业中去，并具备良好的商业品德与战略眼光，脚踏实地，雷厉风行，接受信息快，适应性强，勤于计划，精于组织，身体素质好，约束能力强，有良好的自控能力，遇到困难不会悲观失望。

2. 生存型创业

没有找到合适的工作而选择了创业的人，也叫被动创业。

在中国的创业活中，主动创业的人占到了40%，被动创业者占了60%。而在美国这个比例分别是90%和10%。据美国大学生的一项调查显示，有70%的大学生设想将来能有自己的公司，并乐意为此而学习管理学、社会学、营销学、法律、工商管理等相关知识。而对中国大学生而言，网上有一个诙谐的帖子说：小学时要当科学家、大老板（不这样说连家长都会没面子），中学时要当工程师，大学时想进好企业，毕业后能有一碗饭吃即满足。这充分说明了当前社会创业意识的淡漠和对创业认识的种种偏见，以及创业教育不到位的许多问题。要知道当今美国95%的财富来源于20世纪

80 年代的一批创业者。

在中国的创业者中，年龄大都在 25—34 岁，男性比女性多，一般都有就业经历，学历以高中为主。

【案例】大学生创业

学广告学的大学生小周，在校期间结合自己的知识能力，没有在广告创意和制作上进行创业设计，而是在广告载体上动脑子。经过观察和思考，他发现全市十几所大学每月十几万张电影票上有着巨大的商机，便与企业联合把产品广告做到了大学生的电影票上，获得了 6 万元的收入。毕业后，小周利用这 6 万元创建了自己的广告设计公司，并取得了极大成功。

点评：这个例子告诉我们，大学生创业一定要结合自己的实际能力，注意创业实践的实用性和技能性，而且最好是零投入。大学生在校期间创业的主要目的还是锻炼提高自己的综合能力，提升创业意识和理念，为将来的就业或创业积累经验。失败并不可怕，可以从头再来，成功则是意外收获。拥有良好的心态对未来的事业一样会起很大作用。

(三) 对当前中国创业环境的分析

1. 优势分析

(1) 政策支持，学校鼓励。近几年来，国家制定了一系列扶助大学生创业的优惠政策，有的地方还建立了大学生创业孵化园区，在工商、税务等各种费用上给予优惠或减免。这些举措都为大学生投身创业创造了前所未有的有利条件。

(2) 思想解放，敢为人先。在我国进一步深化经济体制改革、全面建设小康社会和实现跨越式发展的今天，大学生思想十分活跃，创业热情高涨。敢想敢干、敢为人先、大胆创新已逐渐成为校园里的一道风景线。而且与中国传统创业方式相比较，目前的大学生自主创业更加理智、更趋务实，创业的途径也更为多样化。

(3) 市场活跃，经济繁荣。目前，我国市场活跃，经济繁荣，正在逐步成为世界性的制造加工业基地，而且正在面临着从劳动密集型产业到高新技术产业的过渡时期，更多的"中国制造"需要变为"中国创造"。全国各级各类高等院校也正在把对大学生的创业教学和指导引入教学计划和课程，培养大学生自身的创新素质和创新能力，以适应将来经济社会的需求。

2. 存在问题

由于中国从计划经济转入市场经济的时间不长，对有利于创业的因素与环境尚未完全形成，因此存在着一定的问题和差距。如对创业者的资金支持、教育培训、知识产权的保护等，特别是商务环境，即为创业者提供服务的环境条件亟待改善。政府职能转变特别是服务水平需进一步提高。

在加拿大，面对创业者的意愿，政府职能部门会提供相关产业所处位置的数量、经营规模、人口密度等市场情况供创业者参考，以便其做出更好的判断和决策，而这正是创业者最需要的帮助。在没有这种帮助的情况下，就要通过详尽的市场调查来掌握相关的信息，以减少创业的盲目性。

优良的创业环境是与地区经济形势的发展程度密切关联的。统计表明，我国珠三角地区、长三角地区、京津塘、浙江福建沿海、山东半岛等地为创业的高活跃地区；东三省、湖南、广西、重庆、江西等地为一般地区；河南、安徽、四川大部、山西、陕西等为不发达地区；西藏、甘肃等地区为沉寂地区。大学生在创业地域上可以适度地参考和借鉴。

3. 面临新的挑战

当前，我国大学生身上还普遍存在着很强的对计划经济时代的分配制度和国有大中型企业的依赖性，期望被企业雇用而对在校学习不感兴趣。时代不同了，创业型大学生正在成为世界范围内的一股主要力量，建立精神，清理远景，埋下种子，掌握技能是当代大学生的使命和责任。

大学生面对创业普遍存在着意愿强、机会多、精神足，但能力弱等问题。在当前单一教育模式下，其能力无法得到迅速提升，社会对大学生创业也存在着很多的偏见，认为大学生创业不务正业，学校本身对大学生创业也存在着"专业对口吗"的疑问，这些都给大学生创业带来了极为不利的影响。

针对以上问题，大学生一是要把培养创业精神和创业技能作为自己的基本目标，不断丰富完善自我，并为之而主动学习。二是要注意养成"企业家"的思维方式，对所做事情的"成本"、"预期"、"利润"等养成评估的习惯。三是要结合自身实际，通过社团活动进行有关的实践和操作，了解创业的基本程序和方法。四是要主动到企业去，到基层去，通过案例对照自身，发现长处和优点，为创业积累资本和经验。

第二节　创业的选型定位

一、中国的创业群体和创业类型

(一) 目前的主要创业群体

（1）失业下岗者。他们一般进行的是生存型创业，其目的首先是为了满足自己的生存需求，其中也有部分获得了巨大的成功。

（2）海外学子，即海归者。他们利用在国外所学的先进技术和管理经验，在国内优惠政策的鼓励保护下，通过新产品的开发或新服务的引进，以填补国内相关技术和服务的空白。

（3）大学生。利用自己所学的专业知识，结合市场需要和自身能力，开办营销、服务或产品制造，以实现自己的创业或就业理想。

(二) 三种创业选型

（1）自雇型创业。自己雇用自己，自己给自己开支的企业。

（2）产品创新型创业。集开发、生产和销售于一体，并拥有具有独立知识产权的产品的企业。

（3）专业自雇型创业。投资在20万到30万元，与所学专业相关的，有一定的专业门槛，以为企业服务为主的公司，或面对最终消费者的公司。

(三) 创业者的选型定位

（1）失业下岗者。创建自雇型创业企业。

（2）海外学子。创建产品创新型企业。

（3）大学生。创建专业自雇型创业企业。

(四) 大学生创业定位的可行性论证

（1）时代的需要。一是随着全社会教育程度的提高，参与创业活动的大学生的人数在减少，这为有意创业者提供了机遇。二是随着经济社会的快速发展，我国创新型企业数量少、水平低，这成为制约目前我国经济发展的瓶颈，因而市场急需知识型人才参与其中。三是面对就业难的现实，新时代的大学生越来越需要通过创业来实现自己的人生价值，而且家长和社会也普遍接受专业自雇型创业定位。

（2）实现的可能。一是素质可能，大学生具备各相关的专业知识和基本技能。二是资金可能，由于起点适中，计划性强，风险相对较小，使得个人投资相对容易。三是成功可能，选型定位容易成功，基本上可以实现开门即赚钱。

(五) 适合大学生的专业自雇型企业选型

1. 专业技能水平为大学生提供了选型的优势

大学生创业的优势是拥有很好的专业技能水平，较为丰富的实践锻炼过程，以及良好的个人内部和外部资源。鼓励大学生有一个发明，一个专利，一个诀窍，一个秘方，一个版权等，对大学生创业会有事半功倍的效果。电话、电脑、汽车的发明改变了人们的生活方式；DVD"芯"的专利制约了中国相关厂商的发展；一个金点子解决了宾馆的节水问题；一个秘方成就了著名的同仁堂；一幅"大眼睛"照片造就了中国的希望工程。这样的例子数不胜数。

【案例】专业自雇型创业的典范

小张是学电子技术的大学生，在校期间学习优秀，多次获得专业技能比赛的一等奖，毕业后在广州的一家中等专业学校教书。改革开放后，他利用自己所掌握的无线电技术，开发研制了无线传播广播系统，并成立了自己的公司，生产校园、公园、广场等公众场所的无线广播，而且申请了相关专利，至今已拥有资产上千万元。

点评：小张靠专业，靠知识和技能取得了创业的成功。

2．专业自雇型企业的选型类别

（1）物流供应型企业选型。医科毕业生开办为医院提供医疗器械、敷料、药品等医疗物品的供应公司；工科毕业生开办为工业企业提供机械设备、原料、辅料等工业用品的供应公司；农学毕业生开办为农民提供农机设备、种子、化肥、农药等农业用品的公司；艺术毕业生开办为艺术团体或工作者、学生提供美术用品、音乐器材的供应公司等。

（2）配套生产型企业。口腔毕业生开办为口腔医院配套的假牙工厂；工科毕业生开办为工业企业提供零配件的小企业等。

（3）产品销售型企业。医药毕业生开办药店；工科毕业生开办工业产品销售公司；农学毕业生开办农业产品销售公司（绿色食品）；艺术毕业生开办艺术品销售店；体育毕业生开办体育用品销售店等。

（4）服务型企业。心理学毕业生开办心理咨询所；医学毕业生开办医疗咨询服务（国内外治疗某类疾病的专家；医院相关信息或预约、挂号服务；电话咨询等）；师范类毕业生开办各类学校；体育、舞蹈毕业生开办健身房、健体公司；农学毕业生开办乡村流动农业技术咨询公司；工科毕业生开办为中小型企业服务的设计室；美术毕业生开办装修公司等。

第三节　创业的行为模型选择

一、创业动机推动着创业行为

创业动机是指拟创业者面对商机而产生的各种愿望和准备采取的行为。实际上创业不仅是一项能达到赚钱目的的商业性的经营活动，创业还是科学，是艺术，是技术，更是实践。

(一) 创业行为的产生

1．创业行为来源于创业愿望和创业能力

从本质上讲，大学生创业行为应该来自自身的创业愿望和创业能力，而创业能力

的形成需要在创办企业的实践活动中得以锻炼提高。创业可学，但不可教。无论是主动创业精神还是创业技能，都不是简单的传承，需要创业者在实践中进行感悟和摸索，逐渐得到经验并掌握规律，为创业成功打下良好基础。人们说明清时期山西人在娘肚子里就会做生意，指的也是这种感悟。

2. 创业行为始于价值观

一般来说，创业不完全是始于个人的能力、机会和资源，因为这一切在实践过程中是会产生变化的。创业是始于一个人创业的信念和价值观。大学生创业的第一件事就是要建立起"世上只有创业好"的价值观，有了这种价值观，才会具有创业的源动力和不断追求成功的勇气、毅力，从而得到实现自身价值的动力。

3. 决定创业前必须弄清的问题

（1）创业是你选择的事业而非仅仅是赚钱。

（2）你的创业一定赚钱吗？为了赚钱，得先赔钱。

（3）为了创造财富，得先放弃财富。

（4）为了成功，必须经历失败。也就是说，创业未必都成功、都赚钱，但创业没有失败，因为它使你的人生更加丰富多彩。因此，有志创业的大学生，首先要完成创业者的人格修养，特别是处于统帅层面的创业者的信念与世界观的修炼，树立起较强的风险意识，提高心理适应能力和百折不挠、勇于克服一切艰难险阻的信心。

4. 理清思路、项目与商机的关系

创业的失败率很高，造成这一结果的一个重要原因是很多创业者分不清创业思路、创业项目和创业商机的区别，创业思路或创业项目往往会高估。

商机是一种未被别人发现的或未被满足的需求，是具有潜在增长型、一定规模型、较高回报型、与创业者相适宜和明显风险的创业备选项目。

创业备选项目是创业思路的具体化。一个创业思路可能展开成一系列的产品或服务，也可能是一种营销模式或者是一个新的管理体制。

【案例】创业思路不等于商机

体育系的大学生小王毕业后回到他所在的县城，发现这里没有一家保龄球馆。他做了一下测算：全县有20多万人口，其中城镇人口4万，如果全县每年每10人中有1人来打一次球，每次收费100元，那么年收入就是200万；如果城镇里每4人中有1人每年来打一次球，年收入又是100万，因此他觉得这是一个好项目，便倾其全部，借款贷款投入280万建起了县城的首家保龄球俱乐部，可开业后一天也来不了几个人，不久小王就破产了。

点评：失败的原因在于小王没有理清创业的思路、项目与商机的关系，缺乏对行为模型决定的论证。

(二) 创业的行为模型的决定

当社会传递给大学生的信号是创业利益/创业风险 < 就业利益/就业风险时，其结果必然是对创业的放弃；如果创业利益/创业风险 = 就业利益/就业风险，大学生的创业意愿将会决定大学生所选择的方式；而当创业利益/创业风险 > 就业利益/就业风险时，对大学生选择创业就会产生极大的推动作用。这与大学生的能力大小等诸多因素显然不具备必要的关联。行为模型论证表见表1。

表1 行为模型论证表

知觉到的利益比较	采取的行动
创业利益/创业风险 < 就业利益/就业风险	坚决不创业
创业利益/创业风险 = 就业利益/就业风险	可以创业可以不创业
创业利益/创业风险 > 就业利益/就业风险	坚决创业

二、创业获利模型的选择

(一) 基本生意经

1. 低买高卖

低买是获得利的前提。高卖则基于产品或服务要满足客户的需要，而且在低买高卖的过程中，要注意自身良好的信誉和较高的管理水平。

2. 早收晚付快周转

这是人人皆知的一个道理，但要真正做到早收晚付快周转，必须要有很高的经营管理水平和意识。每日的进货量和销货量要大抵相等；产品要好销；季节性商品的进货量能够用科学的方法去预测，避免过季后的打折或销售期间的存货不足等。房产开发商进行的房屋"预售"是典型的"早收"，产品"代销"是典型的"晚付"，而厂家的"薄利多销"可使得资金做到"快周转"。

获利模型调查表见表2。

表2 获利模型调查表

调查项目	调查结果
怎样低买的	
怎样高卖的	
怎样保持良好的信誉的	
怎样破坏商业信誉的	
怎样实现早收晚付快周转的	

(二) 创业思路的形成妙诀

1. 不满意中找思路

人们未被满足的需要常常最容易被知觉。因为对病历不满意，印度人推出了电子病历；比尔·盖茨针对人们对计算机使用的不满意，编制了计算机的 window 系统；因为对出行的不满意，人们逐步发明了自行车、汽车、火车、轮船、飞机、火箭；因为对胶片式照相机和摄像机使用过程麻烦的不满意，人们结合现代科技发明了数码相机和 DV 摄像机。不满意是商机之母，在不满意中能够发现大量的创业思路和创业项目，创业者要成为不满意的有心人。

不满意中找思路调查表见表 3。

表 3 不满意中找思路调查表

项目	对什么不满意	为什么不满意	发现创业思路
衣			
食			
住			
行			
品位			
爱好			
教育			
其他			

2. 从环境中找思路

一个人所处的大环境不外乎政治、经济、社会和技术，具体的商业环境则包括供应商、顾客、竞争者、政府、公众等。

供应商所提供的人财物启发了我们什么样的机会；顾客的现实需要和未来需要能否预测，他们的需要中蕴藏着什么样的变化或有什么不满意的地方；竞争者的产品或服务有哪些特点，对我们将要开展的经营有什么样的威胁；政府的政策导向是什么，近期会不会有什么变化或调整；作为身临其境的公众，我们都能感受到哪些因素的影响。

从环境中找思路调查表见表 4。

表 4 从环境中找思路调查表

	具体环境分析指标	提供了什么机会	产生了什么威胁	利用机会、威胁分析
供应商	人			
	财			
	物			

续表

	具体环境分析指标	提供了什么机会	产生了什么威胁	利用机会、威胁分析
顾客	当前的需要			
	未来的需要			
	需要的变化			
竞争者	提供的产品			
	服务			
	销售			
政府	市政府政策			
	区政府政策			
	社区政策			
公众	市政府政策			
	区政府政策			
	社区政策			

3. 从调查研究中找思路

调查研究找思路分为项目基本确定后的市场调查和通过市场调查找思路。无论其目的是什么，这种调查了解是创业前必不可少的一个步骤。

从调查研究中找思路调查表见表 5。

表 5　从调查研究中找思路调查表

调查方法	调查对象	调查的目的与含义	发现的生意思路
观察法	地址	周围环境	
	社区环境	所在社区的特点	
	公众	偏爱与态度	
	顾客	购买习惯和状态	
	竞争者	行为方式	
	产品	市场提供的产品与服务	
	价格	产品与服务的价格	
	销售方式	产品与服务的销售方式	
	促销手段	产品与服务的促销手段	

续表

调查方法	调查对象	调查的目的与含义	发现的生意思路
体验法	服务质量	身临其境体验其优劣势	
	产品质量	身临其境体验其优劣势	
	产品特点	身临其境体验其优劣势	
	经营网络	身临其境体验其优劣势	
	视觉效果	身临其境体验其优劣势	
	营销方式	身临其境体验其优劣势	
	促销手段	身临其境体验其优劣势	
询问法	顾客满意度	满意什么不满意什么	
	成功者经验	主要经历和技巧	
	失败者教训	主要经历和警示	
	行业的规范	规则与规定	
	竞争者的经历	过去和现在的状态	
换位法	产品	以公众的价值亲自感受	
	服务	以公众的价值亲自感受	
	地址	以公众的价值亲自感受	
	视觉	以公众的价值亲自感受	
	营销方式	以公众的价值亲自感受	
	促销手段	以公众的价值亲自感受	
	价格	以会众的价值亲自感受	
	经营风格	以公众的价值亲自感受	

4."热"与"变"中找思路

住房热，轿车热，这是商机，热的背后需要什么更是商机。如果私有高档住宅是物业管理之母，那么私人轿车之子是什么？视觉产品之子是什么？市民收入水平提高的商机是什么？

【案例】小林的柳树

为帮助某山区人民脱贫，县乡两级政府利用国家的农业扶助资金引导当地山民种植各种果树。在政府的鼓励倡导和技术支持下，大家热情高涨，全村的山地几乎都种上了果树，唯独小林在自家的地里种满了柳树。两年后山民的果树进入了成熟期，小林用自家的柳条编了大量的果筐，同样取得了可观的经济效益。

点评：小林从"热"与"变"中找到了商机。

商机在哪里？产品市场的形成与发展一般要经过七个阶段。

（1）现在的市场。现有市场状态。

（2）种子市场。消费者对尚未存在的东西具有需要的欲望。

（3）市场具体化。根据消费者需要推出适合的潜在市场的产品或服务。

（4）市场扩展化。跟踪者模仿行为使得市场得以扩展并最终饱和。

（5）市场的分裂化。市场饱和使新产品高度独特化导致市场的分裂。

（6）市场再结合。按高度独立的产品重新进行产业化的重新整合。

（7）现实的产业。成熟的产业链条。

创业最容易成功的时机是在市场具体化和市场再结合两个阶段。

热点中收集创业思路调查表见6。

表6　热点中收集创业思路调查表

热点产业与社会热点现象	市场具体化阶段思路	市场再结合阶段思路
网络时代到来		
数字电视普及		
高档住宅产业		
轿车走向家庭		
视觉产品增多		
电脑的家庭化		
教育的国际化		
儿童校外辅导		
旅游业兴起		
健身业兴起		
收入水平提高		
社会老龄化		
独生子女		
环境污染		
食品安全		
失业现象		
单亲家庭		
农民工进城		
个体创业现象		
三农问题		
城市扩大化		
家教兴起		
文明病增多		

(三) 创业思路转变为备选项目的有效方法

（1）思路展开法。汽车进家庭：销售汽车、汽车维修、销售汽车配件、汽车美容、汽车库出租、生产移动汽车库、开办停车场、生产汽车装饰品、办汽车俱乐部、收集老爷车、汽车教练……

（2）兴趣展开法。我的兴趣是钓鱼：卖鱼饵、生产制作钓鱼工具、开钓鱼用品商店、开办钓鱼学习班、组织钓鱼活动、出版钓鱼刊物……

（3）资源优势展开法。强烈的创业欲望和英语技能：办双语幼儿园、开办家教品牌中介公司、办各种英语学校、在网上开办为外国游客提供导游的服务性公司、为出国人员办理中介服务、开办英语书店、开办英语发烧友音像店……

（4）成功标准展开法。成功标准是每月收入 2000 元：开办社区报亭、擦皮鞋店、家庭早点、接送社区孩子上学、社区居民点汽车包月清洗、社区便利店……

（5）自雇型展开法。创办自雇型企业：开办社区报亭、做家政服务、流动售货、手工工艺作坊……

（6）专业产品展开法。电子视听产品：录音机、便携式录音机、光碟机、MP3、MP4……

（7）产品型展开法。针对计算机产品：鼠标垫、优盘、移动硬盘、光盘、影碟包、影碟架、网卡……

三、警惕创业陷阱

(一) 什么是创业陷阱

未经商机识别的创业思路和创业项目中十有八九是玫瑰色的创业陷阱。这一陷阱的可怕和可悲之处是：陷阱是创业者自己满怀激情挖掘的，然后创业者满怀期望地跳下去，再面带微笑地下沉、下沉，直到坠入井底，摔得粉身碎骨才发现这是一个陷阱。

(二) 创业陷阱的识别方法

（1）狐狸原则。该项目所在的行业是否有实力雄厚的霸主？他们为什么不做该项目？

A. 没有发现　　B. 不屑做　　C. 太麻烦不愿做　　D. 有陷阱

【案例】马经理的商品楼

某地一庙宇附近有许多空地，地价十分便宜，而当地的房价又非常的高。房产开发商马经理觉得这里有巨大的商业利益，便在其附近开发了一栋 23 层的居民楼，却一间房子也没有卖出去。原来此地的人特别迷信，庙宇是"阴人"住的地方，阴盛自然阳衰，所以当地人认为那些地带是不适合"阳人"住的。不得已，马经理只得把房子转给政府做穷人的廉租房。

点评：马经理失败的原因是什么？如果用一用狐狸原则或许会避免这一过失。

（2）螳螂原则。该项目能否给消费者带来立竿见影的利益点？该项目的启蒙教育的周期有多长？

A．有立竿见影的利益点　　　B．该项目的启蒙教育的周期很长

【案例】雀巢咖啡进入中国

雀巢咖啡进入中国市场时，从咖啡的起源，喝咖啡的益处、习惯、方法等，前后花了两年多时间来教育指导我们中国人，光是广告费就投入了几个亿，才使得中国人慢慢开始接受咖啡，逐步取得了可观的经济效益。至今我们还能记起初尝咖啡的那种苦味和"滴滴香浓，意犹未尽"的广告词。

点评：这是典型的螳螂原则。

（3）照镜子原则。你的资源能否养得起该项目？

A．力所能及　　B．很勉强　　C．力所不及

看看大城市里那些"烂尾楼"和许多随建随关的工厂就知道这个原则的含义了。

【案例】某集团的总裁事业成功后

某集团的总裁事业成功后，为在上海建设世界第一高楼搞得债台高筑，不得不从头开始；春都集团的盲目扩大导致了今天的经营不善；思念集团 2006 年起决定从房地产行业退出。

点评：这些都昭示着"照镜子"原则的重要性。

（4）评价原则。

A．是好项目　　B．是一般项目　　C．说不清　　D．是陷阱

好项目就可以作为备选，一般项目需要加工，陷阱就要注意不要"陷"进去。

第四节　大学生创业者自我条件的分析

一、创业素质的自我分析

(一) 知识和能力素质的分析

1. 创业者的知识要求

要有扎实的专业知识和宽广的综合知识，只有这样才能正确分析形势，把握事物发展的全局，提出独到的见解和谋略，认清事物的本质，把握其规律，实现创业目标。

要有相关的商业知识，如商品交换、商品流通等方面的知识。

要有一定的管理知识，如人事管理、资金财务管理、物资管理、生产管理和市场营销管理等方面的知识。

具有相关的法律知识，如工商注册登记、经济合同和税务等法律知识。

2. 创业者的能力要求

对创业者来说，具备各种能力是创业成功的充分条件。创业能力，主要包括学习能力、开拓创新能力、组织领导能力、协作能力和交际能力。

（1）学习能力，即获取知识的能力，包括对知识的接受、转化与应用。

（2）开拓创新能力。创新是知识经济的主旋律，是企业化解外界风险和取得竞争优势的有效途径。

（3）组织领导能力。有出色的领导水平，具备统帅能力和用人能力，有对自己员工的指挥、调动、协调以及对非人力资源的集中分配、调度和使用能力。

（4）协作能力。协作是创业者事业成功的重要支持力量，是善于合作共事的一种心理品质。

（5）交际能力。在人际交往中能做到热情、真诚待人，能理解对方的心理。促进相互间的心灵沟通，建立理想的人际关系。成功的社会交往是促使创业成功的推进器。

（二）创业者的个性特征要求

1. 独立性与合作性

独立性是创业者最基本的个性品质。创业者要不依靠别人的供养，摆脱别人的控制和影响，独立思考，自主行动，依靠自己的劳动和智慧，走上自立人生、兴家创业的道路。这种心理品质主要表现在以下方面。

（1）抉择的独立性。也就是说，在自己人生道路的选择上，要有自己的见解和主张。

（2）行为的自主性和独创性，即在行动上较少受他人的影响和支配，具有按自己的主见将行为贯彻到底的倾向。行为独创性的表现就是能够开拓创新，独树一帜，不因循守旧，步人后尘。

独立性不等于孤独，更不是孤僻。成功的创业者大多数是出色的社会活动家，他们善于与各种人打交道，积极主动地与人交流、交往、合作、互助。通过合作，取长补短；通过交流，获得信息。因此，在创业道路上，创业者必须摒弃"同行是冤家"的狭隘陈腐观念，学会与各方面的人合作。

2. 敢为性与克制性

立志创业，必须敢闯敢干、有胆有识，才能变理想为现实；对瞄准的目标敢于起步，选定的事业敢冒风险，这就是敢为性。敢为性强调人对事业总是表现出一种积极的心理状态，不断地寻找新的起点，并及时付诸行动，表现出自信、果断、大胆和一定的冒险精神，当机会出现的时候，往往能激起心理冲动。

但是，敢做敢为并不等于盲目冲动、任意妄为，而是建立在对主客观条件科学分析的基础上的。成功的创业者总是事先对成功的可能性和失败的风险性进行分析比较，然后选择那些成功可能性大而失败可能性小的目标。

在创业过程中，也要善于克制，防止冲动，因为克制是一种积极的、有益的心理品质，这种心理品质能够使创业者积极有效地控制和调节自己的情绪，使自己的活动始终在正确的轨道上运行，不会因一时的冲动引起缺乏理智的行为。对情绪的自我控制，对行为的自我约束，对心理的自我调节，这就是克制性。一个人只有敢为而又善于自控，才能在积极进取和自我完善中不断获得成功。

3. 坚韧性与适应性

创业过程不可能一帆风顺，没有克服困难、战胜逆境的艰苦奋斗精神，就不可能有创业的成功。因此，迎着困难和逆境而上的决心与韧劲是取得成功的关键。具有为达到既定目标顽强拼搏，并在苦难面前有百折不挠的精神，是个性坚韧的突出表现。

坚韧性的另一表现是始终如一、坚持到底的精神。创业过程是一个长期坚持奋斗的过程。立竿见影、迅速见效的事是极少的，创业者在方向目标确定之后，就要朝着既定的目标一步步走下去，纵有千难万险，迂回挫折，也不轻易改变初衷，半途而废。这就需要创业者有恒心、毅力和坚韧不拔的意志，这是创业者十分可贵的个性品质。

由于创业活动是在一定的社会环境中进行的，而社会环境又是在不断发展变化的，因此，无论是何种行业的创业者，都必须要有极强的信息意识和对市场走向的敏锐洞察力，瞅准行情，抓住机遇，不失时机地、灵活地进行调整。这种在外部环境和创业条件千变万化时，能以变应变的能力，就是适应性。只有把坚韧性与取得成功的可能性有机地结合在一起，才能避免盲目、呆板、僵化和固执。一个人只有坚韧而不失灵活，才能确保创业有成。

(三) 创业素质并不是人人都能具备的素质

美国心理测验专家约翰·勃劳恩说："创业的技巧虽然是学来的，但是具有某种素质的人占了先天的优势。"并非所有的人都具有创业的素质。心理社会学家认为，以下十类人不具备创业的素质，这十类人分别是：

（1）缺少职业意识的人；

（2）优越感过强的人；

（3）唯上是从，只会说"是"的人；

（4）偷懒的人；

（5）片面和骄傲的人；

（6）僵化和死板的人；

（7）感情用事的人；

（8）"多嘴多舌"与"固执己见"的人；

（9）胆小怕事、毫无主见的人；

（10）患得患失又容易自满的人。

二、创业条件的自我分析

(一) 创业资金的筹备

筹集创业资金的方法一般有储蓄自备和借贷两种。

1. 储蓄自备

大学生创业一般都是小本经营，在起步阶段可以利用自己或家庭的储蓄作为创业启动资金。储蓄是一种筹措方便快捷、使用成本低的比较好的筹资方法。

2. 借贷

（1）向亲友借贷。一般情况下，父母、兄弟姐妹、亲友都会支持，为大学生的创业提供经济帮助。在向父母、兄弟姐妹、亲友借贷筹集创业资金时，最好能订立借贷凭据，要按期归还；如果拖延还款期限，会影响自己的信誉，没有信誉的人，在社会上将难以立足。另外，在向别人借钱时，最好集中在少数的特定对象上，免得发生财务纠纷时，到处债台高筑，有损自己的社会信誉。

（2）向银行借贷。每一个成功的创业者，都曾得到过银行的支持。向银行借钱做生意时，银行为了确保借贷资金的安全，必须对客户进行详细的考察。银行比较重视的是客户的信用与客户对金钱的价值观念。除非收入稳定，或与银行往来的信用较佳，否则银行是不会轻易将资金贷出的，向银行借贷前必须考虑这一因素。

(二) 创业厂 (店) 址的选择

创业者在筹集创业资金的同时，就要考虑创业的厂（店）址的选择。厂（店）所处的地理位置在很大程度上将决定所创企业能否成功，从事零售业或服务业的企业更是如此。因此，创业一定要慎重选择厂（店）址。

厂（店）址的选择与企业类型有关。开办工厂，要考虑生产必需的供水、供电、供气以及道路交通等问题；开办从事第三产业的企业，要考虑方便顾客（客户），着重考察客流量、进出口渠道、供送货路径、停车场等情况。无论开办哪一类企业，都要考虑城市规划，不要在近期可能要拆迁的地段开办，否则会造成不必要的麻烦和损失。

选择厂（店）址还要考虑以下问题：需要的空间面积；是租赁还是购买；租赁或购买的成本如何；地理位置是否合适；交通、停车是否方便；有无扩容和发展的空间；

该地区有什么经济和客流量特点；该地区或该建筑物有无法律纠纷问题或特殊规定，如产权是否有争议，有无特殊许可等。

【案例】 小陈养鸡场的失败

学农学的大学生小陈，毕业后考虑山区建场费用较低，就在距县城 100 公里以外的偏远山区建了一处养鸡场。养鸡场建成后，小陈每天要进城拉一次饲料，每五天要往城里送一次鲜蛋，每月光运费就高达 6000 元，加上鸡病时进城买药耽误时间，最终导致亏损。

点评：由于缺乏对环境条件的分析，导致了创业的失败。

(三) 创业方向和形式的选择

1. 创业方向的选择

选择什么项目作为自己的创业方向（行业）呢？这是创业者创业之初首先要考虑的问题。一般对初次创业者来说应考虑以下因素。

（1）资金周转期短的行业。创业起步阶段，因为自己的资金有限，而且有限的资金要用于办理各种手续、购置固定资产、购买原材料等，因此，创业起步阶段选择的行业，其资金周转期要尽可能短一些。在确定创业项目之后，如果只有资本而无周转资金，创业经营就会困难重重，创业目标也就难以实现。

（2）技术性要求不太高的行业。一般来说，在小资本创业初期，可以选择技术性要求不很高、资本需要量不大的行业，因为技术性要求过高往往对创业资本要求也比较高。

（3）成长性的行业。创业就是要使自己的事业不断发展壮大，一个成功的创业者所选择的创业行业应该是成长性行业。企业经营业绩比较好，而且逐年增长，甚至有高速发展的前景，这才是最有前途的投资创业行业。有发展前途的行业，既是对创业者的挑战，也能够给创业者以更多的回报。

2. 创业形式的选择

要想创业成功，可以根据自身的实际情况，选择最合适的创业形式。根据近几年大学生创业成功者的经验，创业形式一般有以下几种。

（1）开办自己的企业。开办自己的企业，从头干起，这是很多成就大业的创业者最常用的方法。从头开始虽然相对比较困难，但最大的好处是一张白纸可以描绘最新最美的图画。

（2）合作经营。合作经营是利用原有的企业、公司、农牧场的场地、设备、技术、资金合作生产、加工某种产品。合作经营可以节省大量的时间与精力，缩短创业周期，投入相对比较低。

（3）加盟特许经营。特许经营是目前世界流行的生意模式。特许经营总部通常有一个成功的生意，并有标准的经营方式，可以像复印机一样复制，如肯德基、麦当劳、佐丹奴专营专销以及汽车、空调、彩电、摩托车等特约销售、维修等。特许经营提供了一种低风险的双赢模式，其成功的关键在于选择合适的特许经营系统。

(四) 创业组织结构的设置

创业者在创业之初，需要建立一个合理的组织结构。组织结构的整体设计包括：必要的工作活动、报告关系和部门组合。

1. 工作活动

部门的设立是为了完成某些任务，而这些任务被认为是对公司有重大战略意义的。部门通常是指组织中的一个明确区分的范围、部分或分支机构，如生产部、销售部、市场研究开发部、会计部等。

2. 报告关系

通常也称为命令链，它是一条连续的权力线，连接组织中所有的成员，表明谁应该向谁负责。明确了部门的界限和报告关系，也就明确了员工在各个部门中的组合方式。

3. 部门组合

部门的建立通常可依据所开展工作的职能、所提供的产品或服务、所设定的目标顾客或客户、所覆盖的地理区域、或将投入转换为产出所使用的过程等。部门组合方法可以是职能组合、事业部组合和多重组合。

(五) 创业机构的法律登记程序

1. 办理营业执照

领取营业执照是创业必须的重要步骤。企业只有进行登记注册，领取了营业执照才能取得合法资格，得到国家法律、法规的保护，才能享受国家的各项优惠政策，行使企业的合法权利和承担相应的义务，才能合法经营、不断发展壮大。

领取营业执照一般要经过以下程序：申请开办核准；申请开业登记；领取营业执照。

2. 办理银行开户

企业在获得了营业执照之后，应当选择当地一家银行或信用社开户。银行账户是指企业和经营单位等在银行、信用社开立的收支款项的户头。私营企业可以持工商行政管理机关核发的营业执照到当地银行或信用社提出申请，并在申请表中填清企业名称、企业负责人、企业性质、企业地址、经营范围和申请开户的理由。待批准后，还要填写印鉴卡片，作为银行、信用社审查结算凭证合法性的依据。印鉴卡片应载明开户企业名称、开户账号、企业地址、企业负责人和财会人员，同时，印鉴卡片上必须盖上有权签证人私章和企业公章，并且注明盖几枚章方为有效。这样，开户才算真正完成。

3. 办理税务登记

税法规定，凡从事生产、经营，实行独立经济核算，并经工商行政管理机关批准，领取了营业执照的一切单位和个人，均须办理税务登记。

附：小测试——创业可行性的自我测试

1. 你对创业企业的法律形式是否已明确确定？
①是　②不确定　③否

2. 你有把握筹集到创建自己企业的启动资金吗？
①是　②不确定　③否

3. 你确定了将要出售的商品或提供的服务吗？
①是　②不确定　③否

4. 你是否做了市场分析并确定了你的销售对象？
①是　②不确定　③否

5. 你是否访问过10位以上的潜在顾客，并向他们了解对你的产品或服务的意见？
①是　②不确定　③否

6. 你知道谁是你的现实或潜在的竞争对手吗？
①是　②不确定　③否

7. 你对主要竞争对手做过优势和劣势比较吗？
①是　②不确定　③否

8. 你的开业地址确定了吗？
①是　②不确定　③否

9. 你对销售的商品或提供的服务定出价目表了吗？
①是　②不确定　③否

10. 你是否决定花一部分钱做广告宣传？
①是　②不确定　③否

11. 你对企业的促销做出了预算吗？
①是　②不确定　③否

12. 你是否已做了一年的销售预测？
①是　②不确定　③否

13. 你是否已经根据销售预测做出了盈亏平衡分析？
①是　②不确定　③否

14. 你对开业一年的损益状况做出预测分析了吗？
①是　②不确定　③否

15. 你第一年的经营状况能保证不亏吗？
①是　②不确定　③否

16. 你制订了第一年的现金流量计划了吗？
①是　②不确定　③否

17. 你和企业有关的政府各部门都接洽过吗？
①是 ②不确定 ③否

18. 你如果向银行贷款，你是否有担保的资产？
①是 ②不确定 ③否

19. 你知道需要怎样的员工及员工数量吗？
①是 ②不确定 ③否

20. 你知道雇用员工所必须了解的法律知识吗？
①是 ②不确定 ③否

21. 你知道对员工必须承担的责任和义务吗？
①是 ②不确定 ③否

22. 你知道什么是为职工缴纳的"三金"吗？
①是 ②不确定 ③否

23. 你知道你的企业必须投保哪些险种吗？
①是 ②不确定 ③否

24. 你是否知道你的企业需要办理"特种行业"的申办手续？
①是 ②不确定 ③否

25. 你对申办企业的手续做过详尽的咨询和调查吗？
①是 ②不确定 ③否

26. 你清楚你的企业必须办理哪些许可证吗？
①是 ②不确定 ③否

27. 你是否为申办你的企业制定了申办流程和期限表？
①是 ②不确定 ③否

28. 你对将涉足的行业了解或懂行吗？
①是 ②不确定 ③否

29. 你办企业是否获得家人的支持并已安排好了家庭开支？
①是 ②不确定 ③否

30. 你是否坚信一定能把自己的企业办好？
①是 ②不确定 ③否

判分标准：

选择"是"得3分，选择"不确定"得1分，选择"否"得0分。

满分为90分，高分可达80分以上，如果你的得分为60分以下，建议你再作努力，等到准备较为充分时再进入创业实施阶段。

（选自：杜林致、张旭翔《大学生职业规划与拓展》，江苏河海大学出版社）

第五节 创业准备

一、创业项目的市场调查

选定创业投资项目，首先必须进行市场调查。调查内容包括创业项目所涉及的外部环境、市场需求、现有资源及原材料、竞争对手、投资成本及价格预测等。

(一) 创业项目的外部环境

创业项目的外部环境是指客观存在的、创业者本身无法控制的外部因素。大学生从事创业活动的外部因素主要有宏观大环境、市场需求、市场资源、市场竞争等因素。大学毕业生从事创业活动前，必须收集各种有关信息，认真分析、研究外部环境的发展变化，了解国家关于发展经济的政策导向、政策优惠，了解市场需求、市场资源、市场竞争等。

(二) 创业项目的市场需求

市场的需求情况将决定未来企业的生产经营状况，产品没有市场需求的企业是不可能做到生意兴隆、企业兴旺的。大学生必须认真调查研究创业项目建成之后的产品市场需求情况，对产品的销售情况做出预测。预测产品今后的销路，一般要做好以下需求情况的调查：产品的需求总量；产品的需求结构；产品的需求季节；产品的市场需求动机。

(三) 创业项目的现有资源

一般来说，创业产品的现有资源和原材料情况调查主要包括：该种产品国内外生产经营状况；新产品开发和原材料供应情况；产品的种类、质量、成本、数量、价格、盈利等。

(四) 创业项目的竞争对手

创业者在确定创业项目前，要深入调查、了解、研究产品的市场竞争状况，要详细调查、了解在准备创业的地区和行业有无竞争对手、竞争态势如何，如果自己加入这一行业的竞争，竞争态势将如何发生变化，自己是否有能力采取应对措施以确保产品能够立于不败之地等。需要调查了解的情况包括：竞争对手的数量、经营状况、劳动效率、优势和弱点、竞争策略以及潜在的竞争对手等。

(五) 创业项目的效益预测

在创业者进行的调查活动中，价格是需要考虑的重要因素之一。价格水平的高低及变动情况直接影响产品的销售，对于企业的经济效益具有十分重要的意义。价格调查的内容主要包括：建设厂房的总造价、生产设备的总投资、为创办企业应缴的各种费用、产品的原材料价格、生产工人和管理人员的工资、产品的市场价格以及变动趋势等。

【案例】 鞋的推销故事

一家制鞋公司派三位推销员到一个岛国做市场调查，其反馈结果如下：

甲：这里的人不穿鞋，没有市场！

乙：这里的人不穿鞋，市场巨大！

丙：这里的人不穿鞋，但有脚疾，需要鞋，但不需要我们生产的窄鞋，而是宽鞋。这里的首领不让我们做买卖，除非我们向他的金库进一些贡，他才答应开放市场。我们需要投入 15 万元，每年可以卖 10 万双鞋，投资效益大约为 15%……

点评：市场调查不是简单的是与不是，而是要通过详尽科学的分析做出可以信赖的一个决策。

二、制定创业计划书

(一) 创业计划书的内容

1. 计划摘要

计划摘要一般要包括以下内容：公司介绍；主要产品和业务范围；市场概况；营销策略；销售计划；生产管理计划；管理者及其组织；财务计划；资金需求状况等。

企业经营的性质和原则；企业主要产品的内容；企业的市场在哪里，谁是企业的顾客，他们有哪些需求，企业的合伙人、投资人是谁；企业的竞争对手是谁，竞争对手对企业的发展有何影响。

摘要应尽量简明生动，特别要详细说明自身企业的不同之处，以及企业获取成功的市场因素。

2. 产品（服务）介绍

通常产品介绍应包括以下内容：产品的概念、性能及特性；主要产品介绍；产品的市场竞争力；产品的研究和开发过程；发展新产品的计划和成本分析；产品的市场前景预测；产品的品牌和专利。

产品介绍必须要回答以下问题。

（1）顾客希望企业的产品能解决什么问题，顾客能从企业的产品中获得什么好处？

（2）企业的产品与竞争对手的产品相比有哪些优缺点？顾客为什么会选择本企业

的产品？

（3）企业为自己的产品采取了何种保护措施？企业拥有哪些专利、许可证，或与已申请专利的厂家达成了哪些协议？

（4）为什么企业的产品定价可以使企业产生足够的利润？为什么用户会大批量地购买企业的产品？

（5）企业采用何种方式去改进产品的质量、性能？企业对发展新产品有哪些计划？

3. 人员及组织结构

有了产品之后，创业者第二步要做的就是结成一支有战斗力的管理队伍。企业的管理人员应该是互补型的，而且具有团队精神。一个企业必须要具备负责产品设计与开发、市场营销、生产作业管理、企业理财等方面的专门人才。在创业计划书中，必须要对主要管理人员加以阐明，介绍他们所具有的能力、他们在本企业中的职务和责任、他们过去的详细经历及背景。

此外，还应对公司结构做一简要介绍，包括：公司的组织机构图；各部门的功能与责任；各部门的负责人及主要成员；公司的报酬体系；公司的股东名单，包括认股权、比例和特权；公司的董事会成员；各位董事的背景资料。

4. 市场预测

首先要对需求进行预测：市场是否存在对这种产品的需求？需求程度是否可以给企业带来期望的利益？新的市场规模有多大？需求发展的未来趋向及其状态如何？影响需求的都有哪些因素？

其次，市场预测要对市场竞争的情况、企业所面对的竞争格局进行分析：市场中主要的竞争者有哪些？是否存在有利于本企业产品的市场空间？本企业预计的市场占有率是多少？本企业进入市场会引起竞争者怎样的反应，这些反应对企业会有什么影响？等等。

最后，市场预测还应包括：市场现状综述；竞争厂商概览；目标顾客和目标市场；本企业产品的市场地位；市场区域和特征等。

5. 生产规划

生产规划是对已确定的产品在生产过程中对厂房、设备、人员、技术、资金以及生产活动所需要的支持等方面的要求进行设计。要根据生产的规划制订详细的生产计划。生产计划主要描述生产的设备要求、厂房要求、人力资源要求、技术要求、进度要求、原材料要求、质量要求等方面的问题。也就是说，生产计划主要是解决如何进行生产、如何保证产品质量的问题。生产计划可以分阶段制订，如起步阶段、正常经营阶段、快速发展阶段等。在各阶段，企业生产能力的提高应与产品需求的增长保持一致。

6. 工作进度

创业计划要注明创业工作的时间进度安排，应详细说明工作内容、工作要求、执行时间、执行负责人等内容，最好是拟定一份创业工作进度安排表。

创业工作进度安排表包括：做好市场调查、确定创业的产品或服务的内容、进行产品和服务的设计与包装、选择厂址厂房、购置生产设备、招聘员工、制作广告并制订促销方案、领取营业执照、银行开户、税务登记、开业典礼等内容。执行时间可以交叉安排。

7. 财务预算

创业计划要说明创业工作需要的财务总预算。预算要分项列出，包括建设厂房的总造价、生产设备的总投资、为创办企业应缴的各种费用、创业产品的原材料价格、生产工人和管理人员的工资、生产流动资金等。

财务预算要对创办企业所需要的全部资金进行分析、比较、量化，制订资金需求和资金分阶段使用计划。制订财务预算计划要尽可能地做到细致、准确，不漏项、不低算、不高估。分阶段资金使用计划要详细，还要适当考虑一些不可预见的因素。

(二) 制订创业计划应注意的问题

（1）创业计划要符合实际。拟订的创业计划必须符合自己的实际情况，做到心中有数。计划要切实可行，具有可操作性。

（2）创业计划要量力而行。创业是开拓性、进取性事业，不可能一步登天。要根据自己的财力、物力、技术、特长和管理能力等因素，综合考虑创业计划；要从小做起，不要把摊子铺得过大；要脚踏实地，一步一个脚印地把自己的事业做大做强。

（3）要把握市场行情。了解最新信息，掌握他人心理，做好投资分析。投资分析尽可能客观全面，要尽量考虑各种影响因素，保持冷静的头脑，客观地分析各种影响因素，不能用投机的心态进行投资分析。

企业名称：H 市光明林地家禽养殖有限责任公司
创业者：H 学院毕业生王× 张× 李×
地址：H 市 S 乡二村天然林场
联系电话：1393855
计划书目录
一、创业者个人情况
二、企业概况
三、市场评估
四、企业规模
五、市场营销计划
六、企业组织结构

七、资金来源

八、资产构成

九、销售收入预测和成本计划

十、现金流量计划和利润预测

一、创业者个人情况

王×，男，24 岁，H 学院市场营销专业毕业生，在校期间加入中国共产党。曾任系学生会主席、学院营销协会会长、联通公司在校销售代理等职务。

张×，女，22 岁，H 学院医学专业毕业生，在校期间曾任班团支部书记、学院广播站站长等职务。获得过演讲比赛的一等奖。

李×，男，23 岁，H 学院食品加工专业毕业生，在校期间曾任学生会生活部部长、班长等职务。2009 年 10 月，在全市大学生专业技能大赛中荣获第一名。

二、企业概况

企业名称：H 市光明林地家禽养殖有限责任公司

企业类型：农林牧渔企业

经营范围：林地蛋鸡饲养（绿色产品）

三、市场评估

1. 目标顾客。以城市家庭为主，兼顾饭店餐馆、糕点加工企业等。

2. 市场容量。调查显示全市鸡蛋月需求量约为 12 万公斤，其中家庭需要约为 7 万公斤。由于林地养鸡项目在本市尚为空白，预计该类产品可占有 1 万公斤左右的份额，且市场容量稳定，并有逐渐增长的趋势。

3. 竞争对手。林地养鸡项目目前在本市尚为空白，外地同类项目受运输成本的限制价格上没有优势，故目前尚无竞争对手。

4. 企业情况。林地养鸡不需要更多的设备和人员，而且鸡的产蛋率高，绿色产品受推崇，综合成本低廉。劣势是企业管理的经验不够丰富。

四、企业规模

1. 投资规模。启动资金 10 万元，其中固定资产 4 万元（包括种鸡和设备等），场地租金和手续办理 1.5 万元，流动资金 4.5 万元。

2. 生产能力。散养蛋鸡 1200 只，月产鲜蛋 2000 公斤。

3. 盈利指标。年毛利 12 万元左右，纯利 4 万元左右。

4. 发展目标。两年后将现有规模扩大一倍，纯利达到 8 万元左右。

五、市场营销计划

1. 产品。绿色林地散养蛋鸡，兼营肉鸡。

2. 价格。促销价格 5.8 元/千克，此后逐步与市场其他产品价格持平或略高。

3. 方式。超市和门市部专营。

4. 广告。宣传彩页、市级电视台。

六、企业组织结构

1. 企业法律形态。个体私营企业。

2. 企业生产经营组织。暂设生产部、销售部（兼公关）、财务部三个部门。

3. 企业员工。8人：经理兼采购1人，财务1人，销售2人，管养4人（兼保卫）。

七、资金来源

其中王×出资4万元，张×和李×各出资3万元。

八、资产构成

其中：固定资产4万元（包括种鸡和设备等），场地租金和手续办理1.5万元，流动资金4.5万元。

九、销售收入预测和成本计划（表7）

表7　销售收入预测和成本计划

前4个月成本	后6个月成本	产蛋每月成本	固定资产折旧
场地租金			
固定人员工资			
鸡雏购买			
成鸡费用分摊			
饲料			
消毒防疫			
水电			
管理费			
运输费			
管养人员工资			
合计（总成本）			
鸡蛋产量			
单位成本			
市场价格			
预计销售价格			

一般鸡雏到产蛋要4个月，成鸡产蛋期约为16个月。

十、现金流量计划和利润预测

1. 现金流量计划（表8）。

表8 现金流量计划表

项目＼月份		3	4	5	6	7	8	9	10	11	12	合计
现金流入	月初现金											
	饲料销售											
	鸡蛋销售											
	业主投资											
	货款借款											
	可支配现金											
现金流出	固定资产											
	鸡雏购入											
	饲料购入											
	人工费											
	水电防疫											
	管理费											
	场地租金											
	现金总支出											
月底现金												

2. 利润预测。（略）

（选自：隋步景《创业教育》，黑龙江教育出版社）

点评：这份创业计划书写得详细而具体。同学们认真读一读或许会有新的感悟和发现。

【案例】创业计划诞生计

今年我即将毕业，受多方面因素的影响，我并不想像很多同学那样选择去大公司。我认为自己是一个独立性很强的人，从小到大，无论做什么事情我都有自己的想法，毕业后，我打算自主创业，就像"动感地带"的广告词一样——"我的地盘，我做主"。我也想有一片能让我自己做主的天空。但是，对于我这样即将毕业的大学生，创业谈何容易？缺少的不仅仅是经验和资金，就连"纸上谈兵"我都不知从哪说起。

作为高职院校的毕业生，我们就业的压力很大，但是，学校开设的创业课给了我们希望，我们不仅可以给别人打工，还可以自主创业。我觉得自主创业不失为高职毕业生实现自我价值的一个好路子。

在创业课上，老师详细讲述了创业的各个步骤，使我们对自主创业少了一份迷茫，多了一点信心。但是，做什么？怎么做？通过老师的启发，我从自己身边的不满意开始寻找大家的不满意，大家的不满意也就意味着"商机"的存在。谁能让大家的这种不满意变成满意，就可以借此赚钱。

刚开始的时候，我找了几个，觉得都不太理想，就逐一排除了。后来，有一天我在堵车的时候看见一个牌子，上面写着"真空墨盒加墨"。我的打印机使用量很大，墨盒用得很快，可每次买新墨盒的费用又很高，这对于我这个学生来说，有点承担不起。于是，第二天我抱着试一试的心态去看了一看，工作人员告诉我，不用额外买什么，把用完的空墨盒拿来，灌上墨就可以了。价格绝对划算，我从熟人那里按进价买还要180元一个的墨盒，灌一次只需30元，而且工作人员告诉我灌进去的是进口的一种优质墨。我很高兴，就灌了一个回家试试，效果还真的不错，和新的墨盒没有什么两样。

我很好奇，就上网查了有关资料。原来，墨盒也像电池一样不能回收，对环境有很大的污染，所以，"墨盒加墨"技术在发达国家已经使用很久了，只是不知道为什么在我国还没有大面积推广。过了几天，那家公司对我做回访。在谈话中，我了解到，他们公司刚从上海进入北京，现在也处在扩大知名度的阶段。由于我朋友有一个"小门面"，因此我答应帮他做宣传，每成交一笔，他给我一点提成。自从我贴了广告以后，每天都有几个人进来询问，每天都能有几笔买卖，渐渐地我发现，这个小业务还有不小的市场。接下来，我觉得就要想想具体该怎么做了，通过老师的指点，我开始了实地的调研，我先找到以前那家公司的几个营业部，了解一下情况，例如一些常识和机器的租赁及使用等。通过调研，我更加明确了自己的方向，也初步进行了可行性分析。

通过调研，我还发现了很多以前没有考虑周全的问题。比如，开始我以为只有这一家公司有这项技术，没有什么可比较性，后来我发现还有几家公司也有这项技术，我可以比较，找到价格更合适、沟通更便利的公司来合作。而且，我还可以为附近的客户提供上门服务。这样，我可以通过服务创新来赢得一批客户。如今，我的创业计划正在顺利实施。

（摘自：《中国教育报》）

第六节　创业实务

一、工商税务知识

(一) 工商登记

1. 工商登记的必要性
工商登记是国家对生产经营者所行使的管理职能之一，也是生产经营者确认自身合法地位的法律程序。生产经营者为了保护自己的合法权益，必须在法律上明确其地位，从而在法律的保护下从事正常的生产经营活动。

2. 工商登记的程序

根据规定，成立新企业，应按业务性质，分别向经贸、金融、科技、建筑、旅游、民航等行业归口部门或体改委（办）和计经委提出申请，由各级主管部门进行审核。从事一些专门经营的公司，还必须取得有关部门的认可和批准，如从事食品生产和销售的公司，必须得到当地卫生部门的许可。申请报告应写明开办公司的宗旨、公司的名称、地址、组建负责人的姓名、公司的性质、生产经营范围、生产经营方式、公司资金总额、职工人数、筹建日期以及其他需要写入的内容。

3. 申请开业登记

在申请开办获得批准后，即可申请开业登记。根据有关规定，申请开办获准后，应在 30 日内，向登记主管机关提出开业申请；没有主管部门、审批机关的企业申请开业登记，由登记主管机关进行审查。登记主管机关（指国家和地方各级工商行政管理局）应当在受理申请后 30 日内，做出核准登记或不予核准登记的决定。

4. 领取营业执照

工商登记审批程序的最后一个环节就是领取营业执照。工商行政管理机关在审查核实的基础上填写《营业执照》或《企业法人营业执照》，由主管领导签署意见并记录在案，同时出具核准登记通知书，通知被核的人员或公司。生产经营者领取《营业执照》后，即标志着已取得了合法的生产经营资格；如果开办的是公司，在接到核准通知后，法定代表人到登记主管机关领取执照，并由公司法定代表人行使签字备案手续。公司自领取营业执照之日起即宣告成立，标志着公司取得了法人资格，同时也取得了公司名称专用权和生产经营权，公司的合法权益受国家法律保护，也确定了必须承担国家法律规定的义务和责任。

（二）税务登记

守法经营、依法纳税是每个公民应尽的义务。为了保证生产经营活动顺利开展，生产经营者应在领取营业执照之日起 30 日内到税务机关进行税务登记。税务登记的内容主要包括：工商户的名称、地址、经济性质、主管部门、生产经营范围、经营方式、资金状况、工商行政管理部门的工商登记证照号码、开户银行及账号等。

二、金融保险知识

创业所从事的生产经营活动一旦开始运营，就每时每刻都与资金打交道。离开了钱，生产经营活动将寸步难行，企业每天购买原料、卖出产品、发放工资、缴纳税款、支付利息等都必须与资金打交道。怎么从银行借钱？怎样才能合理地使用资金？怎样才能有效地回避风险？这就要求创业者掌握同银行及保险部门打交道的基本知识，利用现代化社会发达的信用和保险制度为创业服务。

三、经济法律知识

毕业生在创业中必然会遇到很多法律问题，而守法经营是每个生产经营者的基本要求。学会运用法律知识处理有关问题可以有效地避免损失，提高效益。这里着重介绍与创业密切相关的几个法律法规。

(一) 个人独资企业

所谓个人独资企业，是指在中国境内设立的，由一个自然人投资、财产为投资人个人所有、投资人以其个人财产对企业债务承担无限责任的经营实体。它具有以下主要特征。

（1）一个自然人投资，其财产为投资人个人所有。不仅企业初始的资产为投资人所有，而且企业成立后存续期间形成的所有财产，也归于投资人所有。

（2）投资人以其个人财产为企业债务承担无限责任。这里包括三层意思：一是企业的债务全部由投资人承担；二是投资人承担企业债务的责任范围不限于出资；三是投资人对企业的债权人直接负责。

(二) 合伙企业

所谓合伙企业，按照我国 1997 年 8 月 1 日起施行的《中华人民共和国合伙企业法》规定，就是在中国境内设立的由各合伙人订立合伙协议，共同出资，合伙经营，共享收益，共担风险，并对合伙企业债务承担无限连带责任的盈利性组织。

设立合伙企业必须有合格的合伙人，且合伙人数应不少于 2 人，但由于合伙企业的合伙性质，合伙人相互之间的信任尤为重要，因此，在实践中合伙人人数不宜太多，一般不超过 20 人。合伙人必须具有相应的民事能力，即为完全民事行为能力人，且能承担无限责任。限制行为能力人不得作为合伙人，无行为能力人当然更不得作为合伙人，所以，只有 18 周岁以上的人和已满 16 周岁未满 18 周岁但以自己的劳动收入作为主要生活来源的人，才能作为合伙人。

四、经营管理知识

企业生产经营管理是一门综合性、应用性的科学。掌握好企业的生产经营管理知识，对于经营管理好企业，提高经济效益具有十分重要的现实意义。

(一) 生产管理

企业在创办初期尤其要重视生产管理，规范生产行为，这样才能给企业带来较好的经济效益，才能使企业有较强的发展后劲。企业的生产管理主要有生产计划、在制品管理、日常生产的组织、产品质量的控制以及生产要素管理五个方面的内容。

(二) 营销管理

创业的成功，必须有科学的营销组织形式，制定适应市场变化的营销策路。企业的营销管理主要有市场营销计划、经营决策等方面的内容。

(三) 财务管理

财务是企业生产经营过程中财务活动和它体现的企业与各方面财务关系的统一。财务管理是人们根据生产经营活动情况，组织财务活动和正确处理各种财务关系，以达到预定的财务管理目标的一种管理活动。

企业财务管理的主要内容包括筹资管理、投资管理和收益分配管理三个方面。它们之间是相互联系、有机统一的。这三大内容是企业财务管理的基本任务，同时也是企业财务人员的基本职责。能否有效筹集企业生产经营活动中所需的资金，能否有效地投放资金，能否合理地组织收益分配，是衡量企业财务管理水平的基本依据。

【案例】清华园畔的软件科技园

1996 年 7 月，在清华园畔，海淀区东升乡政府四周的几间不起眼的小平房里，冒出了一家北京金洪恩电脑有限公司，主要从事电脑软件开发与应用，注册资金 50 万元人民币。

1999 年 2 月，金洪恩迁入东升乡政府盖好的一幢六层写字楼，楼顶竖着醒目的"洪恩软件科技园"大红字标牌，洪恩麾下员工已从最初的几人发展至 130 多人，注册资金增加到 1000 万元，并获得了 Intel 公司的风险投资。而洪恩软件科技园的创业者，就是 1994 年刚从清华大学化学系毕业的池宇峰。

从大学三年级开始，池宇峰一心想做的事就是实业报国。1989 年夏，池宇峰从湖北考入清华大学化学系时，就是一个刻苦用功的好学生。大学一二年级时仍一如既往，功课很好，每年还能拿奖学金，但身处当年的清华，人才济济，好强的池宇峰仍觉得学习总是比不过大家，犹如《倚天屠龙记》里张无忌在皮球里的感觉一样，充满了压力，身躯承受着，精神也承受着，他开始变得有点"异类"。从卖报纸，到炒股票，再到办化工厂，都给了他各种各样的体验和经验，但又都不是他的梦想。随着眼界、境界渐开，他看到中国缺少世界级的企业，他的内心开始渴望实业报国——做实事，办实业。

因一心想办企业，大学毕业时没特别在意找工作的事，直到在 5 月份的最后一个人才交流会上，他选择了广州浪奇宝洁公司，想去看看一个现代企业是如何运作的。

在浪奇宝洁干了半年，比较顺利，美国公司想提升他做总经理助理，但当时他英语水平不行，没有成功。后来又打算送他出国培训，可他总觉得将来一定会出来自己干，所以即使出去培训了，也还是要离开公司，于是就向公司辞职。当时很多人不理解，包括公司的美国人，都希望他收回辞职申请，依然派他出国培训，但他兴趣已不在此。

辞职后的他去了深圳，创立洪恩公司，自己租柜台卖兼容机，与一位技术很好、没有资金的伙伴合作。那期间，他拼命学习。终于，洪恩一度成为深圳最大的兼容机供应商。不久，他意识到光做硬件的代理销售没有很大出路，科技含量太低，离他自己的目标也会越来越远。于是，1996年，他回到了北京，在清华东门外的一间小平房里创建了洪恩公司。

洪恩公司开山之作是1996年年底面世、畅销至今的多媒体学习软件"开天辟地"。它是由十几位像池宇峰这样的来自清华非计算机专业的电脑高手、PC用户花了200多个日日夜夜开发出来的，用途是让一个未接触过电脑的人几天内掌握电脑。一经推出，连创佳绩，迄今已获9项全国性大奖，正版销售50万套。

一炮打响后，他们又连续开发了"开天辟地"姊妹篇"万事无忧"和"畅通无阻"。前者将电脑使用中各种"疑难杂症"的疗法清楚地告诉用户；后者旨在使一个门外汉几天成为网迷。继而又有"随心所欲"、"听力超人"等英语学习软件问世，也都取得骄人的成绩。

池宇峰说洪恩一步步发展的关键在于他们精益求精的精神。做一个产品不是说比市面上别人的强就完了，而是要做到自己满意。他们曾因自己不满意而砍掉很多项目，比如说"畅通无阻"、"天问"都是完完全全重做的。现在他们的电脑教育、英语教学、音乐、美术、医学、建筑类等十几种产品，在同领域中，都是最好的。因此，老客户连续购买者颇多。根据一些统计数据，现在国内独立软件的销售，洪恩仅次于微软。

洪恩之凝聚力应该也可归纳为这种精品意识。精品可以造就人的成就感，作为开发者，当被告知你做的软件是中国最好的，已被几百万、几千万人接受，你的价值就实现了。这是一种无穷的成就感。

精品开发的背后是辛苦的工作。池宇峰说，他会告诉每一个应聘的人，你得每周工作7天，如果不可以的话，最好就不要进洪恩。假如你很有才，但你不能融入洪恩这种团结向上的力量中，你也不可能是洪恩的人。今天的中国正处在一个追赶先进的大环境中，对于要做事的一帮人来说，时间太宝贵了。

在"洪恩软件科技园"这座六层楼里，食堂、宿舍、商店、图书馆、乒乓球室都包括了，那些科技人员每天没有一般意义的作息时间，宿舍仅仅是供睡觉的地方，回去之后倒头就睡，连灯都不需要。Intel公司的人参观到他们宿舍，对他们这种艰苦创业的精神，无不为之感动。

（选自：《中国大学生就业》，1999年第1期）

参考文献

1. ［美］兰登等. 职业生涯发展与规划 ［M］. 侯志成等译. 北京：高等教育出版社，2006.

2. ［美］Andrew·DuBrin. 职业心理学 ［M］. 姚翔等译. 北京：中国轻工业出版社，2008.

3. ［美］Nadene Peterson. 职业咨询心理学 ［M］. 时勘等译. 北京：中国轻工业出版社，2007.

4. 车定祥. 入学教育教程 ［M］. 成都：西南交通大学出版社，2009.

5. 储克森. 大学生职业发展与就业指导 ［M］. 北京：机械工业出版社，2009.

6. 冯拾松，金志涛等. 高职生择业指导 ［M］. 上海：上海交通大学出版社，2008.

7. 高桥. 大学生职业发展与就业指导教学指南 ［M］. 北京：现代教育出版社，2008.

8. 关彤. 大学生就业指导 ［M］. 北京：清华大学出版社，2010.

9. 郭寒宇. 人学生职业发展与就业指导 ［M］. 武汉：武汉大学出版社，2008.

10. 韩国文. 创业学 ［M］. 武汉：武汉大学出版社，2010.

11. 韩洪建. 高职大学生职业发展与指导教程 ［M］. 北京：中国水利水电出版社，2008.

12. 黄才华. 大学生就业与创业指导 ［M］. 北京：教育科学出版社，2007.

13. 黄阳全. 高职院校学生就业与创业指导 ［M］. 成都：西南师范大学出版社，2010.

14. 季跃东. 大学生职业发展与就业指导 ［M］. 北京：科学出版社，2008.

15. 姜尔岚. 吴成国. 大学生就业实用指导 ［M］. 成都：电子科技大学出版社，2004.

16. 匡志盖. 高职大学生就业指导 ［M］. 北京：北京邮电大学出版社，2009.

17. 雷五明. 青年职业心理测评与生涯规划 ［M］. 武汉：华中科技大学出版社，2005.

18. 辽宁省教育厅组编. 高职高专生职业发展与就业创业概论 ［M］. 大连：大连理工大学出版社，2008.

19. 辽宁省教育厅组编. 就业与创业概论（第二版）［M］. 沈阳：辽宁大学出版社，2007.

20. 刘平，李坚. 创业学——理论与实践［M］. 北京：清华大学出版社，2009.

21. 罗双平. 职业选择与事业导航（第二版）［M］. 北京：机械工业出版社，2008年.

22. 申永东. 大学生就业指导教［M］. 广州：华南理工大学出版社，2008.

23. 沈斐敏. 大学生职业生涯规划与就业创业指导［M］. 北京：人民交通出版社，2008.

24. 王形，沈文华. 大学生生涯规划与就业指导教程［M］. 北京：北京理工大学出版社，2010.

25. 许文兴. 人力资源管理［M］. 北京：清华大华出版社，2010.

26. 薛立华，沈巧明. 大学生职业发展与就业指导［M］. 北京：北京大学出版社，2008.

27. 杨晓华，曹炳志. 择业与创业指导教程［M］. 北京：化学工业出版社，2008.

28. 杨秀英. 大学生职业生涯规划与成功训练［M］. 北京：北京交通大学出版社，2010.

29. 姚裕群. 职业生涯规划与发展（第二版）［M］. 北京：首都经济贸易大学山版社，2007.

30. 张星河. 求职与就业指导［M］. 北京：北京大学出版社，2008.

31. 钟谷兰，杨开. 大学生职业生涯发展与规划［M］. 上海：华东师范大学出版社，2008.